DAGMAR PETRICK

MARTHA, HELEN UND DER WEG AUS DER DUNKELHEIT

DAGMAR PETRICK

Martha, Helen

und der Weg aus der Dunkelheit

neukirchener   camino.

Bibliografische Information der Deutschen Nationalbibliothek:
Die Deutsche Nationalbibliothek verzeichnet diese Publikation in der Deutschen Nationalbibliografie; detaillierte bibliografische Daten sind im Internet über http://dnb.d-nb.de abrufbar.

© 2022 Neukirchener Verlagsgesellschaft mbH, Neukirchen-Vluyn
Alle Rechte vorbehalten
Umschlaggestaltung: Grafikbüro Sonnhüter, www.grafikbuero-sonnhueter.de
unter Verwendung von Bildern © KathySG, Telnov Oleksii, pelin kahraman, Dan Thornberg, Rawpixel.com (shutterstock.com)
Lektorat: Anja Lerz, Moers
DTP: Breklumer Print-Service, www.breklumer-print-service.com
Verwendete Schriften: Adobe Garamond Pro, Pinto
Gesamtherstellung: GGP Media GmbH, Pößneck
Printed in Germany

ISBN 978-3-7615-6816-3 (Neukirchener Verlag)
ISBN 978-3-96157-172-7 (Camino)

www.neukirchener-verlage.de
www.bibelwerkverlag.de

Nicht die Berührung überbrückt die Entfernung – sie erreicht nur die Oberfläche – es ist der Gedanke, der über den Abgrund springt.
Helen Keller

Für meine Mutter

INHALT

NOSY

Ich heiße Martha Washington, aber nennt mich Nosy, und das ist die Geschichte, die ich erzählen will.

Washington ist der Name meiner Familie. Mama hat ihn uns gegeben, nachdem der Bürgerkrieg vorüber war und alle Sklaven frei kamen, auch Mama. Sklaven haben keinen Familiennamen; darum nannten sich die meisten nach ihren ehemaligen Besitzern. Aber Mama wollte nicht so heißen wie der Captain.

„Ich nenne mich doch nicht nach dem Menschen, dem ich mal gehört habe!", sagt sie und hebt die mit Mehl bestäubten Hände aus der Schüssel, weil sie mal wieder Teig knetet. Mama ist die beste Köchin, die je auf Ivy Green das Essen auf den Tisch stellte, und backt jeden Tag einen Kuchen. „Washington klingt ohnehin viel besser. Der erste Präsident der Vereinigten Staaten von Amerika hieß Washington."

Martha hat sie mich genannt, weil sie die Martha aus der Bibel mag. Genau wie die Bibel-Martha steht Mama jeden Tag am Herd und kocht. Aber dass ich nun genauso heiße wie die Frau des ersten Präsidenten von Amerika, Martha Washington, wusste sie damals vielleicht gar nicht. Percy hat es mir erzählt.

Ich bin mir nicht sicher, was ich davon halten soll.

Martha Washington besaß eine Menge Sklaven, 85, um genau zu sein. Auch das hat Percy mir erzählt. Es ist viel mehr, als ich mit beiden Händen abzählen kann.

Deshalb weiß ich nicht, ob mein Name eine gute Sache ist. Oder eher nicht. Und vielleicht ist er auch etwas, mit dem ich leben muss wie mit einem Geschenk, das man bekommt, obwohl man es sich nicht gewünscht hat. Manchmal passt es. Und manchmal passt es nicht.

Wie fängt eine Geschichte an? Wann beginnt sie?

Helen erzählt jedem, der sie fragt, der 3. März 1887 sei der Geburtstag ihrer Seele. An jenem Tag kam die Lehrerin nach Ivy Green, und Helen wurde ein zweites Mal geboren. Ich glaube, das stimmt. Wenn ein Kind auf die Welt kommt, beginnt etwas vollkommen Neues. Ein Mensch, den es zuvor nicht gab, ist plötzlich da. Einen größeren Anfang gibt es nicht, und tatsächlich wurde mit Miss Annies Ankunft alles anders, doch das begriffen wir erst viele Wochen später. Davor war es immer nur das Gleiche, und ich dachte nicht, dass sich das jemals ändern würde. Ich half Mama in der Küche. Ich knetete Teig. Ich schöpfte Wasser an der Pumpe. Und ich las die Scherben auf.

Jeden Tag las ich Scherben auf, weil Helen jeden Tag etwas zertrümmerte.

Ich glaube, mit Scherben fängt die Geschichte an.

Mit Scherben hört sie auf.

SCHERBEN

Helen, nein, nicht!"

Das Geschrei dröhnt mir so laut entgegen, dass ich mir am liebsten die Ohren zuhalten würde, aber ich muss die Suppenschüssel festhalten, sonst knallt sie auf den Boden. Die Tür zum Salon fliegt auf. Helen stürzt an mir vorbei. Das lange Haar flattert um ihr Gesicht. Ich drücke mich an die Wand, damit wir nicht zusammenstoßen. Die Suppe schwappt gegen den Schüsselrand.

Ich spähe in den Salon.

Mrs Keller steht neben dem großen Esstisch. Das Baby hält sie auf dem Arm. Mildred weint. Das wundert mich nicht bei dem Krach, den Helen mal wieder veranstaltet hat. Die restlichen drei Kellers sitzen stumm und steif auf ihren Stühlen und starren auf das, was einmal ihr Mittagessen gewesen ist. Der Captain verschränkt die Arme vor der Brust, James rollt mit den Augen, Helens Tante Ev ringt die Hände. Sie sehen aus, als hätte ihnen ein Wirbelsturm den Braten von den Tellern gefegt. Damit liegen sie nicht ganz verkehrt.

„Sch, sch, sch", flüstert Mrs Keller beruhigend auf das Baby ein und wippt es hin und her. Da sieht sie mich. „Martha, gut, dass du da bist!", ruft sie. „Lies die Scherben auf! Helen hat mal wieder zugeschlagen."

Das braucht sie nicht zu sagen, das sehe ich selbst. Ich habe es auch gehört. Ich kenne es nur zu gut: Das feine Sirren, ehe der Teller die Wand trifft, lag schon vorher in der Luft. Als würde die Wand erschrocken Atem holen. Etwas wie Pfff oder Ssss und dann: PENG!

Oder war es gar kein Teller, sondern eine Tasse, die zu Bruch ging?

Ich stelle die Suppenschüssel auf den Tisch, Tante Ev vor die schnuppernde Nase, und tauche ab. Zwischen Stuhlbeinen, Teppichflusen und Schuhen tasten meine Finger nach dem, was vom Geschirr übrig geblieben ist.

Als Erstes finde ich einen Teller. Oder vielmehr einen Teil davon. Helen muss ihn vom Tisch gezerrt und mit voller Wucht gegen die Wand geschleudert haben. Ich schiele unter dem Tisch hervor. An der Tapete klebt ein gelblich-brauner Fleck, eine Erinnerung an Mamas köstliches Mittagessen, Bratensoße, Klöße, Möhren.

Den Tisch habe ich nicht lange vorher gedeckt, sogar an die Löffel für den Nachtisch habe ich gedacht. Ich gab mir Mühe, und alles lag an Ort und Stelle, wo es hingehört, ehe Helen es von der Tischdecke riss. Mir ist jedenfalls nichts zerbrochen zwischen den Händen, nicht die Porzellanteller mit dem zierlichen Veilchenrand und keine von den Tassen mit den Henkeln, die so dünn sind, es könnten glatt Schnürsenkel sein. Hätte ich so eine feine Tasse, ich würde niemals daraus trinken. Ich würde sie neben das schmale Bett stellen, in dem ich mit Mama schlafe, und den ganzen Tag nur ansehen. Aber ich habe weder so eine hübsche Tasse noch die Zeit dazu.

Prompt räuspert sich der Captain. „Martha, warum dauert das so lange?", knurrt er. „Wer weiß, was Helen gerade anrichtet, während du hier aufräumst?"

„So schlimm ist es nun auch wieder nicht!" Mrs Keller wagt einen leisen Widerspruch. „Helen wird schon nichts anstellen."

„Nicht so schlimm? Entschuldige, Katie, aber Helen wird von Tag zu Tag unberechenbarer. Sie ist wie von Sinnen. Bald haben wir keine einzige heile Tasse mehr im Schrank."

Ich muss kichern, dann schlage ich mir rasch die Hand auf den Mund und tue so, als würde ich husten. Dem Captain gefällt es sicherlich nicht, wenn sich die Tochter seiner Köchin unter dem Tisch vergnügt, während sie die Schneise der Verwüstung seiner eigenen Tochter aufliest. Aber es trifft einfach zu. Wie viele Scherben habe ich schon eingesammelt, seit Helen blind und taub vom Schoß ihrer Mutter krabbelte, um die Welt auf eigene Faust zu erobern? Und das macht sie wirklich so: Auf alles, das ihr im Weg steht, drischt sie ein. Sei es Geschirr, den Hund. Oder mich.

Zumindest um die Klöße brauche ich mich nicht zu kümmern. Das erledigt bereits Belle für mich. Seit der Captain die alte Hündin nicht mehr mit zum Jagen nimmt, entfaltet sie eine verblüffende Gelenkigkeit, sobald ihr etwas vom Tisch vor die Schnauze kullert. Und das geschieht oft, eigentlich andauernd, wenn Helen mit am Tisch sitzt. Obwohl Helen nicht am Tisch sitzt, sondern drum herum läuft.

Zwischen Tante Evs glänzenden Lackschuhen und James' wuchtigen Stiefeln liegt Belle und kaut genüsslich ihre unverhoffte Beute. Ich kraule ihr das Fell. Am liebsten würde ich meine Nase darin vergraben.

„Bist du etwa immer noch zugange, Martha?" Die Ungeduld in des Captains Stimme schiebt mich vorwärts. Ich gebe Belle ein letztes kurzes Tätscheln und krabble weiter. Neben einem Tischbein finde ich noch eine Scherbe, darauf klebt ein Rest von Mamas guter Bratensoße. Ich tunke den Finger hinein und schlecke ihn ab. Mama kocht wunderbar, aber ich esse selten, was sie für die Kellers auftischt. „Gumbo schmeckt auch und macht satt", sagt sie, und es stimmt: Es schmeckt, und ich werde satt. Und dann doch wieder nicht.

Über mir am Tisch ist es ruhig geworden. Mildred weint nicht mehr. In die Stille hinein fängt der Captain wieder an. „Meine liebe Kate, ich frage mich, wie viel Geschirr Helen noch zerschlagen muss, bis auch du einsiehst, dass wir ihrer nicht mehr Herr werden?"

„Aber das brauchen wir doch gar nicht", sagt Mrs Keller. „Wir müssen sie nicht beherrschen, sondern lieben."

„Wir lieben sie ja. Trotzdem zerbricht sie mit jeder Tasse auch dein Herz. Und ich weiß nicht, wie lange ich das noch mitansehen kann."

Zwischen seine Worte fallen Seufzer, so weich, als wären sie in Watte gehüllt, und so tief, als stürzten sie ins Bodenlose. Die Seufzer kommen von Tante Ev. Ich bin mir sicher, sie sitzt dort oben stumm und still und ringt die Hände, die jetzt nichts zu tun haben, weil die Mahlzeit mit Helens Wutausbruch beendet ist. Denn wenn Tante Ev keinen Löffel und kein Messer hält, häkelt oder strickt sie meistens etwas, häufig eine Kleinigkeit für Helen so wie letztens, als sie ihr aus einem Tuch eine Puppe knüpfte, obwohl Helen schon so viele Puppen hat. Die Augen ließ sie weg, schließlich kann Helen auch nicht sehen. Helen war empört. Sie riss der Tante die Knöpfe von der Bluse und bestand

darauf, dass sie das schimmernde Perlmutt an das blanke Stoff-
gesicht nähte. Das hat Tante Ev prompt gemacht. „Was bist du
doch für ein schlaues Kind, kleine süße Helen, du weißt genau,
dass Menschen Augen haben", lobte sie, obwohl Helen das Lob
nicht hören kann, und im Übrigen war es Mama, die Tante Evs
Bluse später wieder flickte.

Fehlt nur noch James. Ich spitze die Ohren, doch ich höre
nichts. Das finde ich erstaunlich klug von ihm, es käme sicherlich nichts Nettes aus seinem Mund, und das gäbe bestimmt
nur wieder Ärger mit dem Captain, der es nicht ausstehen kann,
wenn sich James über seine Stiefschwester beschwert. „Helen ist
schließlich noch ein Kind", schimpft der Captain, „und du bist
schon ein junger Mann!"

Dabei sieht selbst ein Blinder, dass James eifersüchtig ist.
Schon ein Jahr nach dem Tod seiner Mutter heiratete sein Vater
ein zweites Mal. Das hat James ihm bis heute nicht verziehen.
Diese zweite Frau wurde Helens Mutter, und Helen erinnert ihn
daran. Immerzu. Einfach, weil sie da ist. Und weil sie alles darf,
auch die Wände mit edlem Porzellan tapezieren, von dem es,
wenn es so weitergeht, bald keinen einzigen heilen Teller mehr
geben wird, die Trümmerberge kratzen schon am blauen Alaba-
mahimmel.

All das könnte ich jetzt sagen.

Aber all das sage ich nicht.

Natürlich nicht.

Ich bin nicht dazu da, den Mund aufzumachen.

Ich sammle die Scherben ein.

„Die neue Lehrerin kann jeden Tag eintreffen, dann wird es
besser", beschwichtigt Mrs Keller, „wir müssen nur noch ein paar
Tage warten."

„Wir warten aber schon sehr lange", sagt der Captain. „Vorigen Sommer kam der Brief von Mister Anagnos. Jetzt ist es März. Die neue Lehrerin ist immer noch nicht da."

„Es ist ein weiter Weg von Boston nach Tuscumbia", sagt Mrs Keller. „Glaub mir, Darling, das Einzige, das wir jetzt brauchen, ist Geduld."

Ich krabble unter dem Tisch hervor.

„Madam", sage ich und mache einen Knicks, „ich bin fertig!"

„Gut, Martha, dann kannst du jetzt nach Helen sehen."

Ich mache einen zweiten Knicks und zwänge mich an James vorbei. James ist inzwischen aufgestanden. Er lehnt im Türrahmen, den Mund zu zwei schmalen Strichen zusammengepresst, als wollte er mit aller Kraft vermeiden, dass ihm auch nur ein einziges Wörtchen durch die Lippen rutscht.

Ich laufe den Flur entlang, die Scherben halte ich in der Hand.

Der Teller wird sich nicht mehr flicken lassen. Das ist schade. Mit der Tasse ist das anders. Sie war unter Helens Stuhl gekullert. Ich habe sie aufgehoben.

Der Henkel ist ab.

Aber Wasser kann man auch aus Tassen ohne Henkel trinken.

ANS LICHT

Es gibt einiges, das ich zu tun habe auf Ivy Green. Gleich nach Mama-in-der-Küche-Helfen und Hinter-Helen-Aufräumen zählt Helen-Suchen zu meinen Aufgaben.

Helen mag Tiere. Vor allem, wenn sie wütend ist, sucht sie ihre Nähe. Ich nehme an, sie ist im Stall; dort ist es kuschelig und warm.

An der Stalltür lehnt Percy und wedelt mit der Mistgabel, als wäre er Herrscher über Schweine und Kühe. Dabei räumt er bloß den Dreck weg, so wie ich. Nur dass sein Dreck stinkt und meiner manchmal sogar schmeckt.

Er weiß schon, wen ich suche.

„Was hast du diesmal angestellt?", fragt er und grinst, als wäre ich schuld daran, dass Helen wieder zugeschlagen hat. „Wir haben doch gar nicht Crack-the-Whip gespielt."

„Nein, haben wir nicht", sage ich. „Ich war ganz brav."

„Du musst auch gar nichts machen", sagt Percy. „Helen regt sich trotzdem auf."

„Schlauer Junge", sage ich und zucke mit den Schultern. Percy hat recht. Meistens ist das so. Ich muss Helen nicht mal in die Quere kommen. Aber nicht immer trifft es zu. Als wir Crack-the-Whip spielten, lag es nicht an Helen. Es lag an mir. Ich ließ ihre Hand los.

Bei Crack-the-Whip reihen wir uns hintereinander auf wie Perlen an einer Kette. Alle Kinder auf der Plantage fassen sich an den Händen, der Vorderste stürmt los, der Rest taumelt hinterher. Je schneller, desto lustiger. Bald purzeln die Hintersten ins Gras, sie kullern in den Staub. Das ist nicht schlimm. Man muss sich einfach wieder aufraffen und die letzte freie Hand erhaschen. Irgendwann ist man nicht mehr Letzter. Irgendwann ist man Fünfter, Vierter, sogar Dritter. Helen stand hinter mir. Ich hielt ihre Hand. Dann ließ ich los. Sie fiel aus der Reihe und kam nicht wieder rein. Wie auch? Wir rannten schnell wie der Wind, und sie ist blind und taub, wie soll sie uns da finden?

Später wollte ich meine Puppe holen. Ich hatte Amy auf die Stufen zum Küchenhaus gelegt. Wir brauchten doch unsere Hände für das Spiel. Sie lag im Dreck. Ihr Kleid hing in Fetzen. Die herrlichen Zöpfe, die Mama ihr mit bunten Stoffresten zusammengebunden hatte, waren abgeschnitten. Sie umringten ihren Kopf wie ein Heiligenschein.

Bis heute frage ich mich, wie Helen zu der Schere kam.

Aber ich kann sie nicht fragen, sie spricht ja nicht mit mir.

„Mach mal einen Schritt zur Seite", sage ich. „Nicht, dass sich Helen verletzt, während ich mit dir quatsche!"

„Das könnte durchaus sein, du", sagt Percy und zieht die Luft durch die Nase, dass es rasselt. Die Nase sitzt schief in seinem Gesicht, seit er mal mit einer wütenden Kuh zusammengestoßen ist. Ihr Huf traf seine Nase, der Knochen knackte, die Nase war entzwei. Sie wuchs wieder zusammen, blieb aber krumm. Percy stört das nicht. Solange er laufen, mit mir Crack-the-Whip spielen und den Mist in hohem Bogen aus den Ställen schleudern kann, ist für ihn die Welt in Ordnung. Er beschwert sich nicht und nimmt lieber mich auf die Schippe. „Vielleicht kommst du sowieso zu spät?" Er lacht. „Ist bestimmt gemütlich unter acht Kuhbeinen!"

„Acht?", frage ich erschrocken.

„Lilo hat ein Kälbchen." Percy grinst noch breiter.

Ich schiebe ihn beiseite und zwänge mich in den Stall. Tatsächlich kauert Helen in der Box bei Lilo eng neben dem Kälbchen, das an Helens Haaren schleckt. Für gewöhnlich trennt man die Kälber wenige Tage nach der Geburt von ihren Müttern, sie vernaschen sonst die ganze Milch, die wir für Rahm und Butter brauchen und den Kuchen, den Mama täglich backt, aber Lilos Kälbchen schwächelt. So schnell wie möglich soll es wieder auf die Beine kommen, sagt der Captain, und das geht am leichtesten, wenn es ein bisschen länger bei der Mutter bleibt, sagt Percy, der es wissen muss, weil er sich mit Kühen auskennt wie kein anderer.

Ich strecke meine Hände aus. Ich tippe Helen sacht an ihre Schulter, damit ich sie nicht erschrecke. Das ist allerdings vollkommen unnötig. Helen erschreckt man nicht so leicht. Sie hat ohnehin gleich gemerkt, dass ich gekommen bin. Es muss am Boden liegen. Ich glaube, Helen lauscht mit den Fußsohlen, als ginge der Schwung meiner Schritte in das Stroh, das mir, barfuß wie ich bin, in die Zehen piekst. Auch Lilo und das Kälbchen wenden mir die Köpfe zu. Ihre Kulleraugen scheinen mich zu fragen, was ich hier will. Das lässt sich leicht beantworten: Ich bin da, weil ich mich um Helen kümmern soll. Weil ich ihr folge. Weil ich, wie Mama immer sagt, Helens Schatten bin und auf sie aufpasse.

Aufpassen ist gut. Prompt holt Lilo mit dem Schwanz aus und fegt Helens Hut ins Stroh. Ich bücke mich. Der Hut hat eine Delle abbekommen. Ich drücke ihn gerade und setze ihn auf Helens Lockenkopf.

Helen sieht fürchterlich aus. Man könnte meinen, sie würde im Stall wohnen, nicht nebenan in Ivy Green, wo sie in einem Bett mit Kissen und Decke auf einer Matratze schlummert wie auf Wattewölkchen, und Mamas leckere Bellevue-Brühe mit einem Klecks von Lilos Rahm aus veilchenumrandeten Suppentellern löffeln könnte, wenn sie denn wollte und nicht stattdessen die Teller vorher an der Wand zerschlägt. Das lange Haar strubbelt durcheinander. Das Kleid mit der feinen Spitzenborte am Hals und an den Ärmeln sieht aus, als wäre sie durch die Asche vom Kamin geturnt. Die Schürze gleicht einer Speisekarte: Ein Blick darauf und jeder weiß, was es mittags bei den Kellers gab. Die Schnürsenkel ihrer Lederstiefel baumeln lose. Wie sie es in den Stall geschafft hat, ohne alle naselang hinzuschlagen, ist mir ein Rätsel.

„Helen", murmele ich und könnte mich prompt ohrfeigen. Immer wieder geschieht es mir, dass ich mit ihr rede, als könnte sie mich hören.

Ich überlege.

Im Stall ist es gemütlich, solange man nicht getreten wird oder selbst in einen Kuhfladen tritt. Ich mag den Duft von Stroh und süßsäuerlicher Milch, aber Lilos Schwanz fegte schon nahe genug an Helens Gesicht vorbei, und ich denke an Percys Nase. Wenn sich Helen jetzt auch noch die Nase bricht, ist es endgültig vorbei mit der Schönheit. Ihr linkes Auge kullert bereits fast aus der Augenhöhle wie eine Murmel, die sich aus dem Staub machen will.

Ich beschließe, Helen in die Küche zu locken. In der Küche gibt es immer was zu tun, vor allem immer was zu essen. Ich nehme Helens Hände und lege sie zu einem Kreis. Das bedeutet Kuchen. Ich führe eine Hand an ihren Mund. Das bedeutet essen. Helen liebt Kuchen über alles, ich bin zuversichtlich, dass es klappt. Sie nickt auch prompt, aber ihre Hände haben eine Farbe, von der ich nicht mal sagen könnte, wie sie heißt. Eine Mischung aus Grau und Braun und Schwarz mit Sprengseln von Gelb und einem Klecks Orange. Ich bin sicher nicht verliebt ins Putzen, doch Helens Hände stinken selbst mir. Vielleicht ist der unbestimmbare Farbton Erde. Vielleicht ist es ein Rest von Mamas Bratensoße. Genauso gut könnte es ein Kuhfladen sein. Ich sehe schon, wie Mama zusammenzuckt, wenn Helens Hände in der Keksdose wühlen. Mama wird nichts sagen, das ist klar, weil sie Helen nie etwas verbietet, aber sie krümmt sich bei dem Anblick, als hätte sie etwas Verdorbenes gegessen, und mal ehrlich, ich mag auch keine Kekse, die Helen mit ihren Händen zuvor braun gepinselt hat, denn natürlich langt sie als Erste zu, das steht jetzt schon fest, und ich werde mich hüten, ihr in die Quere zu kommen. Wie erklärt man jemanden, der nichts hört, was man sich wünscht? Wie teilt man Gedanken, die einem durch den Kopf schwirren, mit einem Menschen, der nichts sieht? Wieder nehme ich Helens Hände. Ich lege sie an meine Wange. Ich schüttele meinen Kopf. Das bedeutet Nein. Ich reibe Helens Hände aneinander, als hielte ich sie unter Wasser. Ich lege ihre Hand an meine Wange. Ich nicke. Das heißt Waschen, ja.

Obwohl ich nicht damit gerechnet habe, krabbelt Helen auf ihre Beine. Ich will sie aus dem Stall schleusen, an Lilo und dem

Kälbchen vorbei, aber sie schlägt meine Hand weg und ist schon unterwegs.

Einen Augenblick bleibe ich verdutzt stehen und sehe ihr nach. Ich habe zwei Augen, die sehen, zwei Ohren, die hören, zwei Hände und zwei Beine, die flink sind, keine läuft so schnell wie du, sagt Mama immer, aber Helen, blind und taub wie sie ist, ist atemberaubend flott. Obwohl ich Helens Schatten bin, wie Mama sagt, hinke ich ihr hinterher. Schon tappt Helen aus der Stalltür auf den Hof ins Licht.

Ich gebe mir einen Ruck, da stößt mein Zeh an etwas Hartes. Aus dem Stroh ragt eine Hand. Es ist Nancy. Helens viel geliebte, stets gebeutelte Puppe, die sie überall mit sich herumschleift, nur um sie überall fallen zu lassen, sobald sie ihrer überdrüssig wird. Stundenlang kann Helen Nancy in Mildreds Wiege schaukeln; im nächsten Augenblick schleudert sie die Puppe, rumsdich, gegen eine Wand. Oder ins Stroh. Es ist ein Wunder, dass die arme Nancy überhaupt noch ihre Arme und Beine beisammen hat. Lilos Kuhfladen hat sie jedenfalls um ein Haar verfehlt. Ich hebe sie auf und zupfe einen Strohhalm aus dem blonden Puppenhaar. Dann renne ich Helen hinterher. Als ich ins Freie trete, knallt mir die Sonne ins Gesicht. Ich stehe wie geblendet und lege eine Hand vor die Augen. Durch meine aufgefächerten Finger erkenne ich, wie Helen über den Hof tappt. Sie hat den Weg zur Pumpe eingeschlagen. Ich atme erleichtert auf.

ALLES WEG

Wer zur Pumpe will, muss über den Hof. Die Hühner flattern mit den Flügeln, sie huschen zwischen unsere Beine. Helen hält das nicht auf. Sie pflügt sich durchs Geflügel, und ich folge ihr in der Schneise, die sie für uns schlägt. Mit den Armen zerhackt sie die Luft wie mit einer Axt, mit den Füßen kickt sie die Hühner beiseite. Nur der große Truthahn reckt den langen hässlichen Hals und will ihr ans Bein. Gerade noch rechtzeitig schiebe ich seinen Schnabel fort.

Man mag sagen, was man will: Helen ist taub. Helen ist blind. Ängstlich ist sie nicht. Es macht ihr auch nichts aus, dass der Truthahn fast so groß ist wie sie und bereits einen prima Braten zum nächsten Thanksgiving Fest abgäbe. Sie sieht ihn zwar nicht, aber seinen scharfen Schnabel fühlt sie schon.

Ich habe mir schon manches Mal vorzustellen versucht, wie es für sie sein muss, nichts zu hören und nichts zu sehen. Ich habe mir die Finger in die Ohren gebohrt, dass ich dachte, ich krieg sie niemals wieder raus. Da klang alles schon recht gedämpft. Doch selbst dann habe ich etwas gehört, als gingen die Töne durch meinen Kopf und meine Haut. Ich habe die Augen zugekniffen, bis mein Gesicht Falten warf, und die Hände außerdem davorgelegt. Die Sonne flackerte, und vor meinen Lidern tanzten nach wie vor die Farben. Irgendwann gab ich auf. Ich weiß nicht, wie es ist, wenn man nichts sieht und nichts hört. Ich kann Helen auch nicht fragen. Und selbst wenn, wie sollte sie mir davon erzählen? Für Hände waschen, Eis machen, Kühe melken, für Ja, für Nein, für Kuchen, Papa, Mama, Puppe haben wir Zeichen. Doch wie erzählt sie mir von dem, was sie sich wünscht? Und wie erzähle ich ihr, wovon ich träume?

Sie weiß ja gar nicht, wer ich bin.

Sie kennt nicht einmal ihren eigenen Namen.

Wir stehen an der Pumpe, Helen stellt sich vor die weit auslaufende Schnauze und zuckt erwartungsvoll mit dem Kinn. Es ist keine Bitte, es ist ein Befehl, dass ich pumpen soll, und ich werfe den Schwengel auf und ab und rauf und runter wie jeden Tag. Gleich nach dem Aufstehen ist es mein erster Gang. Ich laufe zur Pumpe und hole Wasser. Mama braucht Wasser für den Tee, den sie für die Kellers brüht und für die Suppe, die der erste Gang ist für die Kellers, denn der zweite ist der Braten, den Mama später in den Ofen schiebt. Danach laufe ich weiter hin und her und her und hin. Ich hole Wasser für den Abwasch und Wasser für die Waschschüsseln, die ich fülle, damit sich alle Kellers waschen können.

Im Rohr schnauft und gurgelt es, als wäre das Wasser ein müder alter Mann, den ich aus seinem Mittagsschläfchen reiße. Dann aber sprudelt es über Helens ausgestreckte Hände.

„Wa-wa", sagt sie und ich zucke zusammen, als hätte ich mich an ihrem Gemurmel verbrannt. Immer falle ich darauf rein und zucke zusammen, wenn sie das macht, weil ich denke, dass sie mit mir spricht. Obwohl man ihr Gestammel kaum als Sprechen bezeichnen kann.

Die Sonne hängt als ein kleiner runder Ball am Himmel. Obwohl es Anfang März ist, schwitze ich in meinem dünnen Baumwollkleid. Immer auf und ab werfe ich den Schwengel, wobei ich darauf achte, dass das Wasser nur ihre Hände trifft. Sie soll nicht wieder so nass werden wie damals, als sie Feuer fing.

Und wieder: „Wa-wa."

„Es ist ein Relikt aus den alten Tagen vor Helens schlimmer Krankheit", erklärte Mrs Keller ihrer Schwägerin einmal, als sie zu Besuch kam.

Ich wusste nicht, was ein Relikt ist. Deshalb fragte ich Percy. Percy weiß mehr als ich, weil er schon älter ist und außerdem die Ohren spitzt, wenn er auf den Feldern mit den anderen arbeitet, Baumwolle zupft oder rote Beete hackt. Auch beim Zuhören lernt man einiges.

Percy lehnte an der Stallwand und wetzte die Sense.

„Ein Relikt ist so etwas wie ein Dinosaurierknochen", sagte er und der Schleifstein klirrte über das Sensenblatt.

„Dinosaurierknochen", wiederholte ich langsam. Es klang, als würde ich sagen: Percy, ich glaube dir kein Wort.

„Das ist etwas Uraltes, Verstaubtes, das alle längst vergessen haben", sagte er. „Niemand denkt mehr dran, plötzlich ist es wieder da. Wie Dinosaurierknochen, die im Wüstenstaub schlummern, bis einer mit dem Fuß dran stößt, weil er in der Wüste spazieren geht. Dann blitzt ein Stückchen davon auf."

„Warum geht er in der Wüste spazieren?", fragte ich. „Ist es nicht woanders schöner, zum Beispiel hier, in Mrs Kellers Rosengarten?"

„Dummchen, das war doch nur ein Beispiel", sagte Percy und schulterte die Sense und ging. Er hatte sowieso schon zu lang mit mir geplaudert. Wenn das der Captain gesehen hätte, hätte es

Ärger gegeben, weil Percy nicht mit mir quatschen, sondern das Gras mähen sollte, und ich, nun ja, ich musste nach Helen sehen. Aber seitdem weiß ich, was ein Relikt ist. Percy hätte es auch einfacher sagen können: Es ist ein Überbleibsel aus der Zeit, als Helen noch sehen und hören konnte und gerade zu sprechen anfing. Wa-wa ist der Rest von Wasser. Wasser war Helens erstes Wort. Berührt sie heute Wasser, sprudelt auch die Erinnerung an ihr erstes Wort in ihr hoch, das geht ganz von allein.

Wer Wasser pumpt, hat Zeit zum Nachdenken und um sich zu erinnern. Jetzt pumpe ich meine Gedanken in die Gegenwart zurück.

Das Wasser schießt über Helens Hände. Der Schmutz perlt von ihren Handflächen. Ein graues Rinnsal gurgelt in den Abfluss. So viel Dreck. Alles weg. Goodbye, auf Nimmerwiedersehen. Wasser macht keine Unterschiede und schwemmt alles fort, einerlei ob Kuhmist, Erde oder Bratensoße. Bis Helens Hände glänzen, und jetzt erst erkenne ich wieder, dass es noch einen Unterschied gibt zwischen mir und ihr, außer dass sie feine Lederstiefel anhat und ich barfuß gehe, sie ein Kleid mit Spitzenborten trägt, während meines genauso gut eine Vogelscheuche anziehen könnte, sie nichts hört und nichts sieht, während ich sehen und hören kann: Helens Hände sind weiß. Helen ist weiß. Und wenn ich noch so an mir rubbelte mit allen Seifen dieser Erde, meine Hände bleiben schwarz. Ich bin schwarz.

Bloß unter Helens Fingernägel stecken noch graue Halbmonde. Doch Mama ist immer so beschäftigt. Da stehen die Aussichten gut, dass sie es übersieht.

DER LECKERSTE KUCHEN, DER JE AUS EINEM OFEN KAM

Die Luft ist gepudert wie von Schnee, doch in Alabama schneit es nicht. Als wir durch die Türe poltern, winkt uns Mama mit einer mehlbestäubten Hand zu.

„Mmmh, lecker, Mama, backst du wieder Kuchen?"

Die Frage hätte ich mir sparen können. Kuchenduft durchdringt den kleinen Raum, so schwer und dick, dass ich mich durchlöffeln könnte.

Mamas Alabama Lane Cake ist der leckerste Kuchen, der je aus einem Ofen kam. Zwischen fingerbreiten Schichten aus hellem Biskuit wartet eine Menge Marmelade darauf, dass man seine Zähne tief hineinbohrt. Er ist ein Teig gewordener Traum, um den sich schützend ein fingerdicker Mantel aus Zuckerguss legt. Mama pinselt eben die letzten Flecken zu. Üppig. Großzügig. Ich schiebe meine Nase näher heran. Da trifft mich ein Klaps.

„Pass auf, dass du eines Tages nicht noch stecken bleibst mit deiner Nase, Nosy!", sagt Mama. „Der Kuchen ist auch nicht für euch. Der Captain erwartet Gäste, und du weißt ja, wie er seinen Alabama Lane Cake am liebsten mag. Der Kuchen schwimmt in Alkohol wie die Barsche im Tennessee. Eine ganze Flasche Bourbon habe ich hineingekippt." Sie kichert, als hätte sie schon selbst vom Bourbon genippt. „Wenn ihr von dem Kuchen nascht, kann ich gleich den Spuckkübel bereitstellen!"

Es scheppert.

Der Deckel der Keksdose kullert über den Boden und verschwindet zwischen dem Stapel mit dem Brennholz. Ich weiß nicht, wie es Helen schafft: Während ich mit Mama rede, haben ihre Finger still und heimlich wie staksige Spinnenbeine die Schränke durchwandert. Sie finden die Keksdose schneller, als ich Keks sagen kann. Ein Griff, die Dose fliegt auf und ihre Hände wühlen darin. Wenn Helen will, knackt sie jedes Schloss. Sie schaufelt sich Kekse in den Mund, als wäre sie am Verhungern. Die Krümel sprühen in Kaskaden auf den Küchenboden.

Mama sagt nichts, aber ihre hochgezogenen Augenbrauen fragen: „Hat sie nicht eben erst zu Mittag gegessen?"

Ich zucke die Schultern. Mama weiß schließlich selbst, wie es ist. „Leider klebt das meiste vom Mittagessen an der Tapete", murmele ich.

Hoffentlich lässt mir Helen einen Keks übrig. Ich versuche, mitzuzählen. Drei Kekse hat sie schon vertilgt. Vier. Fünf. Wenn es schon keinen Kuchen gibt, dann will ich wenigstens einen Keks. Sechs. Sieben.

Mama seufzt. Ich schau mich um. In der Ecke steht die Eismaschine. Die Eismaschine eignet sich hervorragend, wenn Helen in Fahrt gerät, dass man sie kaum bremsen kann, vor allem, wenn sie wütend ist. Eismachen strengt an. Wir drehen die Kurbel, bis die Arme müde werden, und mit den Eisflöckchen, die sich langsam, laaangsam an den Rand des Eisfasses senken, legt sich langsam, laaangsam auch die Wut. Dann wird Helen wieder zahm, und wir naschen obendrein Eis. Die Eismaschine ist eine wunderbare Erfindung für wütende kleine taubblinde Mädchen, auf die ich aufpassen soll und nicht immer aufpassen kann.

„Dürfen wir Eis machen, Mama?", frage ich.

Aber Mama hat eine andere Idee.

„Wenn ihr schon so hungrig seid, dass ihr die Küche leer futtert, esst wenigstens etwas Gesundes." Mama kramt in der Gemüsekiste. Sie zieht zwei Tomaten heraus, knallig rot, als hätte sie die Abendsonne angepinselt. Helen merkt es sofort. Sie lässt die Keksdose los und grabscht nach den Tomaten.

„Nicht hier, draußen", verlangt Mama. „Setzt euch raus und macht euch auch mal nützlich. Füttert die Hühner. Seht ihr nicht, dass sie hungrig sind?"

„Helen ist blind, Mama", scherze ich, „blinder als ein blindes Huhn!"

„Raus jetzt!" Eine Schüssel mit Körnern landet in meiner Hand. „Sonst bekomme ich hier gar nichts mehr gebacken. Und das meine ich tatsächlich so. Außerdem muss ich drüben nachsehen, ob ich noch ein paar heile Teller für die Gäste finde. Bis sie eintreffen, wird die Glasur hoffentlich getrocknet sein."

Ich klemme die Körner unter den Arm, eine Tomate schwenke ich vor Helens Nase. So locke ich sie ins Freie. Als wäre Helen ein Esel, den man mit Gemüse ködert.

DIEBSTAHL

Belle döst auf den Stufen vor dem Küchenhaus in einem Fleck aus Sonne. Als Helen kommt, erhebt sich die Hündin, so schnell es die müden Knochen zulassen. Sie reckt sich der ganzen Länge nach und sucht sich ein Plätzchen weit entfernt von uns. Ich verstehe sie zu gut. Ich würde es vielleicht ähnlich machen, wenn ich könnte. Belle ist schon zu oft von Helen gestoßen worden, als dass sie geduldig auf den nächsten Fußtritt warten würde, auch der wärmste Platz an der Sonne wiegt das nicht auf. Die Hühner kümmert das weniger. Ihre Nachsicht mit Helen ist größer oder ihr Gedächtnis kürzer. Sie riechen die Körner und kommen gackernd angerannt.

Helen zerrt an meinem Arm. Beinahe verschütte ich das Futter. Ich gebe ihr rasch die Tomate, ehe sie mir aus den Händen fliegt. Wir setzen uns auf die Stufen. Gleich neben der Astgabel im Mimosenbaum sind mir die Stufen vor dem Küchenhaus der liebste Ort auf Ivy Green. Ich mag es, wenn der Wind durch den Geißblattstrauch raschelt. Seine Blüten duften mit Mamas Kuchen um die Wette. Das Holz, auf dem wir sitzen, knistert, es wärmt uns den Po.

Helen reibt die Tomate an ihrer Schürze, als wollte sie Funken daraus schlagen. Ich glaube allerdings kaum, dass sie dadurch sauberer wird, eher reibt sie den Schmutz aus ihrer Schürze in die Tomate. Die Körner in meiner Hand beachtet sie jedenfalls nicht. Ich seufze. Schon klar, wer hier isst und wer die Hühner füttert.

„Heho, bist du auch wieder da!" Der fette Truthahn stellt sich breitbeinig vor uns auf wie ein schwergewichtiger Ringer in Angriffspose. Er reckt den Hals, er klappt den Schnabel auf. Ich necke ihn. „Du kannst doch gar nicht hungrig sein", sage ich und fuchtele mit den Körnern. „Du bist doch jetzt schon viel zu fett."

Da schnappt er zu. Nicht nach den Körnern in meiner Hand. Er schnappt nach Helens Tomate. Mit der Tomate im Schnabel dreht er sich um und läuft davon, als wüsste er, dass er gleich Ärger kriegt.

Sofort rutscht mein Kopf zwischen meine Schultern. Da kann ich nichts gegen tun. Es ist ein Reflex.

Der Doktor hat mir erklärt, was ein Reflex ist. Kurz nach Mildreds Geburt kam er nach Ivy Green. Er zog Mildred an den Armen hoch, dann tat er so, als würde er sie fallen lassen. „Schau, das ist ein Reflex", sagte er. Mildreds Hände schnappten in die Luft, als suchten sie Halt. Das würde ich auch machen, wenn man mich einfach fallen ließe. Und das ist gut so. Reflexe sind Überlebensmechanismen. Wer mit Helen lebt, tut gut daran, wenn er Reflexe hat. Darum ducke ich mich jetzt, damit ich rechtzeitig unter ihren Schlägen abtauchen kann.

Percy, der sich manchmal mit den anderen Jungs prügelt, behauptet, der Stärkere gewinnt, je kräftiger du bist, desto besser. Aber das stimmt nicht. Man kann auch klein und wendig sein und sich unter die Schläge ducken, ehe sie auf einen niederprasseln. Der Truthahn lacht sich ins Fäustchen, und ich werde gleich Helens Fäuste zu spüren bekommen. Ich weiß ja längst, dass ich bei ihr immer auf der Hut sein muss. Wenn Helen ausholt, tut es weh.

Aber Helen will mich nicht verprügeln.

Sie steht auf und geht ins Küchenhaus.

Verdattert bleibe ich einen Augenblick sitzen, dann stehe auch ich auf und schleiche ihr hinterher. Nie weiß ich, was Helen vorhat. Ihr Gesicht verrät es nicht, es sieht immer gleich aus. Helen schnuppert, ihre Nasenflügel beben. Da begreife ich: Mamas Kuchen trocknet auf dem Küchentisch und duftet verführerisch. Der Truthahn hat Helen die Tomate weggeschnappt, jetzt reißt Helen Mamas Kuchen an sich. Mit dem Kuchen in der Hand torkelt sie zurück auf die Veranda. Als ich wieder neben ihr sitze, hat sie schon die Zähne in den Zuckerguss gegraben. Ihre Hände zerfurchen die Glasur wie Percys Mistgabeln das Stroh. Sie bricht faustgroße Brocken ab und stopft sie sich in den Mund. Einen davon gibt sie mir.

Ich beiße hinein. Es verschlägt mir den Atem.

Der Kuchen schmeckt so süß, dass ich sekundenlang wie betäubt sitze. Mit der Zunge schiebe ich den Teig durch den Mund. Als ich endlich runterschlucke, hat Helen schon den halben Kuchen verputzt. Dass er nicht für sie bestimmt ist, da randvoll gefüllt mit feinstem Bourbon, kümmert sie kein bisschen; sie hat's ja auch nicht mitbekommen. Den Hühnern macht es auch nichts aus. Sie umringen uns im tadellosen Halbkreis und hoffen gackernd auf ein paar Reste, die es wohl nicht geben wird. Auch ich bekomme nichts mehr ab. Helen isst und isst und isst. Bis der ganze Kuchen vertilgt ist.

Sonst sieht Helen eher bleich aus, der Hut, den sie trägt, schützt sie vor der heißen Alabamasonne. Jetzt kommt es mir so vor, als würden ihre Wangen welken. Erst färben sie sich grün, dann werden sie gelb. Helen beugt sich vor. Ein Schwall aus Alabama Lane Cake Brei plätschert über ihre Lederstiefel.

Just da biegt Mama um die Ecke.

„Martha, was um alles in der Welt ..." Weiter kommt sie nicht. Ein neuer Schwall schwappt ihr vor die Füße und noch einer und noch einer, bis der ganze Kuchen, den Mama eben erst so sorgfältig glasiert hat, durchgekaut in einer Pfütze im Staub schwimmt.

„Gütiger Himmel", sagt Mama, „mit diesem Kind wird es nie langweilig."

Dann nimmt sie Helen auf den Arm und trägt sie dorthin, wo sie gerade hergekommen ist, ins große Haus zu Helens Mutter.

FLAMMEN

Ich verstehe nicht, wie du das zulassen konntest, Nosy, du bist doch sonst nicht so unvernünftig."

Wir stehen in der Küche. Mama gräbt die Hände in die Schüssel mit Kloßteig. An der Art, wie sie das macht, heftig und ohne mich anzusehen, merke ich, dass sie sich immer noch ärgert. Helen ist krank. Seit Mama sie nach Ivy Green getragen hat, habe ich sie nicht mehr gesehen.

Ich versuche es mit einer Entschuldigung, gepaart mit einer Schmeichelei.

„Tut mir leid", murmele ich. „Dein Kuchen roch einfach zu lecker."

Das beruhigt Mama nicht, es macht sie nur noch wütender. Sie wirft die Hände aus der Schüssel. Ein Klumpen Teig plumpst auf das Küchenbrett.

„Martha, es ist deine Aufgabe, auf Helen aufzupassen. Du musst besser auf sie achtgeben." Dann denkt sie nach, ihre Hände sinken wieder in die Schüssel. „Oder ich auf dich. Dabei bist du alt genug, um mir keine Last mehr zu sein. Übergeben hat sie sich, das arme Mädchen. Du musst doch keinen Unsinn anstellen, wenn du mit ihr spielst."

Ich drücke zu fest zu. Der Knödel misslingt mir. Jetzt sieht er aus wie ein Perlhuhnei mit Delle. Kann man das Spielen nennen, wenn eine immer nur tut, was die andere verlangt?

„Ich muss immer machen, was sie will", sage ich. Ich setze die Wörter vorsichtig, weil ich Mama nicht noch mehr verärgern will. „Aber mit ihr reden, geht nicht."

„Wie denn auch? Helen hat nun einmal nur ihre Hände und Füße, um sich zu verständigen, nicht den Mund."

„Mit dem Mund isst sie nur!" Das ist mir so rausgeplatzt. Aber jetzt schmunzelt Mama doch. Kurz hoffe ich, dass die Angelegenheit damit vom Tisch ist wie der Kuchen für den Captain, aber Mama legt jetzt erst richtig los. Sie reibt sich die Hände an der Schürze ab und sieht mich an. „Nosy, hör zu! Es ist wichtig, dass du verstehst, was ich dir sage. Es wird immer schlimmer mit Helen. Nicht nur, dass sie jeden Tag Geschirr zertrümmert. Sie schadet sich auch selbst. Gestern war es der Kuchen. Was wird es morgen sein? Ich fürchte, bald geschieht wieder so etwas Furchtbares wie damals, und ich glaube nicht, dass es noch einmal so glimpflich ausgehen wird. Du musst wirklich umsichtiger sein. Besser nach ihr sehen. Hast du das verstanden?" Sie wendet sich wieder dem Teig zu und formt den dicksten Kloß, der je auf Ivy Green entstanden ist. Ich hingegen starre auf meine Finger, als gehörten sie nicht zu mir. Auf der Zeigefingerkuppe klebt ein Teigklümpchen. Ich weiß nicht, was ich Mama antworten soll. Es ist merkwürdig. Wenn sich Helen aufregt, stopfen sie ihr den Mund mit Kuchen, damit sie Ruhe gibt. Mir steckt Mama Wörter in den Hals und ich schweige auch.

Sie braucht es nicht mal auszusprechen. Ich weiß, dass die Sache damals meine Schuld war. Ich habe nicht aufgepasst und das nicht erst, als es längst zu spät war, sondern schon viel früher.

Schon als wir an der Pumpe standen, hätte ich achtgeben müssen, dass ihr Kleid nichts abbekommt, keinen einzigen Spritzer. Ich stand am Schwengel und pumpte. Helen hielt die Hände unters Wasser. Das Wasser sprudelte aus dem engen Rohr, sie sagte Wa-wa und auf einmal triefte das Kleid dunkel vor Nässe, vor allem die Schürze zog schwer an ihr.

Manche sagen, Wasser habe kein Gewicht, es sei wie Luft, die durch die Hände rinnt. Das ist falsch. An Wasser trägt man schwer. Wer wüsste das besser als ich, die ich es jeden Morgen, mittags und abends in Kübeln hin- und herschleppe?

Ich führte Helen in den Salon, wo im Kamin ein fröhliches Feuer prasselte. Helen wollte ihre Schürze trocknen, sie trat näher und noch näher, weil es ihr nicht schnell genug ging. Ich hatte nicht gewusst, dass Feuer Beine hat. Jetzt sah ich es: Die Flammen machten einen Satz. Sie hüpften auf Helens Schürze, als hätten sie dort etwas erspäht, das sie verzehren wollten. Die Schürze brannte. Das Kleid. Das Feuer versenkte Helens Haare. Ihre Augenbrauen. Helen schrie. Ich brüllte. Hätte nicht Viney, das Kindermädchen, mit einem beherzten Griff das Tischtuch vom Tisch gezerrt und über Helen geworfen, wäre sie heute nur ein Häufchen Asche.

Wieder kam der Doktor. Er eilte stumm an mir vorbei und verschrieb Salben und kühlende Umschläge.

Ich hörte Helen weinen. Vor allem nachts. In den Nächten schrie sie.

Manchmal höre ich sie noch immer schreien. Es müssen schlimme Träume sein.

Helen wurde wieder gesund. Die Wimpern wuchsen nach. Die Haare auch. Heute rahmen dichte kastanienbraune Locken ihren Dickschädel.

Es war an einem der ersten sonnigen Frühlingstage, als mich der Captain beiseitezog. Wir spielten Crack-the-Whip, Percys Hand in meiner. Der Captain pfiff mich aus der Reihe, wie er sonst nach seinen Hunden pfeift.

Er habe sich Gedanken gemacht, fing er an. „Du musst ab sofort besonders auf Helen achtgeben. Lass sie nicht mehr aus den Augen. Jetzt, da das Baby da ist, kann Mrs Keller nicht ständig nach Helen sehen. Das verstehst du doch, nicht wahr?"

Das verstand ich. Ich nickte.

Mrs Keller redete auch mit mir. Sie sagte es anders, sanfter. Als echte Südstaatenlady würde sie niemals ihre Stimme heben, doch die Botschaft blieb dieselbe: „Martha, pass auf Helen auf! Versprich es mir."

„Ja", sagte ich, ohne nachzudenken, „ich verspreche es."

Es war das erste Versprechen, das ich jemals jemandem gegeben habe.

Ich denke an meinen Vater.

Mein Vater ist noch vor meiner Geburt weggegangen von Ivy Green, und das Einzige, das er zurückließ, war das Versprechen, dass er wiederkommt. Mama wartet heute noch auf ihn. Und manchmal ertappe ich mich dabei, dass ich mit ihr warte, obwohl ich meinen Vater gar nicht kenne. Dann sage ich mir, dass das, was ich damals zu den Kellers sagte, auch bloß ein Versprechen war, und ich überlege weiter, vielleicht besteht ein Versprechen nur aus Worten, die man sagt, weil ein anderer sie hören will, während man an etwas anderes denkt? Denn als ich damals zu Mrs Keller sagte, ich verspreche es, sah ich, wie die Sonnenstrahlen in den Fenstern des Gartenhäuschens nebenan aufblitzten, und ich merkte, dass das Gras auf der Wiese hinterm Haus grün geworden war, unmerklich. Ohne dass ich darauf geachtet hatte, war der Frühling eingezogen, und dann dachte ich, wie ich jetzt lieber Percys Hand halten und weiter mit ihm Crack-the-Whip spielen würde, statt artig vor den Kellers zu stehen und ein Versprechen abzulegen. In meinen Beinen juckte es und zwickte es, es kümmerte sie nicht im Geringsten, was mein Mund machte, als hätte mein Mund ein Eigenleben.

Also sind meine Gedanken damals nicht bei meinem Versprechen gewesen und erst recht nicht bei Helen, obwohl ich seitdem so was wie ihr Schatten bin. So sagt Mama es auch jetzt: „Vergiss nicht, dass du Helens Schatten bist, Nosy, ihre Augen, ihre Ohren. Sie steht nun mal im Licht, und wir wollen doch nicht, dass dieses Licht in einem Heim erlischt, bloß weil du nicht auf sie aufgepasst hast?"

Ich schüttele den Kopf. „Nein, natürlich nicht", murmele ich.

Mama sorgt sich um Helen. Aber wie sich rausstellt, sorgt sie sich auch um uns. Sie stellt einen Topf mit Wasser auf den Herd. „Das ist es nicht allein", sagt sie, „du musst das verstehen. Es sind die Kellers, die uns Arbeit geben. Wir bereiten nur das Essen zu. Das darf man nicht verwechseln. Ohne die Kellers wüsste ich nicht, wie ich uns ernähren sollte. Ich kann doch nichts anderes außer kochen."

Was redet Mama da?

Mama kann so vieles.

Und sie macht so vieles.

Sie singt mir Lieder, wenn ich traurig bin.

Sie küsst mich auf die Stirn, wenn wir uns müde in das schmale Bett in der kleinen Kammer falten. Ohne Mamas Küsse könnte ich nicht einschlafen.

Ihre Hände nähten den Quilt, der über uns liegt und uns wärmt.

Sie hat auch meine Puppe gemacht, die ich so sehr liebte. Bis Helen ihr mit einer Schere das Kleid zerfetzte.

Mama flicht mir mein Haar. Stundenlang schnürt sie bunte Stoffreste in meine Zöpfe; sogar Percy guckt beeindruckt, obwohl er so tut, als sähe er sie nicht.

Und manchmal schiebt sie mir einen Leckerbissen zu, aber selten, das feine Essen kocht sie schließlich nicht für uns.

„Außerdem war der Kuchen nicht für euch", sagt sie prompt. „Ich habe ihn für den Captain gebacken. Das wusstest du. Hätte ich ihn für euch gemacht, hätte ich nie so viel Bourbon hineingekippt."

Sie kichert.

Das mag ich so an ihr. Sie kann schimpfen wie ein Rohrspatz, im nächsten Augenblick klingt ihre Stimme zuckersüß.

Das Wasser kocht. Mama kippt die Klöße in den Topf.

„Und nun geh rüber nach Ivy Green und sieh nach, ob es Helen wieder besser geht. Nimm auch ein paar Blumen mit. Stell sie in eine Vase. Als Entschuldigung für deine Nachlässigkeit. Es wird Mrs Keller gefallen. Keiner freut sich mehr über frische Blumen als sie. Die Frau hat einen grünen Daumen, grüner als grün."

IN DER VORRATSKAMMER

Helen geht es wieder besser. Schon im Flur höre ich sie. Sie hockt auf der Treppe und kichert in sich hinein. Kichern ist untertrieben: Helen lacht, dass die Puppe in ihrem Arm wackelt. Und mitten in ihrem Lachen höre ich noch etwas. Aus der Vorratskammer kommt ein dumpfes Klopfen. Jemand hämmert gegen die Tür. Jemand ruft um Hilfe.

Ich erkenne die Stimme. Es ist Mrs Keller.

Helen hat ihre Mutter in der Vorratskammer eingesperrt!

Wer weiß, wie viele Stunden Mrs Keller schon in der dunklen staubigen Kammer sitzt? Verhungern wird sie nicht, in der Vorratskammer lagern Kartoffeln, eingelegte Gurken, Mais, Mehl, aber es gibt kein Fenster – die Vorräte sollen schließlich nicht spazieren gucken – und darum wenig Luft.

Der Schlüssel steckt. Ich zögere nicht und schließe auf.

„Martha, Gott sei Dank!" Mrs Keller stolpert mir entgegen. Die Haare hängen ihr in die Stirn. Ihre Wangen sind gerötet. Ich habe sie noch nie so zerzaust gesehen. „Das wurde höchste Zeit. Du bist meine Rettung!"

Das hat noch niemand zu mir gesagt. Auch Helen sieht das anders. Kaum merkt sie, dass ich ihre Mutter befreit habe, schlägt ihr schadenfrohes Gekicher in wütendes Geheul um. Nancy fliegt auf den Boden, Helen mir um den Hals. Ihre Hände sind Schraubstöcke. Sie reißen an meinem Kleid. Sie zerren an meinen Haaren. Ihre Hände sind überall.

„Helen, nein, nicht!" Mrs Keller versucht, mich aus Helens Klammergriff zu befreien. Endlich schafft sie es, doch jetzt hängt ihr Helen am Arm. Helen schreit und brüllt, dass die Tassen im Schrank wackeln.

„Martha, lauf und hol Kuchen, sonst beruhigt sie sich nie", japst Mrs Keller.

Mama hebt erschrocken die Suppenkelle, als ich in die Küche platze.

„Du liebes bisschen, hast du mich erschreckt!"

„Wir brauchen Kuchen, Mama! Rasch!"

Obwohl Helen gestern erst fast allein einen ganzen Alabama Lane Cake verputzt hat, ist es jetzt nur mit Mamas Kuchen zu schaffen, dass es wieder still wird auf Ivy Green.

„Ist sie etwa wieder auf den Beinen?"

„Und wie!"

„Dieses Mädchen bringt uns alle noch um den Verstand!" Mama schimpft, aber sie schneidet schon ein Stück vom Kuchen ab. Wie gut, dass sie jeden Tag einen neuen backt.

Im Flur ringen Mrs Keller und Helen immer noch miteinander, nur steht jetzt auch der Captain daneben wie ein Schiedsrichter, der einen Ringkampf mit ungewissem Ausgang beiwohnt.

„Martha, schnell, der Kuchen!"

Mrs Keller bricht ein großes Stück ab und schiebt es Helen in den Mund.

Helen verstummt sofort. Sie kaut. Sie schluckt. Ihr Arm schnellt wieder hoch, der Mund klappt auf, aus ihrer Kehle kommt ein Knurren. Wie die Vögelchen, die in den Nestern ihre Schnäbel aufspannen, bettelt sie um Futter. Mrs Keller gibt es ihr. Sie stopft ihr den Mund.

In der plötzlichen Stille findet der Captain seine Sprache wieder. „Was ist denn geschehen?"

„Helen hat mich eingesperrt. In der Vorratskammer."

„Grundgütiger!"

Helen grunzt. Mrs Keller bricht einen neuen Brocken ab.

„Es ist ja nichts geschehen, mir geht es gut", sagt Mrs Keller. „Martha hat mich befreit. Bestimmt wollte Helen nur herausfinden, wozu ein Schlüssel da ist."

„Nur herausfinden? Katie, das ist ... das war gefährlich!"

Helen macht einen Satz. Sie fischt Mrs Keller den Kuchen aus der Hand und macht sich aus dem Staub. Kaum vorstellbar, dass ihr von Kuchen jemals schlecht gewesen ist.

Ich bücke mich und fange schon mal mit dem Aufräumen an.

Der Captain räuspert sich. „So geht das nicht weiter, Katie. Ich sage es ungern, aber du weißt es selbst: Wenn sich hier nicht bald etwas ändert, werden wir Helen in eine Einrichtung geben müssen."

„Aber es wird sich doch bald etwas ändern", beharrt Mrs Keller. „Denk an die Lehrerin. Die neue Lehrerin wird alles richten."

„Die neue Lehrerin, natürlich." Der Captain murmelt es mehr, als dass er es sagt.

Es ist nicht so, dass er nichts versucht hätte. Im Gegenteil, er hat schon eine Menge unternommen und das viele, das er für Helen unternommen hat, hat auch seinen Geldbeutel geschmälert.

Er ist meilenweit zu Ärzten gefahren. Die Ärzte haben Helen untersucht. Sie haben in ihre Augen geleuchtet und in ihre Ohren geblickt. Sie haben besorgte Mienen aufgesetzt und die

Köpfe geschüttelt. Immer sagten sie dasselbe: „Bedaure, Sir, da lässt sich nichts machen. Ihre Tochter wird ihr Leben lang blind und taub bleiben."

Bis auf das eine Mal. Ein berühmter Augenarzt in Baltimore, Maryland, 800 Meilen entfernt von Ivy Green, empfahl: „Fahren Sie zu Dr. Bell! Vielleicht weiß der Doktor einen Rat?"

Dr. Alexander Graham Bell ist ein kleiner Mann mit einem großen Bart, der knistert, wenn er mit der Hand darüber streicht. Mit Menschen, die nichts hören, hat er viel zu tun. Seine Mutter ist taub, seine Frau ebenfalls. Seit Jahren setzt er sich für Gehörlose ein, wenn auch auf die ihm eigene Weise: Er will unbedingt, dass sie sprechen lernen. Dr. Bell tüftelt auch sehr gerne, obwohl er sich selbst nicht als Erfinder bezeichnet. Er wollte einen mehrspurigen Telegraphen entwickeln und hat dabei das Telefon entdeckt. Ausgerechnet, denn der Apparat, mit dem man jemanden hört, obwohl man ihn nicht sieht, nützt einem Menschen, der weder hören noch sehen kann, wenig. Als die Kellers bei Dr. Bell eintreffen, liegt seine bahnbrechende Erfindung, die inzwischen manchen Haushalt ziert, bereits einige Jahre zurück, zehn, um genau zu sein. Dr. Bell nimmt Helen auf den Schoss. Helen mag den kleinen Mann sofort. Er gibt ihr seine Taschenuhr. Er lässt die Taschenuhr läuten. Helen fühlt die Schläge. Sie ist entzückt. Es gefällt ihr, dass er ihr etwas reicht, das sie spüren kann. Sie sieht nicht, wie freundlich ihr seine Augen zuzwinkern, aber sie spürt das Ticktacktick der Zeiger in den Händen, als streichelte Dr. Bell selbst ihre Hand.

Dr. Bell kann Helen auch kein Gehör verschaffen, obwohl er schon vieles für viele erreicht hat, daher auch die weite Reise, 1200 Meilen in den Norden. Aber zum Abschied sagt er die entscheidenden Worte: „Ich kann nichts für Helen tun. Aber in Boston lebt ein Mann. Mister Michael Anagnos. Er leitet das

Perkins Institute for the Blind. Er wird Ihre Tochter auch nicht
hörend oder sehend machen, aber vielleicht kennt er eine Lehrerin für sie? Denn dieses Mädchen ist nicht dumm, das sehe ich.
Sie kann lernen und man kann sie unterrichten. Dann wird es
für alle leichter werden.«

Kaum ist der Captain zurück auf Ivy Green, schreibt er einen
Brief. Er schreibt Mister Anagnos. Der Brief reist nach Boston.
Dieses Schreiben ist ein Wunderwerk. Ein paar krakelige Striche
und Kurven auf einem Blatt Papier, das viel später weit entfernt
ein anderer liest. Der es versteht, weil er lesen kann. Und der
darauf antwortet, weil er weiß, wie man schreibt.

Mister Anagnos' Antwort kommt umgehend.

Sehr geehrter Captain Keller,
es ist mir eine Freude, Ihnen mitteilen zu dürfen, dass wir
eine vortreffliche Lehrerin für Ihre Tochter gefunden haben. Miss Anne Mansfield Sullivan beendet soeben ihre
Ausbildung an unserem Institut, dessen Leitung ich aus
den Händen unseres geschätzten Gründers Dr. Samuel
Gridley Howe übernommen habe. Wie Sie wissen, gelang
es ihm, der taubblinden Laura Brigdman, die inzwischen
die Handarbeitsklasse leitet, lesen und schreiben beizubringen. Vielleicht wird dies auch Ihrer Tochter möglich sein?
Miss Sullivan wird demnächst ihre Zeit bei uns als Jahrgangsbeste beenden und auch die Abschlussrede halten.

Sofern Sie wünschen, könnte der Unterricht Ihrer
Tochter Helen im kommenden Frühjahr beginnen.

Hochachtungsvoll, Michael Anagnos
Direktor des Perkins Institute for the Blind

Der Brief schlug auf Ivy Green ein wie der Blitz, der an dem Tag, an dem ich geboren wurde, die alte Eiche im Hof niederbrannte. Und der Name der neuen Lehrerin, die Helen unterrichten soll, dröhnt wie sein Donnerhall: Miss Anne Mansfield Sullivan.

Potzblitz.

Wie fein das klingt!

Diese Miss Sullivan muss eine echte Dame sein.

Wenn auch keine Südstaatenlady, weil sie aus dem Norden stammt.

Seit jenem Tag reden alle auf Ivy Green von dieser Miss Sullivan, als wäre sie der Erlöser, auf den die Menschheit seit Anbeginn der Welt hinfiebert. Wenn die Mägde die Seifenlauge aus den Laken klopfen, die Knechte Hafer in die Tröge kippen, Mama noch einen Sellerie in die Suppe schnippelt und noch eine Möhre. Über den Melkschemeln. In jedem Winkel wispern sie den Namen der Lehrerin wie ein Versprechen auf friedvollere Zeiten: Miss Anne Mansfield Sullivan. Wie Percy in den drückend heißen Sommermonaten auf ein klitzekleines Wölkchen am blitzeblanken Himmel zeigt und sagt: Das rettet die Ernte. Weil das klitzekleine Wölkchen den ersehnten Regen bringt, ehe der Mais verdorrt. Und trocken und düster sieht es bei den Kellers schon sehr lange aus.

Noch einmal wiederholt es Mrs Keller, wie es alle auf Ivy Green wiederholen: „Wenn erst die Lehrerin kommt, wird alles gut."

Der Captain klappt den Mund auf. Er schließt ihn wieder.

„Das Einzige, was wir brauchen, ist Geduld", schiebt Mrs Keller mit ihrer ewig sanften Stimme hinterher. Die Geduld auf Ivy Green muss ein Kuchen sein, der nie zur Neige geht, obwohl alle ständig daran knabbern.

Der Captain wäre nicht der Captain, wenn er nicht das letzte Wort behalten würde. „Mag sein, dass die neue Lehrerin alles richtet, wenn sie kommt. Falls sie kommt", sagt er. „Es ist jedenfalls eine Tatsache, dass wir nicht andauernd hinter Helen her fegen können. Selbst Martha nicht. Und du erst recht nicht, schließlich hast du noch das Baby."

Sein Blick fällt auf die Puppe, und sein Gesicht vereist, als zöge dort der Winter ein. Plötzlich verstehe ich, was die Leute meinen, wenn sie behaupten, sie könnten Gedanken lesen. Es ist so offensichtlich, was der Captain gerne sagen würde, obwohl er es nicht sagt, als stünde es auf seiner Stirn geschrieben: Heute traf es dich, morgen trifft es einen anderen, und was, wenn es Mildred ist? Dann liegt sie am Boden wie Helens Puppe, die sie weggeworfen hat. Helen ist gefährlich. In einem Heim wird man besser auf sie achten. „Wo ist Mildred?", fragt er.

„Sie schläft", sage ich. Ich habe Mildred in ihrer Wiege im Salon gesehen, als ich die Blumen vorhin in die Vase stellte.

Der Captain sieht mich verblüfft an. Erst jetzt fällt ihm auf, dass ich noch da bin.

„Was stehst du hier rum, Martha? Lauf und kümmer dich um Helen und bring ihr ... bring ihr auch die Puppe mit! Sie hat sie vergessen."

Nancy liegt auf dem Bauch, die Nase in die Dielen vergraben. Ihre Arme schweben über dem Kopf, als wollte sie sich schützen. Oder mir zuwinken.

Ich hebe sie auf.

Sie wiegt nicht viel. Ich wundere mich. Es ist nur eine Puppe, sage ich mir. Aber ich kann mir nicht helfen: Nancy tut mir leid.

AUSGEKIPPT

Helen sitzt im Mimosenbaum. Obwohl sie taub und blind ist und auf ihre Fingerspitzen und auf die Fußsohlen und was sie auf der Haut spürt angewiesen ist, kommt sie überall hin. Sie hat sich am Stamm entlanggetastet, jede Beule in der Rinde gefühlt, alle Risse und Kerben, sich dann, stark wie sie ist, in die nächste Astgabel gezogen. Dort sitzt sie und wackelt mit den Stiefeln.

Sie merkt gleich, dass ich komme. Die Äste zittern, als ich mich daran festhalte. Sie tritt sofort nach mir. Die Stiefelspitze trifft mich an der Stirn. Ich reibe mir den Schädel. Ein rötlicher Streifen bedeckt meinen Handrücken, ich blute, und damit setzt mein Denken wieder ein. Ich bin klein und wendig, *keine läuft so schnell wie du,* aber wenn ich nicht schnell genug bin, Helens Tritten auszuweichen, brauche ich meinen Verstand. Ich muss meinen Kopf einschalten, wenn ich sie vom Baum locken will. „Bist du immer noch wütend auf mich, weil ich deine Mutter aus der Vorratskammer befreit habe?", murmele ich. „Wie wäre es dann damit?"

Ich strecke mich mit der Puppe in der Hand und wische Nancys Haare über Helens Arm. Mein Plan geht auf. Helen grabscht so heftig nach der Puppe, dass ich befürchte, sie reißt ihr den Kopf ab. Ich lasse sofort los.

Helen drückt Nancy an sich und wiegt sie überschwänglich hin und her, als wären sie Ewigkeiten getrennt gewesen. Ich weiß, was das bedeutet: Jetzt ist wieder Puppenzeit.

Manchmal verfällt Helen in eine Art Starre; ich nenne es den Puppenwahn. Obwohl sie blind ist, hat sie dann nur Augen für ihre Puppen, die sie in solch rauen Mengen besitzt, dass ich sie kaum zählen kann. Aber unter all den vielen Puppen, den großen, kleinen, dicken, dünnen, ist Nancy eindeutig die Liebste, ihr Ein und Alles, und wenn Helen Nancy wiegen will, wird sie Nancy wiegen. Obwohl das im Baum nicht sonderlich gut klappt; die Äste sind im Weg. Außerdem ist eine Wiege dafür da.

Helen klettert vom Baum. Sie tappt zum Haus, ich hinterher. Ich folge ihr geradezu unverschämt dicht auf den Fersen wie ein vorbildlicher Schatten. Einen Moment lang überkommt mich das Gefühl, als wäre ich nicht der einzige Schatten, der auf Ivy Green unterwegs ist. Als schwebte über uns noch einer. Kurz bleibe ich stehen und lege den Kopf in den Nacken. Aber da ist nichts. Nur eine einzelne Krähe zerpflügt mit schwarzen Schwingen einen veilchenblauen Himmel, den nicht das kleinste Wölkchen trübt.

Im Haus ist alles wie vorhin, die Dinge stehen am selben Platz, die Vase ist nicht zerbrochen, die Tassen sind heil. Dann begreife ich: Nicht die Dinge haben sich verändert. Es ist die Luft. Es ist still auf Ivy Green. So still war es hier nicht mehr, seit Helen blind und taub vom Schoß ihrer Mutter krabbelte.

Niemand ist zu sehen. Vermutlich hat sich Mrs Keller hingelegt, und Helens Tante Ev döst ebenfalls. Ich kann es ihnen nicht verdenken. Man kann gar nicht so viel schlafen, wie es auf

Ivy Green an Ruhe fehlt, sagt Mama immer, was bei der ganzen Aufregung kein Wunder ist. Der Captain steckt wahrscheinlich hinter seiner Zeitung oder ist fort auf der Jagd. Ich lausche. In die ungewohnte Stille mischt sich noch etwas, das ich nicht kenne, ein feines Säuseln wie eine Wolke, die Atem holt. Ich spähe in den Salon. Der Wolkenatem schwebt über Mildreds Wiege. Sie schläft noch immer, vom Lärm, der kurz zuvor um sie tobte, völlig unberührt. Den Daumen hat sie in den Mund gesteckt wie einen Nuckel. Es ist ein seltener Augenblick voller Frieden. Der freilich auch nicht lange währt.

Helens Finger tasten über die Wiege. Sie will Nancy hineinlegen. Die Wiege ist belegt. Die Wut schießt in ihr hoch wie ein Blitz. Sie versetzt der Wiege einen Stoß. Die Wiege wackelt. Die Wiege kippt. Mildred rutscht über den Rand. Mildred fällt. Meine Arme handeln schneller, als mein Kopf denken kann. Sie schnellen vor und fangen Mildred auf.

Ich hab schon viele Babys gehalten, ich weiß, wie das geht. Auf der Plantage wimmelt es von Säuglingen, ihre Mütter haben immer viel zu tun. Da, Nosy, halt mal meine Kleine, während ich die Wäsche aus dem Kessel mit dem kochenden Wasser fische. Da, Nosy, trag mein Baby, bis die Kuh gemolken ist! Und ich habe sie gehalten. Ich packe an. Ich packe zu.

Aber das ist anders.

Eine fremde Welt kommt zu mir. Spitze und Seide und Mildreds warmer Körper, der zu beben anfängt, weil sie, derart unsanft aus dem Schlaf gerissen, augenblicklich losbrüllt.

Die Tür fliegt auf. Mrs Keller und der Captain stürzen ins Zimmer. Im Türrahmen rempeln sie sich gegenseitig an und treten einander auf die Füße. Ich lache, dann beiße ich mir auf die Lippen. Sie sind so käsig im Gesicht wie die Milch, die Percy morgens in die Küche schleppt, damit Mama Butter daraus schlägt.

„Was war nun schon wieder los?"

Ich muss es ihnen nicht erklären, sie sehen es selbst: In der Wiege, in der eben noch friedlich ihre jüngste Tochter schlummerte, liegt jetzt Nancy und Helen schaukelt die Puppe, dass die Wiege wie ein Schiff bei hohem Wellengang immer höher und schneller fliegt.

„Hast du Mildred aufgefangen, Martha?" Mrs Keller nimmt mir Mildred ab. „Danke!"

Ich mache einen Knicks. Was denkt sie sich? Ich würde Mildred niemals fallen lassen, solange ich es verhindern kann, und außerdem ist es selbstverständlich, dass ich Mildred auffange. Ich hebe die Scherben auf, wenn Helen Tassen und Teller zertrümmert. Und ich verhindere, dass ihre Kinder zu Bruch gehen.

„Da haben wir aber großes Glück gehabt", sagt Mrs Keller. Sie streichelt Mildred über die Wangen, unter den sanften vertrauten Fingerspitzen beruhigt sich die Kleine wieder. Doch der Captain braust erst richtig auf.

„Das war kein Glück! Vorhin du und keine Stunde später Mildred. Nicht auszudenken, was alles hätte geschehen können."

„Es ist doch nichts geschehen", wiegelt Mrs Keller ab. „Martha war ja da."

„Martha ist kein Schutzengel, Kate, und selbst ein Schutzengel kann nicht so schnell fliegen, wie Helen durch die Gegend fegt." Er sieht zu Helen. Sie hat nicht nachgelassen in ihrem Schwung. Wir alle sehen ihr zu. Wir alle staunen. Helen ist ein Wirbelwind, ein Tornado auf zwei Beinen. Jeder, der sie sieht, wundert sich über ihre ungezügelte Lebendigkeit, die umso mehr verblüfft, als sie vor nicht allzu langer Zeit beinahe gestorben wäre.

Helen war noch keine zwei Jahre alt, sie stapfte schon über den Hof, sagte: How d'ye?, wie geht's? und tea, tea, tea – willst du einen Tee? Da brach das Fieber aus. Vielleicht war es Scharlach. Vielleicht eine Entzündung im Gehirn. Für das, was folgte, gab es ohnehin keine Worte, es gab nur Händeringen und Wadenwickel, und das Fieber kletterte unverdrossen weiter, stieg und stieg, war heiß wie die Gebete, die unablässig in den Himmel zwirbelten, wie der Rauch aus Mamas Küche aus dem Schornstein steigt, bindfädengleich, jeder Faden ein Gebet, dass es Helen bitte, bitte bald wieder besser gehen möge, guter Gott, mach, dass sie überlebt. Wochenlang, auch in der Nacht saß Mrs Keller stumm und blass am Bett ihrer Tochter. Mama schickte mich zu ihr, Suppe und Butterbrote sollte ich bringen. *Ich hab besonders viel Gänseklein hineingeschnitten, es wird ihr guttun.* Aber ich brachte die Suppe unangetastet zurück. Nicht mal angesehen hat sie die Suppenschüssel. Mama rang die Hände, was sie sonst nie macht, weil sie immer Besseres für ihre Hände zu tun findet, einem Huhn die Federn rupfen, Pudding rühren und das Feuer unter dem Herd anheizen. Jetzt hatte sie die Hände frei, denn niemand hatte Hunger auf Ivy Green, und sie hörte mit dem Kochen auf. Eine unheimliche Stille machte sich breit. Gedämpfte Schritte über den schweren Eichendielen, als trügen alle nur Pantoffeln, Geflüster in jedem Raum, wo heute so viel Lärm herrscht. Selbst Belle verkroch sich in die Ecke, legte die lange Schnauze auf die schlanken Pfoten und beobachtete mit sorgenvoll hochgezogenen Augenbrauen, was geschah.

Der Doktor kam. Kam er sonst nach Ivy Green, tätschelte er mir den Kopf und lobte meine Zöpfe, die er prachtvoll fand. Jetzt hastete er wortlos an mir vorbei ins Haus und sagte nicht, was alle hofften, nachdem er Helen abgehorcht hatte: *Kein Grund zur Aufregung. Das wird schon wieder.* Stattdessen brummte er in seinen Bart, man verstand ihn kaum: „Ich weiß nicht, ob sie es schafft. Vielleicht hilft nur noch Beten."

Das machte nicht gerade Mut.

Und dann schaffte sie es doch.

Ob es an den Gebeten lag oder weil Helen stur ist, sturer als der störrischste Ochse, der je auf Ivy Green einen Pflug ziehen sollte und nicht zog, und weil sie angefüllt ist mit einer Zähigkeit, die bis zu den Appalachen reicht, das wird wohl niemand jemals sagen können. Es tut auch nichts zur Sache. Helen lebte, das war wichtig. Es war das Einzige, das zählte.

Helen erholte sich, das dauerte, aber sie wurde wieder gesund. Ich sah sie selten, denn sie tappte nicht mehr über den Hof. Sie saß auf dem Schoß ihrer Mutter und klammerte sich an ihre Bluse, als läge unter ihr ein Meer aus Dunkelheit und Stille, das sie jederzeit verschlingen könnte, und so wird es auch für sie gewesen sein: Sie sah nichts mehr und sie hörte nichts mehr. Alles weg. Die Stimmen der Eltern. Das Muhen der Kälbchen. Das Rascheln des Winds im Geißblattstrauch. Keine Sonnenflecken auf den Dielen. Kein Blau des Himmels. Nicht die Gesichter der Menschen ringsum. Sie war eine Ertrinkende, und Mrs Keller war der Rettungsring.

Und dann, eines Tages, ließ sie los. Sie krabbelte von Mrs Kellers Schoß. Und seitdem ist sie unterwegs. Auf eigene Faust schlägt sie sich durch. Mit einer Ausdauer, die ihresgleichen sucht.

„Sie hat so viel Kraft!", sagt der Captain. „Wir müssen sie beschäftigen, rund um die Uhr, nicht nur mit Puppen, die sie wiegen kann."

„Nicht nur mit Puppen, die sie wiegen kann", wiederholt Mrs Keller nachdenklich, „sondern mit etwas, bei dem sie auch etwas lernt."

Und da kommt ihr, was Mama einen wunderbaren Einfall nennt, weil es den Tag rettet, aber auch ein kolossaler Reinfall werden könnte, weil es letztlich alles ruiniert.

„Das ist es, natürlich!" Mrs Keller dreht sich um zu mir. „Ich gebe euch die Püppchen aus Papier zum Ausschneiden. Dann habt ihr Puppen, und Helen lernt gleichzeitig etwas dabei. Und du wirst sehen", sie sagt es zu ihrem Mann, „dann wird alles gut."

ZÖPFE

Ich liebe die zarten Puppen aus Papier. Erst schneidet man die Figuren aus, Männer, Frauen, Kinder. Dann die Kleider. Danach kann man die Puppen anziehen, wie man will, ein Ballkleid für die Dame, Gehrock und Zylinder für den Herrn. Sogar George Washington, der erste Präsident der Vereinigten Staaten von Amerika, ist darunter, und seine Frau, die genauso heißt wie ich: Martha Washington.

Mrs Keller gibt mir die Papierpüppchen, Helen dagegen bekommt die Schere in die Hand. Helen lässt sofort die Wiege los. Ich höre regelrecht den Captain aufatmen. Es muss ihm ein Graus gewesen sein, Nancy in Mildreds Wiege zu sehen. Das verstehe ich sogar, doch über Mrs Keller wundere ich mich. Ich bin mir sicher, ihr Herz kann gar nicht so schnell klopfen, wie sie sich um ihre große Tochter sorgt. Trotzdem hält sie Helen nicht fest oder schirmt sie ab vor allem, was ihr schaden könnte. Vielleicht liegt das aber auch an Helen selbst, die jede Hand, die sie führen will, wegschlägt und darauf besteht, ihren Weg durch die Dunkelheit im Alleingang aufzustöbern. Ihr eine Schere zu geben, ist allerdings gewagt. Ich denke an meine Puppe. *Sei nicht traurig, Nosy, ich mach dir wieder eine!* Bis heute warte ich darauf.

Wir setzen uns auf die Stufen vor dem Küchenhaus. Durch die Blätter des Geißblattstrauchs schieben sich die Sonnenstrahlen und legen ein Muster aus Flecken auf den Staub. Die Blätter rascheln im Wind. Helen reißt mir die Puppen aus der Hand und legt gleich los. Schon fällt der erste Kopf. George Washington segelt zweigeteilt zu Boden, dicht gefolgt von seiner Frau. Wenigstens die Kleider soll Helen nicht zerfetzen, aber Helen fuchtelt mit der Schere und verfehlt knapp mein Auge, da lasse ich es lieber sein und überlasse die Puppen ihr. Weil sie die Puppen nicht fühlen kann, werden sie ihr ohnehin rasch langweilig. Sie tastet um sich. Ihre Finger finden den Geißblattstrauch. Schnipp, schnapp, ab. Die Blätter rieseln in den Staub. Bald legt sich ein grüner Teppich vor unsere Füße. Und als sie kein Blatt mehr findet, weil sie zu faul ist aufzustehen, macht sie mit den Stiefeln weiter. Schnipp, schnapp, ab. Die Schnürsenkel kringeln sich im Staub. Sie sehen aus wie Würmer und locken die Hühner an. Ich schiebe meine nackten Zehen darunter. Ein Blatt klemmt sich zwischen meine Zehen. Es kitzelt. Ich kichere.

Da tasten Helens Hände über meinen Kopf.

Sie nimmt meine Zöpfe.

Sie setzt die Schere an.

Ich winde mich, aber es hat keinen Sinn. Die Klingen schneiden scharf, ich halte lieber still. Helen drückt zu. Ein Zopf fällt neben die Schnürsenkel. Noch einer. Noch einer. Ich sitze wie erstarrt, als hätte mein Herz zu schlagen aufgehört. Erst als alle Zöpfe auf dem Boden liegen und mein Schädel kahl ist, kommt wieder Leben in mich. Ich werfe die Arme hoch. Die Hühner stolpern davon.

Ich reiße Helen die Schere aus der Hand. Ich nehme ihr Haar. Ihr Haar liegt schwer in meiner Hand. Ich schiebe eine

Locke zwischen die Klingen. Helens Haar ist kräftig, ich muss fest zudrücken. Eine Locke gleitet in meine Hand. Ich will weiter schneiden.

„Martha Washington, was fällt dir ein? HÖR SOFORT AUF!" Mrs Keller biegt ums Küchenhaus. Vermutlich sucht sie Kuchen für Helen, die sie selbst nach dem Vorfall mit Mildred mit Süßem verwöhnen möchte. Die letzten Meter schreitet sie nicht, wie ich es sonst von ihr kenne, sie rennt. Sie baut sich vor uns auf, sie streckt die Hand aus. „Wo hast du deinen Kopf, Martha Washington? Bist du ganz von Sinnen? Die Schere habe ich dir sicher nicht gegeben, damit du Helens Haare abschneidest. Gib sie mir! Unverzüglich!"

Ich gebe ihr die Schere mit der einen Hand, zugleich schließen sich die Finger meiner anderen Hand um Helens Locke. Meine Hand ist eine Mausefalle, die zuschnappt, wenn sich eine Maus hineinverirrt. Helens Locke ist die Maus. Die gebe ich nicht wieder her.

„Helen, du kommst mit mir mit!"

Natürlich folgt ihr Helen nicht. Doch da entwickelt die sonst so ewig sanfte Frau eine ungewohnte Entschlossenheit. Sie zerrt Helen auf die Beine und schleift sie einfach mit sich fort.

Ich sehe ihnen nach, wie sie sich Schritt für Schritt den Pfad zum Haus zurückkämpfen, Mrs Kellers zierliche aufrechte Gestalt und das zappelnde, kreischende Kind an ihrer Seite, das um sich tritt wie ein bockiges Kälbchen. Helens Geschrei zittert durch die Luft. Es kommt mir so vor, als würden die Rosen erschrocken ihre Blütenkelche schließen. Doch das könnte auch Einbildung sein.

EINE SICHERE SACHE

Helen ist fort, plötzlich habe ich nichts zu tun. Das ist ungewohnt. Also gehe ich zu Mama. In der Küche wird immer eine Hand gebraucht. Mama freut sich, dass ich komme.

„Gut, dass du da bist, Martha", sagt sie, ohne aufzusehen. Sie beugt sich über eine Schüssel und knetet Kloßteig. Ein Berg ungeschälter Kartoffeln türmt sich neben ihr. Auf dem Herd blubbert ein Topf mit Wasser. „Ich brauche dringend deine Hilfe. Hast du schon gehört, dass die Lehrerin morgen kommt? Drei Tage war sie unterwegs. Jetzt ist es so weit."

Das sind in der Tat erstaunliche Neuigkeiten.

„Wird dann alles anders werden?", frage ich.

Mama sieht auf und sieht mich, und ihre Augen verdunkeln sich, als hätte jemand darin ein Licht ausgeknipst. Ich kann es nicht deuten. Es ist, als sähe sie mich zum ersten Mal, oder: als hätte sie mich in diesem Zustand schon einmal gesehen.

„Gütiger Himmel, Kind, wie schaust du aus?"

Ich weiß nicht, wie ich aussehe. Ich habe keinen Spiegel, aber ich kann es mir vorstellen. Wenn ich mit den Händen über meinen Kopf taste, fühle ich nicht länger die lustigen Zöpfe, die Mama mir stundenlang ins Haar geflochten hat. Mein Schädel gleicht einem abgeernteten Weizenfeld. Wahrscheinlich sehe ich aus wie ein gerupftes Huhn.

„Hat ... hat das etwa Helen gemacht?"

Bestimmt ist Mama wütend, weil ihre ganze Mühe für die Katz ist, und es stimmt, ich habe mich nicht besonders gewehrt, als Helen mit dem Schnippeln anfing. Ich hatte zu viel Angst, dass sie mir die Augen aussticht. Dann wäre ich jetzt genauso blind wie sie.

„Die Schere war scharf, Mama", sage ich. „Es tut mir leid. Ich hätte sie ihr wegnehmen sollen."

„Das ist es nicht", murmelt Mama. Ich verstehe sie kaum. „Deine Großmutter Hope... du erinnerst mich an sie." Mama stiert in die Schüssel, als hoffte sie, der Teig würde für sie weiterreden.

Da kann sie lange warten.

Klöße reden nicht.

Sie muss schon selbst den Mund aufmachen.

Wenn wir abends unter den Quilt kriechen, erzählt mir Mama oft von früher, als Ivy Green noch eine große Plantage mit vielen Sklaven war. Auch Oma, Mamas Mama, war eine Sklavin. Offenbar weiß ich noch nicht alles von ihr. Und dass ich ihr jetzt ähnele, mit meinen abgeschnittenen Haaren, verblüfft mich am allermeisten.

„Warum denn das?", frage ich.

Mama holt Luft. Dann redet sie in einem Atemzug. Ohne abzusetzen, spuckt sie die Wörter aus, als hätte sie Angst, es sich mittendrin anders zu überlegen: „Sie haben ihr das Haar abgeschnitten und sie in eine Maske gesteckt, damit sie den Mund nicht wieder aufmacht."

„Das ist ja furchtbar! Wieso macht jemand so etwas Schreck-liches?"

„Das ist alles nicht so einfach, Nosy. Deine Oma war recht eigenwillig. Sie hat immer gesagt, was sie denkt."

Ich starre Mama an. Ich kann es nicht fassen. Als ob das eine Erklärung wäre. Und seltsamerweise ist der erste Gedan-ke, der mir durch den Kopf schießt, keiner, mit dem ich meine Großmutter bedauere, was ich jetzt vermutlich müsste. Ich frage mich vielmehr, warum Mama dann hier steht und für die Kel-lers kocht, jeden Tag die leckersten Speisen, die Helen umgehend wieder mit ihren Händen zerwühlt und die wir selbst nicht essen dürfen, weil für uns nur die Reste übrigbleiben, wenn überhaupt, während Großmutter Hope nicht einmal das essen konnte, weil sie in einer Maske eingeschlossen war.

Das Wasser im Topf blubbert heftiger. Tropfen spritzen über den Rand und verdampfen zischend im Feuer.

„Aber ..."

„Pscht, Nosy, still!", Mama legt einen Finger auf meine Lip-pen wie eine Nadel und verschließt sie wie eine Naht. „Ich erzäh-le dir später mehr. Aber jetzt nicht. Jetzt kippen wir die Klöße ins Wasser und schauen, dass wir vorwärtskommen."

Es gibt noch so viel vorzubereiten, zumal die Lehrerin mor-gen kommt. Der Kuchen muss in den Ofen, das Abendessen steht auch schon wieder an. Möhren schneiden. Kartoffeln schä-len. Tomaten putzen. Mama hat recht: Bäuche, die hungrig sind, wird es immer geben. Kaum hat man sie gefüllt, sind sie schon wieder leer.

Doch die Klöße müssen noch warten, Mama mustert mich. „So kannst du mir nicht helfen", sagt sie. „Augenblick, gleich siehst du aus wie wir!"

Sie verschwindet in der kleinen Kammer nebenan, ich höre sie dort wühlen, mit einem Tuch aus grobem braunem Kattun kommt sie wieder. „Ich weiß, es ist nicht besonders hübsch. Ich mach dir ein schöneres, wenn ich schönen Stoff und Zeit dazu habe." Und während Mama die Schleife in meinem Nacken knüpft, erzählt sie mir, dass früher die Frauen ihre Haare nicht tragen durften, wie sie wuchsen, die weißen Leute verboten es ihnen. Darum fertigten sie sich Tücher und banden sie um ihr Haar wie Kunstwerke aus Stoff. So machen sie es noch heute, weshalb ich jetzt tatsächlich aussehe wie die Frauen auf Ivy Green, die alle Tücher über ihren Haaren tragen. Die schwarzen Frauen natürlich nur, nicht Mrs Keller, die trägt einen Hut, wenn sie rausgeht. Auch darum ist Mama wohl so erschüttert. Wahrscheinlich denkt sie, dass ich jetzt kein Kind mehr bin.

Trotzdem sagt sie nichts. Sie geht nicht zu den Kellers und beschwert sich. Mama schweigt.

Sie schimpft auch nicht mit Helen. Mit Helen kann man sowieso nicht schimpfen. Das ist schon klar, man erreicht sie nicht. Helen hockt wie in einem Gefängnis, ist eingeschlossen in sich selbst, weggesperrter als ihre Mutter, die ich aus der Vorratskammer befreit habe. Denn anders als bei Mrs Keller steckt bei Helen kein Schlüssel außen, den man einfach umdrehen könnte.

„Nun, was ab ist, ist ab, aber es wächst auch wieder", sagt Mama und streichelt mir sacht die Wange. „Anderes schrumpft dagegen, wenn man sich darüber hermacht. Dieser Kartoffelberg zum Beispiel. Wenn du die Kartoffeln schälst, kann ich mich um die Klöße kümmern."

Ich nicke und greife nach dem Messer, da merke ich, dass ich meine Hand noch immer zu einer Faust geballt habe, dass die Nägel in die Haut schneiden.

Die Zukunft liegt in deinen Händen, sagt Mama, und dabei denkt sie an die Klöße, die ich mit ihr knete, weil Menschen ständig Hunger haben, darum ist das mit dem Klößekneten eine sichere Sache. Jetzt öffne ich meine Hand und Helens Locke schimmert darin, kastanienbraun, wie ein Schlüssel. Aber ich weiß nicht, für welche Tür.

„Bin gleich wieder da", sage ich.

Es gibt zwei Dinge, die ich besitze oder vielmehr besaß: meine Puppe – Helen hat sie zerschnitten – und mein Kopfkissen – das ist noch ganz. Ich schiebe Helens Locke darunter. Nachts wird mein Ohr darüber liegen, als wollte ich Helens wortloser Sprache lauschen. Ich streiche das Kissen glatt. Dann mache ich mich über die Kartoffeln her.

Mama steht am Herd. Sie lässt die Klöße in den Topf fallen. Sie sinken ins Wasser, tauchen tanzend wieder an die Oberfläche zurück. Plötzlich dreht sich Mama um. Sie lächelt mich an.

„Ich freue mich, dass die Lehrerin morgen kommt", sagt sie. „Dann wird es hier endlich ruhiger werden."

Mama sagt, was ich schon so oft gehört habe auf Ivy Green, dass ich nicht mehr weiß, wie oft.

Mama sagt, was alle sagen.

Ich hoffe, sie täuschen sich nicht.

GROSSMUTTER HOPE

N osy, leg dich endlich schlafen! Es ist schon spät, und morgen gibt es wieder viel zu tun!" Mama ruft nach mir aus der kleinen Kammer.

„Gleich, Mama, ich komme!"

Bevor ich zu Mama in das schmale Bett krieche, nehme ich das Tuch ab. Ich streiche über meinen Kopf. Meine Haare raspeln unter den Fingern. Meine Zöpfe sind ab. Unwiederbringlich. Obwohl Mama sagt, dass sie wieder wachsen werden. Außerdem kommt morgen die Lehrerin. Wenn sie da ist, wird alles anders werden, weil sie alles ändern wird.

Ich weiß nicht, was ich davon halten soll.

Ich rechne nach. Dann hole ich Luft. Es erschreckt mich.

Vier Jahre. Seit bald vier Jahren mache ich fast nichts anderes, als hinter Helen herzuhecheln und möglichst schneller zu sein als sie, ehe sie im Kamin verbrennt oder im Tennessee ertrinkt. Zwischendurch pumpe ich Wasser für das ganze Haus. Bisher habe ich noch nicht darüber nachgedacht. Aber heute hat mir Helen die Haare abgeschnitten, und es ist, als hätte sie mir einen Knüppel zwischen die Beine geworfen, sodass ich anhalte und nachdenke.

Wenn ich ehrlich bin, bin ich ein bisschen schlapp.

Man kann Teller zerschlagen, dass sie in unzählige Teile zerspringen, wie es Helen macht. Das geht schnell und ist nicht schwer. Man kann die Teller einsammeln, nachdem jemand sie zerbrochen hat. Das mache ich. Das dauert länger und ist erheblich schwieriger, man kann sich auch schneiden daran. Aber von einem Menschen verlangen, dass er alles gleichzeitig erledigt, sich nach Scherben bückt, Klöße von der Blümchentapete kratzt, während er zugleich verhindert, dass Helen neues Unheil anrichtet oder sie sich nicht verletzt, geht nicht. Obwohl ich zwei Augen habe, die sehen, zwei Ohren, die hören, zwei Hände und zwei Beine, die flink sind, keine läuft so schnell wie du, sagt Mama. Obwohl ich Helens Schatten bin. Aber auch ein Schatten läuft nicht schneller als der Mensch, dem er angehört.

Deshalb ist es gut, dass die Lehrerin morgen kommt. Da kann ich mit dem Rennen aufhören, weil sie das Rennen für mich übernimmt. Andererseits weiß ich nicht, was ich dann machen werde.

Noch einmal streiche ich mir über den Kopf. Dann binde ich mir das Tuch wieder um, weil ich ohne meine Zöpfe lieber mit einem Tuch auf dem Kopf schlafe. Ich krieche zu Mama unter den Quilt, und der Quilt, den Mama aus allen Stoffresten, die sie finden konnte, gestickt hat, liegt warm und groß und schwer über uns wie eine warme große Hand. Jeden Abend kuscheln wir uns aneinander, und während Mama mir ihre Geschichten ins Ohr flüstert, döse ich allmählich weg.

„Drüben im Gartenhaus hat der alte Captain Keller noch unsere Namen in seine Bücher geschrieben, wobei er sich die Namen für uns selbst ausdachte." Sie schnaubt verächtlich. „Er hat uns einfach eingereiht in seine Liste mit den Erträgen seiner Felder, dem Reis, der Baumwolle, dem Indigo und dem Vieh. Jede Kuh, jedes Schwein, jedes Schaf und alle seine Sklaven. Sklaven für die Felder. Sklaven für das Vieh. Sklaven für die Wäsche. Und für die Küche."

Mama war eine Sklavin für die Küche.

„Und meine Mama und ihre Mama auch." Bis nach dem Krieg alle Sklaven frei kamen. „Denn Gott sei Dank haben die Konföderierten den Bürgerkrieg nicht gewonnen, was du sehr wohl weißt, weil es der Captain seitdem jeden Tag verflucht. Aber da kann er noch so schimpfen: Es nützt ihm nichts." Mama lacht. Ihr Lachen klingt, als hätte sie einen Spritzer Zitrone beigemischt. „Hätte er den Krieg nämlich gewonnen, würde ich ihm immer noch gehören. Und du auch, Nosy, du auch. Wenn deine Mama eine Sklavin war, warst du es als ihr Kind auch. Kannst du dir das vorstellen?"

Ich kann es mir nicht vorstellen. Nie kann ich es mir vorstellen, und ich will es auch nicht, weil ich doch, wenn überhaupt, zu Mama gehöre, zu niemandem sonst. Mama hüllt den Quilt enger um mich, bis ich eingewickelt liege wie ein Säugling.

Sonst streichelt sie mir ein flüchtiges Kreuz auf die Stirn und drückt einen Kuss darauf, als wollte sie ihren Segen besiegeln, damit er nicht davonfliegt, dann schlafen wir. Heute ist es anders. Sie hat es versprochen. Sie erzählt von Großmutter Hope.

„Deine Großmutter Hope war eine bemerkenswerte Frau", fängt sie an. Sie stockt kurz und seufzt. „Der Name war kurz, aber man sollte das nicht unterschätzen. Denn Hope bedeutet Hoffnung, und Hoffnung bewirkt, dass die Leute heute etwas tun, was sich morgen erst erfüllt, und gelingt es morgen nicht, klappt es vielleicht übermorgen oder überübermorgen oder auch erst viele Wochen später.

Man kommt aus dem, was früher war, der Vergangenheit. Man lebt im Hier und Jetzt, das ist die Gegenwart, und marschiert geradewegs ins Morgen, das nennt sich Zukunft, sagte meine Mama, deine Großmutter. Sie sagte es mir, und jetzt erzähle ich es dir. Oma Hope konnte nicht lesen und nicht schreiben. Sie war trotzdem schlau und wusste eine Menge. Wie man einen Schweinekopf über der Glut brät, dass man nicht mehr mit dem Essen aufhören will, weil es schlicht zu lecker schmeckt, oder aus Maisblättern Puppen für die Kinder flicht. Sie kühlte einen zwischen zwei Fuhrwerken eingequetschten Fuß mit Spitzwegerichblättern und heilte einen ausgepeitschten Rücken mit Pottasche und Essig. Klagte jemand über Husten, kochte sie einen Sud aus Bibernelle, Salbei und Thymian. Sie musste nicht auf die Uhr sehen, wie es der Captain andauernd macht, dem so ein Teil an einer Kette aus der Hose baumelt, sie wusste auch so, wann es Zeit fürs Abendessen war. Sie hielt die Nase in den Wind und sagte: Jetzt fange ich zu kochen an. Aber eigentlich war das klar, weil sie sowieso den ganzen Tag am Herd über den Töpfen schwitzte. Großmutter Hope wusste viel, vor allem wusste sie, dass es unter der Sonne keinen Menschen geben darf, der einem anderen gehört, und eines Tages – das sagte sie den anderen Sklaven – glaubt mir, sind wir frei. Gebt nicht auf, die Zukunft liegt in euren Händen!

Dabei sah die Zukunft nicht gerade rosig aus. Die Emanzipationserklärung, in der Präsident Lincoln den Sklaven 1863 ihre Freiheit gab, lag weit entfernt, und die Hände, in denen Oma Hope die Zukunft glänzen sah, waren schwielig von der vielen Arbeit, voller Risse, aufgesprungen und blutig.

Die Hoffnung aber ist zwar klein, aber oho. Hast du sie erst einmal in jemanden gepflanzt, richtet sie die größten Dinge an."

Ich weiß schon, was Mama meint. Ich sehe es jeden Tag, wenn sie Brot backt. Das bisschen Hefe, das sie in die Kuhle im Mehl gibt, sieht so kümmerlich aus, dass man es glatt weglassen könnte. Was soll es nutzen?

„Wirst schon sehen", sagt Mama. Sie mischt Wasser dazu und außerdem ein wenig Salz. Sie deckt die Schüssel mit einem Tuch zu und stellt sie an einen warmen Ort. „Nun müssen wir abwarten. „Sonne und ein bisschen Zeit ist alles, was es braucht."

Und – hast du nicht gesehen – eine Stunde später quillt der Teig schon über den Rand. Er ist gewachsen, dass es kaum zum Aushalten ist. Würde ich so wachsen, Mama schlüge die Hände über den Kopf zusammen, aber über den Teig freut sie sich.

„Damit lässt sich etwas anfangen", sagt sie und gräbt die Hände in die Schüssel und knetet und knetet, bis sie alles in den Ofen schiebt. Dann gibt es leckere Brote.

Das habe ich daraus gelernt: Manch ein unscheinbares Ding wirft einen Schatten voraus, und das Wenige, das wir heute tun, kann schon morgen eine große Sache sein.

„Darum sollte man die Hoffnung nicht unterschätzen, vor allem, wenn man sie unter Sklaven verbreitet, stellt sie eine Menge an und das mögen die Besitzer nicht. Ich hatte immer Angst um deine Oma", sagt Mama. „Ich hab sie angefleht. ‚Sei doch bitte still, Mama', habe ich gesagt, ‚nicht, dass dich der Captain hört!' Damals hatte natürlich noch der alte Captain Keller das Sagen.

Mama hat mich ausgelacht. ‚Wozu hat der Herrgott mir eine Zunge gegeben, wenn ich nicht reden darf, he? Wozu habe ich Hoffnung, wenn ich sie nicht teilen soll?'

Deine Oma war klug. Aber nicht klug genug, den Mund zu halten. Sie schnitten ihr die Haare ab und der alte Captain Keller zwängte sie in eine Maske."

Die Maske war ein großes Stück aus Eisen mit einer Zwinge um den Hals. Ein Dorn ragte in den Mund wie bei einem Pferd die Trense. Die Riemen liefen hinten um den Kopf. Wo sie zusammentrafen, hing ein Schloss.

Der alte Captain sperrte ab und steckte den Schlüssel ein.

Großmutter Hope konnte nicht mehr sprechen, nicht mehr essen, kaum schlucken. Der Speichel rann ihr über das Kinn. Nach drei Tagen schloss der alte Captain Keller wieder auf.

„Danach sprach Oma nicht mehr, kein einziges Wort. Obwohl sie eine Zunge hatte, blieb sie stumm. Sie hätte schon viel früher nichts sagen sollen, aber dafür war es jetzt zu spät." Mama seufzt, sie zupft mir am Tuch, als wollte sie meine Gedanken zurechtzupfen. „Das kommt alles nur davon, wenn man zu viel denkt und seine Gedanken überall hinauskrähen muss, wie es der Hahn jeden Morgen macht. Du denkst auch viel, Nosy, aber wenn du schon so viele Gedanken ausbrütest, behalte sie wenigstens für dich!"

Mama streicht mir über die Stirn. Gleich wird sie das Kreuz darauf zeichnen.

„Auch deshalb war es so schlimm für mich, als ich dich heute gesehen habe. Ohne deine Zöpfe. Ich habe mich erinnert. Ich dachte an Mama, deine Großmutter. Wie sie ihr das Haar abgeschnitten haben. Auch wenn dein Haar natürlich wieder wächst. Bei deinem Trotzkopf bin ich davon überzeugt."

Sie versucht ein Lachen.

„Aber nun sollten wir schlafen. Es ist schon spät und morgen gibt es viel zu tun!" Mama streichelt mir das Kreuz auf die Stirn und drückt ihre Lippen darauf. „Gute Nacht, schlaf gut."

Ich schlafe immer gut. Kaum berühren Mamas Lippen meine Stirn, umhüllt mich die Müdigkeit wie ein Tuch, das alles zudeckt und jeden Gedanken zum Verstummen bringt. Aber heute ist es anders.

Vielleicht liegt es an meinen Haarstummeln, die unter dem Tuch kratzen. Vielleicht liegt es am Mond, der in die Kammer strahlt. Drüben in Ivy Green brennt auch noch Licht.

Vermutlich bereiten sie die Ankunft der neuen Lehrerin vor.

Ich krieche tiefer unter den Quilt. Ich kuschel mich enger an Mama. Und erst jetzt mit meinem Ohr über Helens Locke, in Mamas Armen und nah an ihren schauerlichen Geschichten von einst, begreife ich, was heute geschehen ist.

Heute hat mir Helen das Haar abgeschnitten, und doch reicht es zurück in Zeiten, in denen ich noch nicht einmal geboren war. Bis meine Haare wieder gewachsen sind, werde ich ein Tuch tragen, als müsste ich mich verstecken, unsichtbar werden wie die vielen ungezählten schwarzen Frauen, die vor mir unsichtbar wurden. Plötzlich schnürt mir ein Kloß im Hals die Kehle zu, und als ich ihn beiseiteschiebe, damit ich wieder atmen kann, beginne ich zu weinen, und nachdem ich einmal damit angefangen habe, höre ich nicht wieder damit auf.

„Aber, Nosy, was ist denn?" Mama richtet sich erschrocken auf.

Es nützt nichts. Mama streichelt meine Wange. Mit dem Handrücken wischt sie meine Tränen fort. Ich weine mehr. Mir ist kalt. Mama gräbt mich in ihre Arme. Meine Nase versinkt in ihrer Achselbeuge. Ich rieche ihren Duft, Kuchen und Brot und Klöße, und gerade als ich denke, dass ich mein restliches Leben lang weinen werde, höre ich damit auf.

Es ist still. Es ist spät. Es ist dunkel.

Drüben in Ivy Green haben sie das Licht ausgemacht.

Auch der Mond ist weitergewandert.

Die Schwärze hängt in der Kammer wie ein dunkler schwerer Vorhang.

Neben mir höre ich Mama atmen. Sie schläft. Das gab es noch nie. Es ist die erste Nacht, in der sie vor mir eingeschlafen ist.

DIE RETTUNG AUS DEM NORDEN

Nicht nur die Hühner gackern heute über den Hof. Von allen Seiten wuselt es wild durcheinander. Mit vereinten Kräften haben sie versucht, Helen zu waschen, Viney, die eigentlich die Wäsche einseifen sollte, und Mrs Keller. Aber selbst zu zweit ist es schiefgegangen. Wer Helen waschen will, wenn sie es nicht will, nimmt in Kauf, dass sie ihm die Zähne ausschlägt. Es ist ihnen immerhin gelungen, ihr das Haar zu bürsten. Dass Helen eine Locke fehlt, merkt nur, wer genau hinsieht, und wahrscheinlich fällt es auch bloß mir auf. Ich dagegen trage das Tuch aus grobem Stoff, das meinen kahlgeschorenen Schädel verbirgt.

Braun ist nicht gerade meine Lieblingsfarbe.

Ich habe das Gefühl, alle starren mich an.

Percy schiebt eine Schubkarre über den Hof. Er grinst, als er mich sieht und stellt die Karre mit dem stinkenden Mist ab.

„Hast du dich fein gemacht für die Lehrerin?", fragt er. Ich boxe ihm in die Rippen.

Ich weiß, dass es nicht hübsch aussieht.

Ich mach dir ein schöneres Tuch, Nosy. Du wirst sehen, bald bist du das hübscheste Mädchen weit und breit auf Ivy Green.

Bis dahin werde ich wohl noch einige Tage warten müssen. Aber ich kann mich sowieso nicht um Percys Gespött kümmern. In der Nacht hat es geregnet. Rosenblüten sprenkeln die Pfade, und ich laufe mit dem Besen zwischen dem Wohnhaus, der Küche und dem Gartenhäuschen hin und her und fege die Wege, bis man Spiegeleier darauf braten könnte. Ich habe auch schon die Eier dafür eingesammelt und blitzeblank gerieben. Die Eimer, in denen Percy die Milch zum Küchenhaus trägt, habe ich so oft und so gründlich an der Pumpe gespült, dass sie in der Morgensonne funkelten. Ich weiß nicht mehr, wie viele Male ich den Schwengel auf- und niederschwang. Alles soll glänzen, wenn die Lehrerin eintrifft, die Frau, die alles ändern wird. Die Rettung aus dem Norden.

Der Norden! Obwohl er selbst den Brief nach Boston schrieb, rümpft der Captain die Nase, wenn er „der Norden" sagt. Als wäre der Norden etwas Unanständiges.

Bei Mama klingt das anders.

Wir sind seit Stunden auf den Beinen, vor allem Mama, weil sie das Essen vorbereiten muss. Sie kocht, sie backt, sie brät. Sie hebt die Töpfe vom Herd und stellt sie wieder zurück. Sie schürt die Glut und stellt Wasser zum Kochen darüber. Sie schnippelt Möhren, schält Kartoffeln, mahlt Mais zu Grieß und schickt mich raus, sobald ich in ihre Nähe komme, neues Wasser holen.

„Ich brauche mehr Wasser, Nosy, lauf! Zeigen wir der Lady, dass wir im Süden kochen können."

Wenn Mama der Norden sagt, sagt sie es mit Ehrfurcht in der Stimme. Denn für Mama ist der Norden der Ort, an dem die Freiheit wohnt.

„Früher, als wir noch Sklaven waren, deine Oma und ich, wollten alle in den Norden. Im Norden war man frei."

Der Captain hat gegen den Norden gekämpft. Als Mrs Keller noch ein kleines Mädchen war, vielleicht zehn Jahre alt, lud er schon sein einschüssiges Vorderladergewehr und stürmte gegen die „vermaledeiten Blauröcke", die ihm die Sklaverei verbieten wollten. Jetzt schickt er Briefe in den Norden, weil er mit seiner Tochter nicht zurande kommt. Früher waren alle Yankees Feinde. Heute bestellen die Sklavenbesitzer von einst die Lehrer für ihre Kinder bei ihnen.

Als der Einspänner in die Einfahrt rollt mit der Lehrerin vorne auf dem Bock, legen sich bereits die ersten Schatten über den Rasen. Der 3. März 1887 ist ein ungewöhnlich warmer Tag. Selbst am Abend hängt die Luft noch schwer über den duftenden Rosen.

Wir stehen alle aufgereiht, als erwarteten wir Präsident Grover Cleveland persönlich, Mama, Viney, Percy, Owen, der Knecht und ich hinter dem Captain, seiner Frau und Tante Ev. Vor Aufregung zappele ich von einem Fuß auf den anderen.

James lenkt die Kutsche. Mit einem jähen Ruck hält er die Stute an. Percy springt vor, um die Zügel festzuhalten. Der Captain reicht der Lehrerin die Hand und will ihr hinunterhelfen. Sie zögert.

Ich stelle mich auf die Zehenspitzen, damit ich besser sehen kann. Dann lasse ich mich wieder sinken. Ich hatte wohl gedacht, Blitz und Donner müssten auf Ivy Green niederprasseln, wenn die neue Lehrerin eintrifft. Aber das ist nicht einmal ein Nieselregen. Die neue Lehrerin ist dünn wie eine Kletterrose und dabei so dick angezogen, als dächte sie, Tuscumbia läge am Nordpol. Wo sie herkommt, müssen sie in Häusern aus Schnee hausen. Unter ihren Achseln schimmern tiefe Schweißringe, ihr Gesicht ist gerötet, von der Stirn perlen Schweißtropfen. Das Einzige, das hierher in den hellen Süden passt, ist die kleine runde Brille mit den dunklen Gläsern, die ihr auf der Nasenspitze thront. Doch mit den getönten Gläsern gleicht sie eher einem Maulwurf, der sich irrtümlich ans Tageslicht gewühlt hat und geblendet innehält. Niemand braucht es auszusprechen, alle denken dasselbe: Wie soll eine derart zarte Person, die schon das nächste zarte Lüftchen in den Tennessee bläst, einen Wirbelwind wie Helen bändigen?

Mamas Schultern sacken ein Stück tiefer. „Ich muss nach dem Essen sehen", murmelt sie und geht. Ich bleibe. Ich sehe zu, wie der Captain und seine Frau die Lehrerin begrüßen.

„Sehr erfreut!", sagt der Captain und Mrs Keller nickt dazu. „Willkommen auf Ivy Green!"

Die neue Lehrerin sagt nichts, nicht einmal guten Tag. Sie schaut sich um, als suchte sie jemanden. Dann platzt es aus ihr heraus, als hätte sie sich die ganze dreitägige Fahrt darum bemüht, den Mund fest geschlossen zu halten: „Wo ist Helen?"

Statt einer Antwort schlägt die Tür zum Haus auf, Helen stolpert auf die Veranda. Sie schwankt über den Pfad auf die Lehrerin zu. Schon den ganzen Tag ahnt Helen, dass heute etwas Außergewöhnliches geschehen wird. Die aufgeregten Bewegungen im Hof, die Unruhe der Mutter, die vielen Hände, die nach ihr fassten und an ihr herumzupften. Sie weiß, dass dieser Tag anders ist als sonst. Sie weiß aber nicht, warum. Niemand hat es ihr erklären können.

„Du bist also Helen!", ruft Miss Sullivan, und mal abgesehen davon, dass sie mit ihr spricht, macht sie gleich noch einen Fehler: Sie nimmt Helen in den Arm.

Helen schäumt augenblicklich über.

Helen erkennt uns alle an unseren Schritten. Tante Evs klingen behäbig und schwer, weil sie immer müde ist, die ihres Vaters dagegen forsch wie bei jemandem, der das Sagen hat oder immer in Eile ist, als wäre er in Gedanken schon im nächsten Raum. Die Schritte ihrer Mutter hallen sanft und leise und wiegen manchmal schwerer, wenn sie Mildred trägt, während James stets zögernd auftritt, als wüsste er nie, wohin er will. Und meine. Federleicht und sprunghaft. *Keine läuft so schnell wie du.*

Aber diese Schritte kennt Helen nicht und erst recht nicht die Arme, die sich um sie schlingen. Helen windet sich, sie kratzt und beißt.

Miss Sullivan lässt Helen los, und dann macht sie es wieder gut: Sie holt ihre Tasche vom Kutschbock und kramt darin. Vermutlich sucht sie Süßigkeiten. Süßigkeiten sind immer gut, wenn man Helen den Mund stopfen will, und sie wäre bestimmt gleich wieder still. Aber das ist es nicht: Die neue Lehrerin drückt Helen eine Uhr in die Hand.

Helen hält still. Ihre Arme, ihre Beine, alles, das eben noch am Treten war, erstarrt. Und mir fällt ein, was sie von ihrem Besuch in Boston erzählt haben. So muss es gewesen sein, als Helen auf Dr. Bells Schoß saß und sie die Schläge seiner Uhr spürte. Helen lauscht. Wieder fühlt sie das Ticken einer Uhr. Sie hört mit den Fingerspitzen. Helens Finger haben Ohren.

EINE NEUE AUFGABE

Ich decke den Tisch. Das ist nicht so einfach, zumal ich heute ein Gedeck mehr auflegen muss. Mama möchte, dass es fein zugeht, aber ich finde kaum mehr einen Teller ohne Sprung oder eine Tasse, die noch einen Henkel hat.

Mama überbietet sich. Sie tafelt auf, als gäbe es ein Fest zu feiern, und alles nur, weil die neue Lehrerin da ist. Als müssten wir der schmalen bleichen Frau mit dem Maulwurfsaugen danken, dass die Unierten den Bürgerkrieg gegen die Konföderierten gewonnen haben und die Sklaverei abgeschafft ist, obwohl Miss Sullivan nicht danach aussieht, als wäre sie 1865, als der Krieg zu Ende ging, schon auf der Welt gewesen.

„Sie wird hungrig sein von der langen Reise", sagt Mama. „Außerdem soll sie merken, dass wir auch im Süden kochen können."

Sie hat sogar Speckklümpchen in die Klöße geknetet.

„Trag mal rüber, Nosy!" Sie reicht mir die Schüssel. „Miss Sullivan wird staunen."

Tatsächlich ist die neue Lehrerin beeindruckt. Das liegt allerdings weniger an Mamas Kochkünsten. Es liegt an Helen.

Kaum habe ich die Schüssel auf den Tisch gestellt, als Helen zu wandern beginnt. Das macht sie immer so, es fällt niemandem mehr auf. Sie plaudern weiter, als wäre nichts, und ich muss einzig darauf achten, dass ich Helen nicht in die Quere komme, während ich von einem zum anderen laufe und Wasser in die Gläser schütte, sonst schlägt sie mir den Krug aus der Hand. Eben ist der Captain bei der Schlacht von Gettysburg angelangt, als Helen eine gedünstete Birne von seinem Teller angelt. Alles ist wie immer. Der Captain erzählt von seinen ruhmreichen Heldentaten, die anderen hören zu. Er spricht höchstens ein bisschen lauter als sonst, als wollte er mit Lautstärke die Niederlagen von einst wettmachen, vor allem da nun Besuch aus dem Norden mit am Tisch sitzt. Helen wandert weiter. Vom Teller ihrer Mutter nascht sie ein paar Erbsen, bei James erwischt sie einen Klecks Preiselbeeren, obwohl er seinen Ellenbogen hebt, um sie abzuwehren. Es nützt ihm nichts, Helen langt trotzdem zu. Bei Tante Ev bleibt sie ein wenig länger stehen. Tante Ev steckt ihr einen Happen Rinderbraten in den Mund und tätschelt ihren Kopf, als wäre Helen ein Hündchen, das man für sein Benehmen belohnt, dabei liegt Belle während der Mahlzeiten brav in einer Ecke und rührt sich nicht. Die Soße tropft auf Helens Schürze. Das Braun vermischt sich mit dem Rot der Preiselbeeren. Ich schiele zur Lehrerin. Sie sitzt stocksteif, als wäre sie versteinert. Helen nähert sich ihrem Teller. Helens Finger stapfen durch Miss Sullivans Kartoffelbrei.

„Mrs Sullivan, möchten Sie noch ein paar Klöße?" Der Captain nickt mir auffordernd zu. Ich eile mit der Schüssel zu Miss Sullivan, ihre Hand flattert durch die Luft. Sie sieht aus, als hätte sie sich am Essen verschluckt, dabei bin ich mir sicher, dass sie noch keinen einzigen Bissen gegessen hat.

„Oh, nein, danke, die lange Reise muss mich ermüdet haben", sagt sie. „Ich habe gar keinen Hunger."

Ich glaube ihr kein Wort.

Sie will bloß nicht zugeben, wie eklig sie es findet, von einem Teller zu essen, den Helen zuvor ausgiebig betatscht hat, selbst wenn der Kloßteig von Mama stammt und meine Hände die schönsten Kugeln daraus formten.

„Wenn Sie erlauben, würde ich mich gerne zurückziehen, ich bin doch ziemlich müde. Dann könnte ich morgen in neuer Frische Helens Unterricht beginnen." Sie faltet ihre Serviette zusammen und steht auf.

„Selbstverständlich, ruhen Sie sich aus", sagt Mrs Keller und steht ebenfalls auf. „Ihr Zimmer liegt im ersten Stock. Es ist alles hergerichtet."

Das Abendessen ist vorbei. Und meine Arbeit, wie mir scheint, auch. Die neue Lehrerin ist jetzt da und passt auf Helen auf. Wenn auch noch nicht heute, weil sie müde ist. Ich muss nur noch die Scherben einsammeln, falls Helen doch noch einen ihrer Wutanfälle bekommt. Ansonsten kann ich Mama in der Küche helfen.

„Soll ich abtragen, Madam?", frage ich.

Mrs Keller nickt.

Ich nehme die Schüssel mit den restlichen Klößen vom Tisch, knickse und bin schon fast aus der Tür, als mich Mrs Keller zurückruft.

„Einen Augenblick noch, Martha!"

Ich dreh mich um.

„Die neue Lehrerin wird Helen unterrichten und du sorgst dafür, dass sie alles hat, was sie für einen reibungslosen Unterricht braucht. Du wirst ihr zur Hand gehen. Hast du das verstanden?"

Das habe ich verstanden. Obwohl ich nicht damit gerechnet habe. Aber noch mal mache ich einen Knicks. Ich mache ihn so tief, dass meine Knöchel knacksen.

„Jawohl, Madam, alles, was sie braucht."

Nun habe ich doch wieder eine Aufgabe, auch wenn ich nicht mehr hinter Helen, sondern der neuen Lehrerin herrenne. Ich schätze, die Klöße müssen noch ein wenig auf mich warten.

UNZÄHLBAR

Ich räume den Tisch ab. Sieben Teller. Alle sind heil geblieben. Das ist fast ein kleines Wunder. Die Lehrerin hat sich in ihr Zimmer zurückgezogen, sie teilt es sich mit Helen. Ich habe ihr eine Schüssel mit frischem Wasser gebracht, damit sie sich waschen kann. Danke, hat sie gesagt. Es ist das erste Wort, das sie an mich richtet. Und das Einzige. Jetzt schläft sie, und Helen schläft bei ihr, jede in ihrem eigenen Bett. Ich habe noch zu tun. Im Salon sitzen sie am Tisch und machen keine Anstalten aufzustehen. Ich stapele die Teller übereinander. Ich schiebe die Gläser zusammen. Wieder bücke ich mich. Ich krieche über den Teppich und suche die Krümel, während sie über mir weiterreden, als gäbe es mich nicht.

„Ich fürchte, es wird wieder nichts werden", sagt der Captain, seine Stimme klingt bleiern wie von unsichtbaren Gewichten in die Tiefe gezogen, „die neue Lehrerin macht mir nicht den Eindruck, als könnte sie ein sechsjähriges Kind bändigen. Sie sieht ja selbst kaum älter aus."

„Sie ist schon einundzwanzig", sagt Mrs Keller.

„Zwanzig, um genau zu sein", sagt Tante Ev. „Aus dem Schreiben von Mister Anagnos geht eindeutig der 4. April 1866 als ihr Geburtstag hervor. Das ist erst in ein paar Wochen."

„Hast du etwa in meinen Unterlagen geschnüffelt, liebe Schwester?", empört sich der Captain. „Aber ob nun zwanzig oder einundzwanzig, es ändert nichts daran, dass sie keinerlei Lehrerfahrung mitbringt. Sagte Mister Anagnos nicht auch, Miss Sullivan habe eben erst die Schule beendet?"

„Immerhin als Jahrgangsbeste", sagt Mrs Keller.

„Mag sein, doch macht sie das noch lange nicht zur Lehrerin. Und überhaupt, was hat es mit dieser schrecklichen Brille auf sich, die sie ständig trägt? Selbst als wir sie begrüßten, nahm sie sie nicht ab. Sie sagte auch nicht guten Tag. Was für eine grässliche Unsitte! Die Leute im Norden wissen nicht, wie man sich benimmt."

Wieder schaltet sich Tante Ev ein. „Mister Anagnos erwähnte doch auch, dass Miss Sullivan bereits mehrere Augenoperationen hinter sich habe. Davor muss sie fast blind gewesen sein. Die Brille trägt sie sicherlich, um ihre Augen zu schonen, und du weißt doch, wie kräftig das Licht im Süden flimmert."

„Natürlich weiß ich das. Trotzdem bezweifle ich, dass sie Helen etwas beibringen kann."

„Lieber Bruder, Miss Sullivan ist kaum angekommen und du nörgelst schon an allem rum. Du könntest etwas nachsichtiger mit ihr sein, zumal sie eine anstrengende Reise mit dem Zug hinter sich hat. Warten wir doch erst mal ab, wie sie sich anstellt. Uns bleiben schließlich nicht mehr allzu viele Möglichkeiten für Helen. Die Aussichten sind düster, nicht wahr?"

Eine Weile ist es still. Vielleicht malt sich jeder gerade die düsteren Aussichten mit seinen eigenen Ansichten aus. Dann schabt ein Stuhl über das Parkett, der Captain erhebt sich.

„Nun gut, warten wir also erst den Unterricht morgen ab. Dann werden wir ja sehen, ob die neue Lehrerin etwas taugt. Ich wünsche eine gute Nacht!"

Ich bin auch fertig. Ich krabbel unter dem Tisch hervor. Die Krümel halte ich in der Hand. Es sind viele, zu viele, als dass ich sie zählen könnte.

DIE PUPPE

Es wundert mich nicht mehr, dass ich der neuen Lehrerin zur Hand gehen soll. Nach dem Frühstück kommt ihr Koffer an. Kleider wiegen viel, nicht meine, weil ich nur eins habe, aber die der feinen Herrschaften. Das weiß ich, weil Viney oft darüber jammert. Genauso gut könnte Miss Sullivan auch Wackersteine eingepackt haben. Ich bekomme das Ungetüm kaum die Treppe hoch.

Im Zimmer sehe ich mich fragend um.

„Leg ihn aufs Bett!", sagt Miss Sullivan. „Wie heißt du noch gleich?"

„Martha, Madam, Martha Washington", sage ich und mache einen Knicks.

Ich hieve den Koffer aufs Bett. Helen hat schon gemerkt, dass ich gekommen bin, kein Wunder, bei dem Gepolter, das ich veranstaltet habe. Dass da jetzt ein Koffer liegt, spürt sie auch sofort. Ihre Finger tasten über das Leder, sie knibbeln am Schloss. Der Koffer ist abgeschlossen. Helen zuckt auffordernd mit den Fingern.

Miss Sullivan lacht.

„Sieh mal einer an, wie schlau sie ist!", sagt sie. „Das freut mich. Helen weiß offenbar, dass man für Schlösser einen Schlüssel braucht!"

Natürlich weiß Helen das. Niemand weiß besser, was man mit einem Schlüssel anstellen kann als Helen, die ihre Mutter erst vor ein paar Tagen in der Vorratskammer eingesperrt hat. Aber das verrate ich der neuen Lehrerin nicht. Mein Mund bleibt genauso verschlossen, wie der Koffer zu ist. Außerdem denke ich an Großmutter Hope. Natürlich denke ich an sie. Wenn du schon denkst, behalte deine Gedanken wenigstens für dich, Nosy, sagt Mama. Soll die neue Lehrerin selbst herausfinden, wozu Helen alles imstande ist.

Den Schlüssel zu diesem Schloss besitzt Miss Sullivan jedenfalls. Sie gibt ihn Helen. Helen sperrt auf. Kaum klappt ihr der Deckel entgegen, durchwühlt sie den Koffer. Kleider fliegen durch die Luft. Ein Hut segelt auf den Boden, dicht gefolgt von einer Bluse, einem Kamm, ein paar Karten aus Pappe und einem dicken Buch. Mit lautem Plumps klatscht es auf die Dielen. Miss Sullivan hebt es auf und legt es auf den Tisch in der Mitte des Raums. Schade, dass ich nicht lesen kann. Bei seinem Gewicht enthält es bestimmt gewichtige Dinge. Aber ich kann nicht weiter darüber nachdenken. Helen ist auf dem Grund des Koffers angelangt und zieht eine Puppe hervor, als angelte sie einen Schatz aus den Tiefen eines Sees.

„Ich dachte schon, sie findet sie nie", sagt Miss Sullivan.

Helen besitzt viele Puppen. Eine ist prachtvoller als die andere, obwohl jede von ihnen in einem ihrer Wutanfälle einen Arm oder ein Bein verloren hat. Trotzdem sind alle immer noch schön. Aber so eine schöne Puppe habe ich noch nie gesehen.

Die Puppe hat einen Kopf aus Porzellan. Die Augen funkeln mit dem blauen Himmel um die Wette. Die Brauen sind ein schnurgerader Strich, dunkel wie die Asche aus Mamas Ofen. Flecken aus getupftem Rosa leuchten auf den Wagen. Und das Kleid. Das Kleid ist ein Traum aus Spitze, sogar die Unterwäsche zieren Ränder aus gehäkeltem Garn.

„Die Puppe ist ein Geschenk der Mädchen aus dem Perkins Institute for the Blind", erklärt Miss Sullivan. „Die Spitzen hat Laura Bridgman eigenhändig angefertigt. Dabei ist sie genauso taub und blind wie Helen."

Ich höre sie reden, aber ich höre ihr nicht zu. Denn am liebsten würde ich meine Hand ausstrecken und das samtige Haar anfassen. In langen goldenen Wellen fällt es der Puppe über die Schultern. Ganz anders als bei mir. Unwillkürlich fasse ich nach Mamas Kopftuch, ob es noch über meinem kahlgeschorenen Schädel sitzt.

Ich dachte, Miss Sullivan wird böse, weil ihre Sachen auf dem Boden liegen. Stattdessen sagt sie: „Offenbar mag Helen Puppen. Das freut mich. Da können wir gleich mit der ersten Übung anfangen!"

Sie nimmt Helen die Puppe weg.

Ich weiche sofort ein paar Schritte zurück, weil Helen gleich wild um sich schlagen wird. Aber die Lehrerin ist schneller. Sie nimmt Helens Hand. Ihre Finger trippeln über Helens Handteller, ehe sie losprügeln kann. Eins, zwei, drei, vier, fünf. Fünf kurze Handbewegungen in Helens Hand.

„Das ist eine Puppe, Helen", sagt Miss Sullivan, „man kann das schreiben. P-U-P-P-E. Es ist ein Wort."

Helen stutzt. Es scheint ihr zu gefallen. Es ist ein Spiel, das sie noch nicht kennt, etwas völlig anderes als alles, was wir bisher miteinander spielten. Kein Perlhuhneiersuchen, kein Eismachen an der Eismaschine, weder Hafen- noch Wegebauen für Schiffe aus Rinde im Tennessee. Es ködert ihre Neugier.

„Nun bist du dran!", sagt Miss Sullivan. Sie klapst auf Helens Handrücken und legt ihre Hand in Helens Hand. „Versuch es! Vorher gebe ich dir die Puppe nicht."

Helen hält still. Ich bin mir sicher, sie versteht genau, was Miss Sullivan von ihr möchte, und ich denke auch, dass es ein Leichtes für sie wäre, die Bewegungen nachzumachen. Vermutlich ringt sie einfach mit sich, ob sie der neuen Lehrerin folgen will.

Ich erinnere mich gut an den Tag, an dem sie sich verkleidete. Die Kellers sind ein gastfreundliches Haus, es kam Besuch. Helen stellte sich vor den Frisiertisch ihrer Mutter, als könnte sie sich darin betrachten. Sie schminkte sich die Lippen rot und setzte den Hut mit der breiten Krempe auf. Auf Mrs Kellers Stöckelschuhen tänzelte sie die Treppe hinunter und stakste vor den Augen der entzückten Gäste auf und ab. Sie war eine Schauspielerin, die sich selbst nicht sah, und tosenden Applaus einheimste, obwohl sie ihn nicht hörte. In gleicher Weise ahmt sie ihren Vater nach. Sie klettert in Mister Kellers Sessel, setzt seine Brille auf und entblättert die Zeitung vor der Nase. Aus einem Stapel mit gefühlten hundert Wäschestücken fischt sie die eigenen treffsicher heraus, als hätten ihre Finger Augen, und faltet sie einwandfrei Naht auf Naht, wie es Viney kaum besser kann. Helen ist eine Meisterin der Nachahmung. Sofern sie will, schaut sie alles ab, auch ohne Augen. Miss Sullivans merkwürdiges Fingerspiel gefällt ihr. Es verblüfft mich also nicht, dass sie die fünf Handbewegungen wiederholt, als hätte sie es immer schon gemacht. P-U-P-P-E.

„Wer hätte das gedacht", sagt Miss Sullivan. Sie gibt Helen die Puppe. Helen drückt die Puppe an sich und wiegt sie hin und her. Miss Sullivan sieht ihr zu. Sie schmunzelt. „Das war gar nicht schlecht für den Anfang. Wir sollten sie dafür belohnen. Kuchen mag sie doch, oder?"

Vielleicht fällt ihr mein verwunderter Blick auf, denn sie erklärt es mir. „Ich habe schon mitbekommen, dass Helen gerne Kuchen nascht, wobei sie anscheinend für alles, was sie anstellt, mit Kuchen belohnt wird. Das halte ich zwar für eine Unsitte, aber drehen wir den Spieß doch einfach um und belohnen sie für etwas, das sie richtig macht. Und jetzt lauf und hol Kuchen! Helens nächstes Wort wird Kuchen sein."

Das nächste Wort.

Wie das klingt.

Ich hab noch nie darüber nachgedacht, dass es für die Dinge, die ich anfasse, Wörter gibt.

Für Kuchen zum Beispiel.

Meine Gedanken stolpern mir voraus, während ich in die Küche renne, und sie sind schon wieder bei Miss Sullivan und Helen, als ich mit einem Teller voller Kuchen zurückkomme. Helen riecht es sofort.

Ich weiche ihren Armen aus und gebe den Kuchen Miss Sullivan. Miss Sullivan fasst nach Helens Hand. Diesmal sind es sechs Handbewegungen.

„Das ist Kuchen, Helen, K-U-C-H-E-N. Mach es nach!"

Helen weiß jetzt, wie das Spiel abläuft. Ihre Finger formen die sechs Zeichen schneller, als ich zusehen kann. Miss Sullivan legt Helens Hand auf ihre Wange. Sie nickt. Sie gibt Helen ein Stück Kuchen. Helen verschlingt es, als hätte sie kein Frühstück gehabt, dabei hat Mama sogar Speck und Spiegeleier für sie gebrutzelt. Kaum ist der Kuchen verputzt, flitzt Helen aus der Tür mit der Puppe im Arm.

„Huch", sagt Miss Sullivan, „wo will sie denn hin?"

Wir folgen ihr.

Helen steht im Flur bei ihrer Mutter, die Lilien in die Vase steckt. Helen zeigt ihr die neue Puppe. Ihre Finger formen die Zeichen, die ihr Miss Sullivan beigebracht hat. P-U-P-P-E. Puppe.

Mrs Keller lässt vor Überraschung fast die Vase fallen. „Miss Sullivan, was ist das?"

„Eine Puppe. Die blinden Mädchen des Perkins Institute haben sie eingekleidet, die Borte hat Laura Bridgman gehäkelt. Hübsch, nicht wahr?"

„Davon rede ich nicht. Helen hat eben etwas mit ihren Fingern gemacht. Es sah aus, als würde sie schreiben!"

Schreiben? Was meint sie damit?

„Oh, das! Das ist das Fingeralphabet." Miss Sullivan erklärt es ihr, und ich spitze die Ohren, weil ich es auch verstehen will. „Helen kann doch nicht mit ihren Augen lesen oder mit den Ohren hören. Darum lege ich ihr die Buchstaben in die Hand, damit sie sie fühlt."

„Ich bin beeindruckt, das ist ja großartig!" Mrs Kellers Augen funkeln. Sie kann sich gar nicht sattsehen an Helen, die sich in ihren Armen wiegen lässt, als wäre sie ein kleines Baby. „Kaum sind Sie angekommen, Miss Sullivan, weiß Helen schon, wie man schreibt!"

„Das stimmt, ihre Finger haben meine Bewegungen nachgeahmt, aber ich fürchte, ihr Kopf hat noch nicht verstanden, was ihre Finger machen", dämpft Miss Sullivan die Begeisterung.

„Solange sie das nicht begreift, gleicht es wohl eher dem Plappern eines Papageis."

„Miss Sullivan, mit Verlaub! Vergleichen Sie Helen mit einem Vogel?"

„Nein. Oder doch, ja. Helen ist kein Vogel, aber bisher macht sie es kaum anders als ein Tier, das unsere Befehle befolgt, weil es sich dafür eine Belohnung erhofft. Das ist schlau, ohne Frage, ein Verstehen ist es darum noch lange nicht. Denken Sie an Belle! Wenn Sie der Hündin sagen, dass sie sich hinlegen soll, legt sie sich hin. Das bedeutet nicht, dass sie begriffen hat, was Sitzen ist. Erst wenn Helen einsieht, dass sich die Buchstaben zu jedem beliebigen Wort zusammenfügen lassen, das sie ausdrücken will, hat sie auch begriffen, was Sprache ist. Verstehen Sie, was ich meine?"

Mrs Keller sieht nicht so aus, als hätte sie verstanden, was Miss Sullivan meint. Ich habe es auch nicht verstanden, aber ich denke an den Kuchen, den Miss Sullivan Helen als Belohnung gab, weil sie die Fingerbewegungen für Kuchen richtig nachmachte. Hat Miss Annie Helen nicht auch abgefüttert wie einen Hund, den man für seinen Gehorsam belohnt?

„Wie dem auch sei." Mrs Keller streichelt Helens Haar, gedankenverloren dreht sie eine Locke in ihrer Hand. „Ich habe jedenfalls mit meinen eigenen Augen gesehen, wie Helen Puppe schrieb, und das finde ich ganz wunderbar."

„Aber ..." Miss Sullivan will ihr widersprechen, doch Helen fängt plötzlich zu zetern an. Sie zerrt am Rock ihrer Mutter und zieht sie zur Tür.

„Belassen wir es einstweilen dabei", sagt Mrs Keller und tätschelt Helens Wange. „Bedenken Sie, es ist Ihr erster Tag auf Ivy Green, und die Reise war anstrengend. Ruhen Sie sich noch ein bisschen aus, gönnen Sie sich eine Pause. Ich kümmere mich währenddessen um Helen."

Sie schiebt Helen vor sich her in den Garten.

Miss Sullivan sieht ihnen nach. „Eine Pause? Wozu?"

Ich stehe hinter ihr. Sie dreht sich um.

„Ohne Schülerin kann ich nicht unterrichten. Da müssen wir wohl oder übel eine Pause machen, auch wenn ich lieber weitermachen würde. Aber wie sagt man doch gleich? Aller Anfang ist schwer. Obwohl dieser durchaus vielversprechend war, da gebe ich Mrs Keller recht. Aber es fehlt eben noch jener entscheidende Augenblick, in dem es ,klick' macht in Helens Kopf. Wo beides zusammenkommt: die Bewegungen ihrer Hand und die Erkenntnis, wozu die Wörter da sind. Was Sprache ist. Da kann Mrs Keller noch so schwelgen. Solange Helen nicht versteht, sind wir noch nicht da, und das dauert, das dauert, das geht nur, wenn man viel übt. Aber sagt man nicht auch, Übung macht den Meister?"

Ich bin mir nicht sicher, ob sie eine Antwort erwartet, und womöglich spricht sie nicht einmal mit mir, denn sie sieht mich gar nicht mehr an. Ihr Blick verliert sich im Rankwerk der geblümten Tapete hinter mir. Aber ich nicke, als würden wir tatsächlich miteinander reden und als hätte ich alles verstanden. Obwohl ich nichts verstanden habe. Vielleicht verstehe ich es später.

IM SCHAUKELSTUHL

Mitten in der Nacht schrecke ich auf. Der Mond leuchtet auf mein Kissen, wo ich über Helens Locke liege, hell und rund und blank sieht er aus wie ein frischgewaschener Babypopo. Mit einem Mal bin ich hellwach. Dabei war ich schon beim Abendessen hundemüde, dass mein Kopf neben die Schüssel mit dem Eintopf sank. Beim Abseihen kippte ich die Milch neben das Sieb, und als mich Mama schickte, die Teller zu spülen, rutschte mir einer aus den Händen und zerschellte auf den Fliesen neben der Pumpe.

„Was ist los, Nosy?" Mama musterte mich besorgt. „Du hast doch heute nicht so viel zu tun gehabt wie sonst, weil die neue Lehrerin jetzt nach Helen sieht. Wirst du etwa krank? Hat die neue Lehrerin gar eine ansteckende Krankheit mitgebracht?"

„Das glaube ich nicht", murmelte ich, „ich weiß auch nicht, woran es liegt, dass ich so müde bin."

Dabei wusste ich genau, woran es lag. Es lag an meinen Gedanken, die mehr herumgerannt waren als meine Beine. Helen redet zu mir mit ihren selbstausgedachten Zeichen, und ich begreife sofort, was sie meint. Legt sie die Hände zu einer Schale zusammen, soll ich mit ihr Perlhuhneier suchen. Schlingt sie die Arme um ihren Körper und schüttelt sich, möchte sie Eis mit der Eismaschine machen. Nicken bedeutet ja, Kopfschütteln nein. Hand in Hand verstehen wir einander. Aber was die Lehrerin heute gemacht hat, als sie mit Helen sprach, wenn man das Sprechen nennen kann, ist etwas anderes. Die Buchstaben, wie sie ihre Zeichen nannte, bedeuten, dass alles einen Namen hat. Puppe. Kuchen. Heute hat Helen zwei Wörter gelernt. Und ich überlege: Wenn die Buchstaben von etwas erzählen, was man gar nicht anfassen muss, während man darüber spricht, was ließe sich damit nicht alles anfangen?

Das Mondlicht wandert über den Quilt. Zwischen Mamas fein gesetzten Vierecken tuscht es Striche und Linien wie eine geheime Botschaft nur für mich. Ich kann sie aber nicht entschlüsseln.

Ich werfe den Quilt zurück und schlüpfe aus dem Bett. Leise schleiche ich mich aus dem Küchenhaus.

Im Hof stehe ich still. Die kühle Nachtluft streichelt mein heißes Gesicht.

Ich lege den Kopf in den Nacken und sehe nach oben.

Über mir funkeln die Sterne. Es sind so viele. Sie glitzern und funkeln, sie taumeln und torkeln, als hätten sie von Mamas in Bourbon getränktem Alabama Lane Cake genascht. Mir schwindelt. Der Himmel ist ein Feuerwerk aus Abertausend betrunkenen Sternen.

Ivy Green liegt im Dunkeln. Nur an einem Fenster brennt noch das gedämpfte Licht einer flackernden Petroleumlampe. Es ist das Fenster zu Helens Zimmer, in dem jetzt auch die Lehrerin schläft.

Aber sie schläft nicht.

Der Lichtkegel schneidet ihren Umriss aus wie die Scherenschnitte der Püppchen, denen Helen die Köpfe abgeschnitten hat. Miss Sullivan sitzt im Schaukelstuhl und wippt hin und her. Jetzt schaut sie auf. Mit dem glasigen Ausdruck der Kurzsichtigen, die in der Ferne nichts erkennen, fallen unsere Blicke einen Moment lang ineinander wie Tropfen im Regen, die im Tennessee verschwinden. Ich schrecke zurück.

Ich glaube nicht, dass sie mich erkannt hat, dazu sieht sie viel zu schlecht, zumal sie keine Brille trug. Aber meine Augen sind gut, und ich habe erkannt, wie sie etwas im Arm trug: Es war die Puppe, die Helen heute geschenkt bekam. Die Perkins-Puppe mit den feinen Kleidern und dem Kopf aus Porzellan. Miss Sullivan wiegt sie, als wäre die Puppe ein Kind, das sie trösten muss.

Genauso leise wie ich hergekommen bin, husche ich zurück. Ich zwänge mich ins schmale Bett. Ich schiebe mich lautlos unter den Quilt.

Mama grunzt, als meine nackten Füße an ihre stoßen.

Ehe ich mich zusammenrolle, tastet meine Hand unter das Kopfkissen: Helens Locke ist noch da.

DER SCHLÜSSEL

Diesmal weckt mich nicht der Mond. Lautes Geschrei reißt mich aus dem Schlaf. Ich blinzele. Es ist schon hell in der Kammer. Mama hat mich ausschlafen lassen. Sonst duldet sie das nicht und reißt mich vor dem ersten Hahnenschrei aus den Federn. Heute ist das anders.

Ich purzle aus dem Bett und haste in die Küche.

Mama steht am Herd und brät Maisküchlein.

„Guten Morgen, Nosy! Bist du wieder munter? Dann lauf rasch rüber und sieh einmal nach, was los ist. Ich kann hier nicht weg, aber im Hof machen sie einen Krach, man könnte meinen, der Zirkus sei nach Ivy Green gekommen."

Den Zirkus sehe ich nicht, aber wieder stehen alle aufgereiht wie an dem Tag, an dem die Lehrerin ankam. Viney, Owen, Percy, Mrs Keller mit dem Baby auf dem Arm. Die Tante, bleich wie ein Bettlaken, steht daneben. James verschränkt die Arme vor der Brust und rollt mit den Augen. Nur der Captain fehlt.

Ich drängele mich neben Percy und spähe dorthin, wo sie alle hinspähen. An dem Fenster, in dem ich in der Nacht die Lehrerin mit der Perkins-Puppe sah, lehnt eine Leiter und ganz oben, wo es kaum mehr höher geht, auf den obersten Sprossen turnt der

Captain. Er streckt eine Hand zum Fenster. Im Fenster lehnt Miss Sullivan.

„Nun zieren Sie sich nicht so, Miss Sullivan, setzen Sie sich auf meinen Rücken!"

Ich stupse Percy an. „Was ist geschehen?"

„Helen hat die neue Lehrerin eingesperrt!" Percy grinst von einem Ohr zum anderen. „Sie will nicht sagen, wo der Schlüssel steckt!"

Percy scherzt. Als ob Helen reden könnte. Aber allem Anschein nach hat sie dazugelernt, seit sie ihre Mutter in die Vorratskammer eingeschlossen hat. Wenn ein Schlüssel in der Tür, die man absperrt, stecken bleibt, können andere die Tür wieder aufschließen. Ein zweites Mal wird ihr das nicht passieren. Ich nehme an, der Schlüssel zu Miss Sullivans Zimmer steckt nicht länger in der Tür. Miss Sullivan sitzt im Zimmer fest, und der einzige Weg ins Freie führt durch das Fenster. Der Captain breitet seine Arme aus.

„Kommen Sie!"

„Ich kann das selbst", knurrt sie.

„Herrschaftszeiten, Miss Sullivan, lassen Sie sich von mir hinuntertragen, wie es sich für eine Dame gehört."

Miss Sullivan kneift die Lippen zusammen. Sie schwingt die Beine über das Fensterbrett. Kurz flammen die Rüschen ihres Unterrocks auf. Alle kichern. Ich sehe mich um. Helen ist nicht da.

„Wo steckt Helen?"

Percy zuckt mit den Schultern, seine Augen kleben bei dem Schauspiel, das sich ihm bietet. Es ist eine wunderbare Abwechslung zwischen Stallausmisten, Pferdestriegeln und Feldarbeit. So etwas gibt es nicht alle Tage auf Ivy Green. Der Captain trägt die

Lehrerin huckepack Sprosse um Sprosse die Leiter hinunter. Die Leute jubeln. Sie klatschen.

Im allgemeinen Durcheinander stehle ich mich davon. Ich schleiche mich ins Haus.

Im Flur ist es still. Ich lausche. Von oben kommt ein Rascheln.

Ich husche die Treppe hoch. Helen kniet vor dem großen Wäscheschrank. Sie hat die Hand in den Spalt zwischen dem Schrank und den Dielen geschoben. Jetzt zieht sie die Hand zurück und richtet sich auf.

Ich renne die Treppe hinunter, meine Tritte poltern auf den Stufen. Ich sollte es nicht denken, aber es ist so: Manchmal bin ich froh, dass Helen nicht sehen kann. Und selbst wenn, könnte sie doch niemandem erzählen, dass ich sie beobachtet habe.

Im Hof sind die meisten inzwischen fort. Der Captain hat sie zurück an ihre Arbeit geschickt, auch Percy; er soll mit Owen die Tür zu Miss Sullivans Zimmer umbauen.

Miss Sullivan steht wieder auf ihren eigenen Beinen. Sie streicht sich den Rock glatt.

„Ich bin untröstlich", sagt Mrs Keller. „Wie konnte das nur geschehen?"

„Es ging alles furchtbar schnell. Helen half mir, die Betten zu machen. Plötzlich drehte sie sich um und schoss zur Tür. Erst als ich das Schloss knacken hörte, merkte ich, dass sie mich eingesperrt hatte. Haben Sie den Schlüssel wirklich nicht gefunden?"

„Bedauere", sagt der Captain, „wir haben überall danach gesucht, er bleibt unauffindbar. Ich lasse schon die Tür erneuern. Dann können Sie das Zimmer wieder nutzen."

„Aber bauen Sie kein Schloss ein; nicht, dass Helen mich noch mal einsperrt!"

„Es wird gewiss nicht wieder vorkommen", sagt der Captain.

„Ach, sind Sie sich da sicher?"

Der Captain zieht eine Augenbraue hoch. „Wie meinen Sie das?"

Ich finde, das sieht gefährlich aus, und ich würde ihm nicht widersprechen. Entweder stört es sie nicht, oder sie sieht wirklich so wenig, dass sie es nicht merkt. Sie redet jedenfalls unbekümmert weiter.

„Finden Sie es nicht verwunderlich, wie ein sechsjähriges blindes und taubes Mädchen einen ganzen Haushalt mit Erwachsenen an der Nase herumzuführen vermag?"

Das hat noch niemand zu den Kellers gesagt.

Der Captain schnappt hörbar nach Luft. Mrs Keller, immer ganz die feine Dame, die sich niemals gehen lässt, zucken die Mundwinkel.

„Ich muss schon sehr bitten, Miss Sullivan!", schnaubt der Captain. „Sie sind kaum da und erlauben sich bereits ein solches Urteil. Als Helens Eltern dürften wir wohl am besten wissen, was Sache ist."

„Das bezweifelt niemand, aber es liegt doch auf der Hand, dass Helen einzig ihrem eigenen Dickkopf folgt. Und sie wird auch noch belohnt dafür."

„Muss ich Sie daran erinnern, dass Helen blind und taub ist? Haben Sie das bereits wieder vergessen?"

„Natürlich nicht. Das sagte ich doch eben. Sie sieht nichts und sie hört nichts. Genau deswegen sollte man ihr sagen, wo es langgeht. Sie tappt doch förmlich im Dunkeln."

Sie stehen einander gegenüber wie zwei Kampfhähne. Miss Sullivans Gesicht glüht, auch der Captain wischt sich den Schweiß von der Stirn. Nun schaltet sich Mrs Keller ein, sie redet leise, aber sie spricht. Es ist ein bisschen wie mit Helen: Wenn Helen tobt, schiebt sie ihr Kuchen in den Mund; Miss Sullivan drängt sie, dass sie eine Pause macht.

„Nun erholen Sie sich erst mal von dem Schrecken, Miss Sullivan! Ruhen Sie sich aus, während Owen die Tür erneuert. Martha wird Ihnen ein Glas Wasser bringen. Es wird Ihnen guttun." Sie fasst ihren Mann am Ellenbogen und zieht ihn mit sich fort, als hätte sie Angst, er könnte weiterreden, und ich flitze zur Pumpe und hole ein Glas Wasser für die Lehrerin.

Ich finde sie im Schatten der großen Eiche, in die in der Nacht meiner Geburt der Blitz eingeschlagen ist. Sie hat die Brille abgenommen und reibt sich die Augen. Sie sieht irgendwie aufgeweicht aus, als hätte sie zu lange in Mamas Spülwasser gelegen.

Ich reiche ihr das Glas. „Bitteschön", sage ich.

„Danke, Martha!" Sie trinkt einen Schluck. Sie schenkt mir ein Lächeln. „Erstaunlich, Mrs Keller hatte recht: Das Wasser tut tatsächlich gut."

Hammerschläge tönen über den Hof; Owen und Percy bearbeiten die Tür. Ob hinterher der alte Schlüssel noch dazu passt?

Vielleicht denkt Miss Sullivan dasselbe. Sie setzt die Brille wieder auf. Hinter den dunklen Gläsern mustern mich ihre zusammengekniffenen Augen, die noch kleiner blinzeln als sonst. „Martha, du weißt nicht zufällig, wo Helen den Schlüssel versteckt hat?"

„Martha, wo bleibst du? Komm mir helfen!" Mama ruft nach mir. Das kommt mir gelegen.

„Entschuldigung", murmele ich, „meine Mutter braucht mich für die Klöße!"

„Für die Klöße?" Miss Sullivan schaut so erstaunt, als hätte sie noch nie von Klößen gehört. Dann nickt sie. „Ach so, verstehe.

Menschen haben immer Hunger, natürlich. Da ist es gut, wenn jemand das Essen kocht." Sie gibt mir das Glas zurück. „Danke noch mal für das Wasser!"

Ich mache einen Knicks und laufe zum Küchenhaus, das Glas, das ich gleich spülen werde, halte ich in der Hand, und dabei denke ich an den Schlüssel, von dem ich sehr wohl weiß, wo er liegt. Im Flur vor Helens Zimmer steht ein großer Schrank. Der Spalt zwischen seinem Boden und den Dielen ist gerade mal so hoch, dass eine schmale Hand darunter fassen kann. Helens Hand. Aber das verrate ich Miss Sullivan nicht.

Mama aber möchte ich unbedingt gleich von den vielen Neuigkeiten berichten. Sie wird staunen, was Helen alles kann.

GEGEN DIE SCHEIBE

Stell dir nur vor, Mama: Helen hat die neue Lehrerin einge-sperrt! Sie hat sogar den Schlüssel abgezogen und ihn so gut versteckt, dass ihn niemand mehr gefunden hat. Nun lässt der Captain die Tür umbauen, und Miss Sullivan besteht darauf, dass sie kein Schloss bekommt. Sie sagt, ein zweites Mal lässt sie sich nicht von einer Sechsjährigen einsperren!"

Ich lache. Die Worte sprudeln aus mir heraus wie ein Wasser-fall. Ich bin ein Fass, das überläuft.

Aber Mama lacht nicht.

Ich dachte, sie freut sich, wenn ich ihr von Helens Streich er-zähle. Dass sie entzückt ist über ihre Schläue. Denn nach allem, was Helen heute angestellt hat, kann niemand mehr behaupten, sie sei dumm, und weil sie dumm ist, gehöre sie in ein Heim ge-steckt, wo man besser auf sie aufpassen kann. Sie wird ja von Tag zu Tag unberechenbarer.

Das sagt jedenfalls nach wie vor der Captain, wenn er es auch meistens hinter vorgehaltener Hand seiner Schwester zuraunt oder seinem Schwager, damit es Mrs Keller nicht hört. James gibt sich dagegen schon lange keine Mühe mehr, seinen Unmut über die Halbschwester zu verbergen. Ginge es nach ihm, wäre Helen längst von Ivy Green verbannt und säße weggesperrt und sicher verwahrt hinter Mauern, sodass er sie nicht länger ertragen muss, weil sie alle Aufmerksamkeit auf sich zieht. Da geht es ihm wie mir und Belle. Für uns bleiben nur die Krümel, die vom Tisch fallen, nachdem Helen die Teller an die Wand geschleudert hat.

„Helen ist klug, Mama!", sage ich. „Das beweist es doch."

Mama nimmt die Hände aus der Schüssel und wischt sie an der Schürze ab. „Dass sie klug ist, bezweifle ich nicht", sagt sie, „aber ich mag es nun mal nicht, wenn man einen Menschen einsperrt, und es ist mir egal, wer das macht und warum und wen. Ob es ein kleines Mädchen ist, das seine Lehrerin einschließt, oder ein erwachsener Mann wie der alte Captain Keller damals, tut nichts zur Sache. Denk an Großmutter Hope!"

Und ich denke an Großmutter Hope.

Ich verstehe, was Mama sagt und warum sie sich nicht freut: Vor dem Bürgerkrieg, den der Captain seitdem bei jedem Abendessen verflucht, weil die Konföderierten, für die er einst als General stritt und weshalb ihn alle Captain nennen, den Kampf gegen die Nordstaatler verloren und danach alles den Tennessee runterging, waren die Schwarzen im Süden nicht frei. Davor gehörten sie einem anderen, und alles, was die Schwarzen auf Ivy Green machten, von früh bis spät, putzen, waschen, kochen, Kühe melken, die Pferde füttern, den Stall ausmisten, Baumwolle pflücken, bis sich der Rücken biegt, all das machten sie ohne Lohn, sie bekamen nicht einmal ein Dankeschön dafür.

Mir ist, als würden die vergangenen Jahrhunderte in einem einzigen Wimpernschlag an mir vorüberziehen und mir mit ihrer Last den Mund verschließen. Ich schüttele mich, als könnte ich es abschütteln. Es klappt nicht.

„Bekommst du denn jetzt Lohn für deine Arbeit, Mama?", frage ich.

Mama zuckt nicht einmal mit den Wimpern. Statt einer Antwort schiebt sie mir die Schüssel zu.

„Hilf mir lieber, statt hier rumzustehen und zu quatschen. Gleich ist Mittag, und das Essen ist nicht einmal annähernd fertig. Teig für den Kuchen muss ich außerdem noch rühren. Worte stopfen keinen Bauch, und vom Reden ist noch niemand satt geworden. Die Lehrerin wird hungrig sein nach all der Aufregung."

Ich packe mit an. Ich hacke Zwiebeln. Ich zupfe Petersilienblätter von den Stängeln. Ich wasche Tomaten. Eben rolle ich die Teigreste zu einem letzten Kloß, als uns ein dumpfer Schlag aufhorchen lässt. Wir blicken zum Fenster. Ein brauner Vogel flattert gegen die Scheibe. Immer wieder. Immer wieder.

„Das ist eine Wanderdrossel", sagt Mama.

„Warum macht sie das?"

Mama zuckt mit den Schultern. „Keine Ahnung", sagt sie, „vielleicht will sie in die Küche?"

„Tut sie sich nicht weh?", frage ich.

„Schon möglich. Ich will schauen, ob ich etwas für sie tun kann. Aber nun mach weiter, Nosy, wir sind noch lang nicht fertig!"

Später frage ich Percy.

Percy ist schlau. Er erklärt es mir. „Das ist ein Spiegelfechter", sagt er. „Sie brütet und beschützt ihre Jungen. Sie sieht ihr Spiegelbild, aber sie denkt, ihr gegenüber sitzt ein anderer Vogel, den sie bekämpfen muss. Dabei kämpft sie gegen sich selbst. Du wirst sehen, Nosy, sobald ihre Küken flügge werden und das Nest verlassen, legt sich das."

„Hoffentlich", sage ich, „es tat weh, ihr zuzusehen. Sie vergeudete ihre ganze Kraft, für nichts und wieder nichts!"

Plötzlich sehe ich Helen vor mir. Ich sehe sie gegen eine Scheibe flattern. Immer wieder. Immer wieder. Helen kämpft und kämpft und kämpft. Dabei ist sie diejenige, die hinter der Scheibe sitzt. Sie kämpft gegen sich selbst. Vermutlich hört sie erst auf, gegen die Scheibe zu schlagen, wenn sie sich selbst befreit. Doch wie soll das gehen?

„Legt es sich bei Helen auch wieder?"

„Was hat das denn mit Helen zu tun?"

„Sie ist doch auch ein Spiegelfechter, oder? Sie schlägt um sich und ihre Hiebe treffen uns. Aber eigentlich kämpft sie gegen sich selbst."

Percy sieht mich an. Dann zupft er an meinem Tuch.

„Da bin ich ja beruhigt", sagt er. „Ich hab mich schon gefragt, warum du dieses hässliche Tuch trägst. Es war nur Tarnung für die großen Gedanken, die du darunter versteckst."

KLASSENZIMMER

Die Krüge mit Wasser, die ich täglich nach Ivy Green schleppe, haben sich vermehrt. Nun trage ich auch noch Wasser für Miss Sullivans Waschschüssel. Außerdem bringe ich ihr jeden Tag einen Kuchen. Mama kommt aus dem Backen gar nicht mehr heraus.

Miss Sullivan hat Wasser bestellt. Sie braucht es zum Trinken. Ich bringe es ihr.

In der Tür bleibe ich stehen. Das Zimmer hat sich verwandelt. Ich erkenne es kaum wieder.

Es sieht aus wie ein Klassenzimmer, zumindest stelle ich mir ein Klassenzimmer so vor, denn ich war noch nie in einer Schule: Am Tisch in der Mitte stehen zwei Stühle. Auf dem einen sitzt die Lehrerin, ihr gegenüber auf dem anderen sitzt Helen. Über den Tisch verstreut breitet sich ein Sammelsurium an Dingen, ein Becher, ein Apfel, ein Kamm und Helens Hut.

Miss Sullivan hat mich bemerkt. Sie winkt mich herein. „Du kommst gerade rechtzeitig, Martha. Ich versuche eben, Helen den Unterschied zwischen Wasser und Becher und trinken beizubringen. Leider sind wir durcheinander gekommen."

Sie nimmt mir den Krug ab und schüttet Wasser in den Becher. Helens Finger tasten über die Gegenstände und landen im Wasser. Sie schüttelt die Finger, Tropfen perlen von ihren Fingerspitzen. Ich stelle mich ein paar Schritte von ihr weg, damit sie mich nicht erwischt, falls sie durchdreht. Bei Helen weiß man einfach nie, was einen erwartet. Miss Sullivan kann das noch nicht wissen, vielleicht ist sie deshalb so ruhig, auch wenn sie natürlich schon einen kleinen Einblick in Helens aufbrausendes Gemüt erhalten hat, als sie von Helen eingesperrt wurde, und vermutlich hat sie dabei auch schon festgestellt, dass die Kellers Helen deswegen keineswegs auf die Finger klopfen werden. Doch ich denke an Großmutter Hope, die in einer Maske steckte, weil sie zu viel geredet hat, und bin still. Miss Sullivan wird noch früh genug herausfinden, dass man auf Ivy Green manchmal gar nicht so viel springen kann, wie man hüpfen muss.

Die Lehrerin fasst nach Helens Hand. Wieder legt sie ihre Zeichen in Helens Handfläche. Buchstaben hat sie sie genannt.

„W-A-S-S-E-R", sagt sie. „Das ist Wasser, Helen!" Sie dreht sich zu mir. „Ich versuche, ihr beizubringen, dass alle Dinge einen Namen haben. Aber mit Becher, trinken und Milch sind wir durcheinander gekommen. Da dachte ich: Vielleicht klappt es besser, wenn ich Wasser nehme?" Sie klopft Helen auf den Handrücken. „Du bist dran. Wiederhol es! Schreib Wasser. W-A-S-S-E-R. Mach es nach!"

Ich sehe, wie Helen die sechs Handbewegungen wiederholt, flüssig, als hätte sie nie etwas anderes gemacht. Miss Sullivan nimmt Helens Hand und legt sie auf ihre Wange. Sie nickt. „Das war richtig. Wasser. Gut. Und jetzt versuchen wir es hiermit." Sie nimmt den Becher und drückt ihn Helen in die Hand. „Das ist ein Becher, B-E-C-H-E-R. Wenn du daraus trinkst, nennt es sich trinken. T-R-I-N-K-E-N.“

Wieder klopft sie auffordernd auf Helens Handrücken; Helen soll die Zeichen wiederholen.

Helen tippt. Aber diesmal scheint es nicht zu stimmen. Miss Sullivan legt Helens Hand auf ihre Wange und schüttelt den Kopf.

„Nein, der Becher ist nicht das Wasser. Aus dem Becher kannst du trinken, aber er bedeutet nicht trinken. Ein Becher ist ein Becher, trinken ist trinken.“ Sie lässt Helens Hand los und nimmt die Brille ab. Sie reibt sich die Augen. Ihre Augen sind rot und verquollen und sehen aus, als hätte sie geweint. Aber sie hat nicht geweint, sie hat unterrichtet. Unterrichten scheint anstrengend zu sein.

„Mister Anagnos hatte recht, als er mich für eine Ungeduld schalt“, klagt sie. „Ich bin viel zu schnell und will zu viel auf einmal. Immer bin ich schon beim nächsten Wort, wenn ich noch beim ersten bleiben sollte. Ich hätte ihr die Zeichen nicht alle auf einmal beibringen dürfen. Nun habe ich das Schlamassel, und sie wird es andauernd verwechseln. Was ist trinken? Was bedeutet Becher? Oder Wasser? Wie soll Helen je verstehen, was die Wörter bedeuten, wenn schon ihre Lehrerin alles verquirlt?“

Sie stützt das Gesicht in ihre Hände. Auf einmal sieht sie furchtbar müde aus. Doch dann reißt sie die Hände wieder weg. „Jammern nützt nichts. Du weißt ja, wie es in der Bibel heißt.“

Die Bibel ist ein großes Buch. Da steht eine Menge drin. Aber weil ich nicht lesen kann, kenne ich nur die Geschichten, die Mama mir erzählt, am liebsten die von Martha, die so hieß wie ich, und ihrer Schwester, die Maria hieß. Wie Martha in der Küche zugange war, weil Jesus zu Besuch kam. An diese Geschichte denkt die Lehrerin jetzt sicher nicht. Ich schüttele den Kopf.

„Gleich auf der ersten Seite steht: Am Anfang schuf Gott Himmel und Erde und die Erde war ‚tohu wa-bohu‘, das bedeutet: ein großes Durcheinander. Dann schuf Gott den Menschen, und der Mensch gab allen Tieren einen Namen. Und schau, genau so sieht es jetzt hier aus: Es ist alles wüst, die Dinge purzeln ungeordnet durcheinander. Es fehlt ihnen an einem Namen. Den muss Helen ihnen geben." Sie lacht. „Nun gut, befolgen wir einmal Mrs Kellers Rat: Machen wir eine Pause. Geben wir Helen etwas, das sie auf andere Gedanken bringt. Etwas für die Hände. Handarbeit soll ja so nützlich sein. Das sagen jedenfalls alle. Bring mir mal die Karten und den roten Faden. Du findest alles in meinem Koffer!"

Ich öffne den Koffer und taste mich durch ihre Sachen. Ich finde die Karten mit den Löchern in der dicken Pappe, die ebenfalls durch die Luft gesegelt sind, außerdem ein rotes Wollknäuel und eine Nadel. Miss Sullivan fädelt die Wolle durch die Nadel. Sie gibt Nadel und Karten Helen und zeigt ihr, wie sie die Nadel durch die Löcher fädeln kann, auf und ab, hinein und wieder hinaus. Ich denke an meine Haare. Niemals würde ich Helen ein derart spitzes Werkzeug überlassen. Auch eine Nadel kann empfindlich ins Auge gehen, da wäre die Lehrerin vollends blind, wo sie ohnehin schon wenig sieht. Zumindest trägt sie inzwischen wieder ihre Brille. Aber ich sorge mich unnötig. Helen macht sich begeistert über ihre neue Aufgabe her. Sie ist äußerst geschickt mit ihren Händen. Wenn sie will, geht nichts kaputt. Beinahe andächtig zieht sie den roten Faden durch die Karte, hinein und hinaus. Wir schauen ihr zu wie gebannt, als würde Helen etwas für uns schreiben, das wir aber nicht lesen können.

„Ihr Verstand ist da", sagt Miss Sullivan. Sie tippt sich an die Stirn. „Das ist mir gleich aufgefallen, als sie den Schlüssel für meinen Koffer verlangte. Nur ist es bei ihr schwieriger: Ihr Verstand ist auch wie eingesperrt. Aber der Schlüssel fehlt."

Miss Sullivan steht auf. Im Zimmer ist es stickig. Mit jedem Tag nimmt die Hitze zu, dabei haben wir erst Mitte März. Sie öffnet das Fenster, durch das der Captain mit ihr ins Freie torkelte und an dem ich sie in der Nacht mit der Puppe im Arm sitzen sah. Jetzt sitzt die Puppe still und reglos im Schaukelstuhl, als wäre nie etwas gewesen. Ich fühle einen Stich in meiner Brust und weiß nicht, warum. Ob ich mich schäme, weil ich Miss Sullivan beobachtet habe? Oder bin ich eifersüchtig? Aber warum sollte ich eifersüchtig sein auf ein lebloses Spielzeug?

In der alten Eiche zwitschert eine Drossel. Mücken schwirren durch die Luft, Käfer brummen. Bald werden auch die Schmetterlinge wieder auftauchen. Oft sind es so viele, dass Percy und ich nur unsere Hände aufhalten müssen, und sie fliegen hinein. Ich wäre jetzt viel lieber draußen als in diesem Zimmer.

Helen scheint den Vogel auch zu hören, obwohl das natürlich ganz unmöglich ist. Aber sie legt die Karte weg und den Kopf schief, als lauschte sie.

Miss Sullivan grinst. „Also gut, einverstanden", sagt sie, als hätte Helen etwas vorgeschlagen. „Frische Luft tut auch gut. Beenden wir den Unterricht für heute. Gehen wir spazieren."

Sie fischt Helens Hut vom Haken und setzt ihn ihr auf. Wieder tippen ihre Finger Zeichen in Helens Handfläche. „Das ist dein Hut, Helen, H-U-T", sagt sie. „Wir gehen raus."

Das braucht sie ihr nicht zu sagen. Kaum fühlt Helen den Hut auf ihrem Kopf, stiefelt sie auch schon zur Tür. Ich will ihr nach, dann halte ich an. Ich weiß nicht, ob mich Miss Sullivan braucht, wenn sie sich die Beine vertritt. Soll ich ihr weiterhin zur Hand gehen oder lieber Mama in der Küche helfen? Aber obwohl ich die Frage nicht gestellt habe, hat Miss Sullivan schon die Antwort für mich.

„Jetzt bin ich bereits drei Tage hier und kenne außer diesem Zimmer und der alten Eiche fast nichts von Ivy Green. Magst du mich ein bisschen herumführen, Martha? Zeigst du mir den Weg?"

Natürlich will ich das. Ich hüpfe die Stufen hinunter, Helen hinterher, aber ohne Hut.

HÄNDEWASCHEN

Wir schlendern durch den Garten. Helen tastet sich an der Buchsbaumhecke entlang. Immer wieder bleibt sie stehen, um an Mrs Kellers üppig blühenden Rosen zu schnuppern. Auch Miss Sullivan steckt ihre Nase in eine Blüte.

„Mmh, was für ein Duft!", sagt sie. „Das macht Helen völlig richtig. Es wäre eine Sünde, sehenden Auges an dieser Pracht vorüberzugehen. Mrs Kellers Rosen sind ein Wunderwerk und Helens Nase ist es auch. Sie scheint ohnehin am liebsten ihrer Nase zu folgen, wenn sie unterwegs ist."

Das könnte durchaus sein. Ohne dass wir darauf geachtet haben, hat uns Helen zum Küchenhaus gelenkt.

Aus dem Schornstein zwirbelt ein Rauchfaden. Es duftet verführerisch. Bestimmt backt Mama Kuchen. Ob sie mich vermisst? Die Hände, die ihr helfen könnten. Meine Hände.

„Hier wohnst du also", sagt Miss Sullivan.

Das hat noch niemand zu mir gesagt: Hier wohnst du also. Ist die Küche mein Zuhause? Für Helen ist sie jedenfalls der Ort, der Leckereien verspricht. Sie ist schon durch die Tür verschwunden. Ich sehe mich um. Zum ersten Mal schaue ich den Ort, an dem ich mein ganzes bisheriges Leben verbracht habe, genauer an. Weil es in Küchen häufig brennt, ist es der einzige Bau aus Ziegelsteinen auf Ivy Green. Die Kammer mit dem winzigen Fensterchen unter dem schrägen Dach neben der großen, in der Mama kocht. Aus der Mitte ragt der Kamin, darunter steht der Herd, der immer glüht, sodass das Haus winters wie sommers Hitze verströmt. Die Küche ist ein Herz, das einem beständig warm entgegenschlägt.

„Das ist die Küche", sage ich und räuspere mich sogleich, weil es offensichtlich ist. Miss Sullivan wird denken, ich hätte keinen Verstand. „Fehlt noch der Stall", sage ich schnell, um es wieder gutzumachen.

„Natürlich, eine Farm ohne Tiere ist keine Farm", stimmt Miss Sullivan zu. „Wir sollten sie uns ansehen, die Kühe, die Schweine. Aber wie locken wir Helen in den Stall, wo sie doch gerade anderweitig beschäftigt ist?" Sie zeigt auf Helen. Mama war großzügig. Das Stück Kuchen, das Helen hält, passt kaum in ihre Hand.

„Das ist bald weg", sage ich, „dann kommt sie schon."

Ich warte, bis Helen den letzten Krümel verschlungen hat. Dann nehme ich ihre Hände und lege sie auf meinen Kopf, als wären es Hörner. Helen versteht mich sofort, sie tapst gleich los in Richtung Stall.

„Sapperlot", sagt Miss Sullivan.

Wir laufen hinter ihr her. „Ist es nicht bemerkenswert, wie sicher sie sich fortbewegt, obwohl sie nichts sieht und nichts hört?", staunt Miss Sullivan.

Ich habe noch nie darüber nachgedacht, aber nun, da sie es sagt, denke ich es auch. Es ist schon ungewöhnlich, wie ein taubes und blindes Mädchen frei herumlaufen und seinen Weg finden kann, sodass es auch ankommt, wo es hinwill.

Auf dem Weg zum Stall blitzt durch die Büsche das kleine mit Efeu und Wein umrankte Gartenhaus auf.

„Was ist das für ein Gebäude?", fragt Miss Sullivan und bleibt stehen. „Es sieht hübsch aus."

„Das ist das Gartenhaus", sage ich. „Helen wurde dort geboren."

„Helen wurde dort geboren?", wiederholt sie, als glaubte sie mir nicht.

„Ja, aber es ist viel älter als Helen. Der alte Captain Keller hat es gebaut, ihr Großvater. Für seine Bücher, in die er alles schrieb, was auf Ivy Green geerntet wurde. Und wie viele Sklaven er besaß."

„Wie viele Sklaven er besaß", murmelt Miss Annie. Und dann sagt sie etwas Merkwürdiges. „Du hast ja auch Gedanken, Martha", sagt sie.

Wir gehen ein paar Schritte. Dann bleibt sie wieder stehen. „Und wie du das gemacht hast vorhin, um Helen in den Stall zu locken. Du hast es ihr erzählt, sodass sie es verstanden hat. Das war schlau von dir. Auch wenn es nicht das ist, was ich ihr beibringen will."

Percy steht vorm Tor und putzt das Zaumzeug. Ich frage ihn nach dem Kälbchen.

„Es geht ihm schon viel besser. Die Muttermilch hat ihm gutgetan. Bald werden wir die beiden voneinander trennen."

Tatsächlich springt Lilos Kälbchen munter durch die Box. Helen steht daneben.

Mit dem Schwanz fegt Lilo die Fliegen fort und streift Helens Wange. Helen stört das nicht. Sie tastet Lilo über das Gesicht, sie fühlt den breiten Nasenrücken, den Knochen zwischen den runden Augen.

„Ängstlich ist sie jedenfalls auch nicht", sagt Miss Annie. „Das ist gut. Ein bisschen Wagemut kann nicht schaden, wenn man etwas lernen soll."

Sie nimmt Helens Hand. Wieder tippt sie etwas hinein. „K-U-H", sagt sie. „Das ist eine Kuh, Helen."

Eine Weile stehen wir still da und lauschen. Ellas großes Maul zermalmt das Heu, das Stroh knistert unter unseren Füßen. Dann schlägt nebenan die Glocke. Es ist Zeit für das Abendessen, weil Menschen immer Hunger haben.

„Erst müssen wir die Hände waschen", beschließt Miss Sullivan.

Sie fasst Helens Hand. „W-A-S-S-E-R", sagt sie. Sie tippt sechs Zeichen in Helens Handfläche. Helen rührt sich nicht.

Miss Sullivan versucht es noch einmal. Wieder nichts.

„Darf ich?"

Miss Sullivan zuckt mit den Schultern. Ich fasse Helens Hände und reibe sie aneinander. Helen steht auf und stolpert aus dem Stall. Sie läuft zur Pumpe.

„Sapperlot", sagt Miss Sullivan zum zweiten Mal.

An der Pumpe stellt Miss Sullivan Helen vor die Schnauze. Sie greift nach ihren Händen und schiebt sie vor

„Los, Martha, pump!", befiehlt sie.

Da beginnt Helen zu zappeln.

Ich lasse den Schwengel los und weiche einen Schritt zurück. Ich weiß, was kommt, und richtig, Helen windet sich in Miss Sullivans Armen wie die glitschigen Fische, die Percy im Tennessee angelt und in einem Eimer zum Küchenhaus trägt. Sie strampelt, sie schreit, sie tritt.

Miss Annie lässt nicht los.

„Worauf wartest du, Martha? Pump endlich!"

Im Rohr gurgelt es. Dann schwappt das Wasser aus der Schnauze. Es platscht auf den Boden, es spritzt Helen an den Rock. Helen schreit lauter. Ihr Geschrei dröhnt über den Hof und lockt den Captain an. Mit hochrotem Gesicht kommt er angerannt. An seiner Seite trabt Belle, als sollte sie ihn beschützen, und vielleicht braucht er wirklich Beistand. Miss Sullivan ist keine, die sich ins Bockshorn jagen lässt, das hat sie schon gezeigt. „Miss Sullivan, was geht hier vor sich?" Der Captain tänzelt um die Pumpe und weicht Helens boxenden Ellenbogen aus. „Lassen Sie meine Tochter sofort los! Sie tun ihr weh."

Miss Sullivan denkt nicht daran. Sie nickt mir zu und gibt mir zu verstehen, dass ich weiterpumpen soll. „Helens Hände sind dreckig. Man muss sie waschen", sagt sie. Sie sagt es, so ruhig es eben geht, wenn man gerade mit zwei Armen und zwei Beinen kämpft. Ihre Stimme hat denselben besänftigenden Klang wie Percys, wenn er einer störrischen Kuh zuredet, weil sie sich durchaus nicht melken lassen will, obwohl ihr Euter bereits platzt. Es ist nur gut für dich, sagt er, sie sagt: „Oder möchten Sie vielleicht, dass Ihre Kartoffeln gleich nach Kuhfladen und Erde schmecken?"

„Ich muss schon sehr bitten!"

„Stimmt es etwa nicht, dass Helen beim Abendessen wieder mit ihren Händen über sämtliche Teller wandern wird?"

„Ja, schon, das heißt, nein. Sie bringen mich völlig durcheinander! Unter keinen Umständen lasse ich jedoch zu, dass meine Tochter weint. Dieses Haus hat schon genügend Tränen gesehen. Außerdem habe ich Sie nicht dafür eingestellt worden, Helen zu quälen. Sie sollen sie unterrichten."

„Ich quäle sie doch nicht. Ich bestehe lediglich darauf, dass sich Ihre Tochter vor dem Essen die Hände wäscht wie jeder andere vernünftige Mensch auch. Hat sie nicht ebenfalls ein Recht darauf, zivilisiert und anständig aufzutreten?"

„Aber doch nicht so!"

„Wie denn sonst? Schmutz geht nun mal nur mit Wasser ab."

Unwillkürlich rutscht mir der Schwengel noch einmal nach unten. Das Wasser spritzt in hohem Bogen aus der Schnauze. Es sprudelt über Helens Hände.

„Wa-wa", sagt sie. „Wa-wa!"

Der Captain und Miss Annie verstummen augenblicklich. Stumm sehen sie zu, wie sich Helen die Hände unter dem Wasserstrahl wäscht. Bis ihre Hände sauber sind.

„Nun gut, dann können wir wohl endlich essen", sagt der Captain. Er nimmt Helen auf den Arm und trägt sie zum Haus.

Miss Sullivan lehnt sich an die Pumpe. Sie wischt sich eine Strähne aus der Stirn. Trotz der dunklen Sonnenbrille sehe ich, dass ihre Augen funkeln. Sie lächelt. „Und das war erst der Anfang. Der erste Schritt auf dem Weg aus der Dunkelheit. Denn jetzt fängt Helens Erziehung an. Gleich morgen früh sorge ich dafür, dass Helen nicht nur saubere Hände beim Abendessen hat, sondern auch zivilisiert aussieht, wenn sie zum Frühstück kommt. Und irgendwann gelingt es uns, dass sie sich auch beim Essen benimmt."

Und sie sagt uns, als meinte sie auch mich. Als würden wir beide Helen den Weg aus der Dunkelheit zeigen. Gemeinsam.

ABSTAND

Jetzt könnte ich Mama helfen. Ich könnte Möhren aus den Beeten ziehen oder Wasser für den Abwasch pumpen, weil auch der so verlässlich wieder ansteht, wie auch diese Mahlzeit vorübergehen wird. Aber Miss Sullivans Worte schwingen in mir nach. Ein Echo.

„Zivilisiert" und „anständig" und obendrein „ein Recht darauf". Was meinte Miss Sullivan damit? Und wenn sie sagt, dass es für jeden Menschen gilt, gilt es also auch für mich? Auch wenn ich gar nicht weiß, was zivilisiert bedeutet? Was für ein Wort!

Bin ich zivilisiert? Und falls ich es nicht bin, ist es schlimm, dass ich es nicht bin? Schließlich brauchen schwarze Kinder nicht zur Schule zu gehen. Das behauptet jedenfalls der Captain. „Schule ist die reinste Zeitverschwendung – für schwarze Kinder", sagt er.

Irgendwie hat er ja auch recht: Wann sollten wir zur Schule gehen? Alle packen mit an auf dem Hof. Lange vor dem Frühstück beginnen wir unsere Aufgaben und hören erst am späten Abend wieder damit auf, Percy im Stall, die anderen Kinder auf den Feldern, ich in der Küche, bei Helen und jetzt hier bei Miss

Sullivan in ihrer Lernstube. Für Schule, wenn es sie denn für uns gäbe, bliebe sowieso keine Zeit.

„In der Schule bringen sie dir eh nichts bei, was dir für die Arbeit in der Küche nützt", versucht Mama, mich zu trösten, denn manchmal reizt es mich schon. Ich möchte wissen, wie es ist, wenn man einzig deshalb an einen Ort geht, um dort zu lernen. „Glaub mir, die Klöße, die du knetest, werden viel schöner ohne das ganze überflüssige Zeugs, das sie dir dort in den Schädel stopfen."

Kann sein, dass die Klöße schöner werden, aber in der Schule brächten sie mir vielleicht bei, was zivilisiert bedeutet.

Miss Sullivan kann ich nicht fragen. Falls ich mich das überhaupt trauen würde, denn ich glaube, das traue ich mich nicht. Sie sitzt im Salon und isst zu Abend. Wenn ich meine Gedanken ordnen will, muss ich es schon alleine machen.

Wie immer, wenn ich Abstand zu den Dingen suche, klettere ich in den Mimosenbaum, und weil auch Helen beschäftigt ist, weil sie eben um den großen Tisch schlendert und sich das Essen reihum von den Tellern pflückt, habe ich den Baum allein für mich.

Zwischen Blattwerk und Ästen sieht alles gleich vollkommen anders aus. Weit weggerückt, als hätte jemand die Dinge fortgeschoben, und doch so nah, dass ich besser darüber nachdenken kann.

„Ach, Nosy, du immer mit deinen Gedanken", stöhnt Mama manchmal.

Percy drückt es anders aus. „Was für Gedanken?", fragt er. „Du hast doch eh nur Stroh im Kopf."

Aber auch Miss Sullivan hat das gesagt: „Martha, du hast ja Gedanken!"

Da ist etwas, das in mir murmelt, während die anderen um mich herum reden und ich ihnen zuhöre. Nur spricht es oft zu leise, als dass ich es verstehen könnte. Auch deshalb brauche ich den Baum.

Schon beim Raufklettern fängt es an: Die Leute, die eben noch so laut tönten, klingen mit einem Mal leiser. Gedämpfter. Sie schrumpfen, sie werden winzig klein, sogar die, die immer das letzte Wort behalten müssen wie der Captain. Plötzlich fallen mir Dinge auf, die ich nie beachtet habe. Ein Marienkäfer krabbelt über die Rinde. Ich zähle seine Punkte. Eine Hummel summt von Blüte zu Blüte. Eine Spinne seilt sich von einem Ast ab. Ich lehne mich an den Stamm, die Rinde sticht mir in den Rücken. Die Borke ist eine Rankhilfe für meine Gedanken, die sich an den Zweigen in den Himmel schlängeln. Mit den Blättern färben sie sich grün.

Aber dann höre ich doch wieder durch das Blätterrascheln, wie Mama nach mir ruft. Das Abendessen ist zu Ende, Mama braucht meine Hilfe. Es ist Zeit zum Abräumen. Zeit für den Abwasch.

Ich klettere vom Baum.

Mal sehen, wie viele Scherben ich heute auflesen werde.

FEIN GEMACHT

Es ist mal wieder laut auf Ivy Green. Der Lärm plätschert die Stufen hinunter wie ein Wasserfall, als ich in der Früh das Wasser für die Waschschüssel in Miss Annies Zimmer trage. Dann rumst es, als flögen Gegenstände von einer Wand zur anderen. Wenn nur ja nichts zu Bruch geht; da hätte ich wieder alle Hände voll zu tun. Vor der Tür halte ich an. Die erneuerte Tür hat zwar ein Schloss, aber keinen Schlüssel. Niemand auf ganz Ivy Green lässt noch einen Schlüssel in irgendeiner Tür stecken, nachdem Helen mit der Fingerfertigkeit einer Taschendiebin erst ihre Mutter und dann Miss Sullivan eingesperrt hat.

Wieder knallt es. Vorsichtig drücke ich die Tür auf. Ein Stiefel saust mir entgegen, ich weiche gekonnt aus. Er verfehlt knapp meine Nase und rumpelt die Treppe hinunter, wo ich hergekommen bin.

Mrs Sullivan sitzt im Schaukelstuhl. Sie hat Helen zwischen die Beine geklemmt, wie Percy ein Stück Holz in den Schraubstock spannt, wenn er es abschleifen will.

„Martha, stell die Schüssel auf die Kommode und hilf mir. Heute machen wir diese junge Dame fein fürs Frühstück!"

Tatsächlich trägt Helen ein neues Kleid und frische Strümpfe, nur an einem Fuß fehlt ein Stiefel, natürlich, der andere ist ja eben weggeflogen.

„Die Bürste, gib sie mir!"

Ich tänzele in sicherer Entfernung zu Helens tretenden Beinen zur Kommode, stelle die Schüssel ab und finde die Bürste. Helens Kopf wackelt hin und her, ihre Füße trippeln auf der Stelle. Sie schreit nicht, sie brüllt. Miss Sullivan umklammert Helens Oberkörper mit einem Arm, mit dem anderen striegelt sie das lange braune Haar. Ich hätte ihr alle Locken abschneiden sollen, dann ginge es jetzt schneller.

„Und nun die Schleife! Beeil dich, damit sie mir nicht entwischt!"

Mein Blick fliegt durch das Zimmer:

„Auf dem Kopfkissen. Neben der Puppe!"

Auf Miss Sullivans Kopfkissen liegt ein Band aus rotem Samt. Daneben sitzt die Perkins-Puppe. Die Augen mit den langen Wimpern blinken blank und leer; die rot geschminkten Lippen lächeln. Sie sieht aus, als würde sie sich über das Schauspiel, das ihr dargeboten wird, lustig machen. Ich verstehe das. Die kleinen Mädchen am Institut haben sie für Helen herausgeputzt. Sie hat sich in Samt und Seide zwängen und das Haar zu einem makellosen Zopf flechten lassen. Sie hat artig still gesessen, bis die Hände, die an ihr herumzupften, fertig waren, egal, wie lange es dauerte. Helen dagegen wehrt sich mit Händen und Füßen und macht allen unmissverständlich klar, dass sie kein Püppchen ist. Sie wird sich nicht herrichten lassen, bloß damit man sie, kaum ist man ihrer überdrüssig geworden, aufs Kopfkissen setzt, wo sie hübsch artig hocken bleibt, ohne eigene Meinung, ohne eigenen Sinn.

„Martha, wo hast du deine Gedanken? Die Schleife!"

„Entschuldigung, Miss Sullivan!"

Ich gebe ihr das weiche Band aus Samt. Hätte ich solch eine Schleife, ich wäre das reichste Mädchen auf der Welt.

Miss Sullivan schlingt das Band um Helens Haar.

Ich hätte nicht gedacht, dass das möglich ist, aber Helen brüllt noch lauter.

„Zieh sie fest!"

Ich passe auf, dass ich Helen nicht zu nah komme, während ich das Band zu einer Schleife lege und den Knoten zuziehe, ein Tritt mit ihrem Stiefel täte sicherlich sehr weh, auch wenn es nur einer ist. Geschafft.

Miss Sullivan lässt Helen los.

Damit hat sie nicht gerechnet. Kurz taumelt sie in den leeren Raum, der sich unvermutet vor ihr auftut. Dann fängt sie sich. Sie stürmt aus dem Zimmer, die Treppe hinunter.

„Puh, das hätten wir in den Griff bekommen. Buchstäblich, nicht wahr?" Miss Sullivan lacht. „Ihre Eltern werden sich freuen, wenn sie ihre Tochter sehen. Sie werden mir bestimmt dankbar sein."

Unten poltert es. „Nicht, Helen, nein!" Dann klirrt es und mag sein, ich bilde es mir ein, aber es kommt mir so vor, als hätte ich es vorher schon gehört: das vertraute Sirren, das in der Luft liegt, ehe ein Teller die Wand trifft. Oder ein Glas.

Ich glaube kaum, dass sich Helens Eltern freuen werden, geschweige denn, ihr dankbar sind. Ich bitte Miss Sullivan nicht um Erlaubnis. Ich stürze die Treppe runter, dem Krach entgegen, ich will sehen, was geschehen ist. Miss Sullivan folgt mir, aber langsamer.

Im Esszimmer ist das Geheul so laut, dass ich mir die Ohren zuhalte. Helen fegt jeden Teller, den sie erwischen kann, vom Tisch, den ich schon fürs Frühstück gedeckt habe. Manche Teller bleiben heil, die meisten nicht. Und niemand macht etwas. Mit blassen Gesichtern lassen sie Helens Wutausbruch über sich ergehen, als wäre es eine Naturgewalt.

„Martha, lauf, hol Kuchen", japst Mrs Keller. Sie hält Mildred im Arm. Mildred weint. „Sonst beruhigt sich Helen nie!"

Und ich laufe, ich laufe, so schnell ich kann, und hole Kuchen. So schnell war ich noch nie, und erst als Helen den Kuchen in ihrem Mund schmeckt, süß, süßer, am süßesten, sackt sie in sich zusammen wie ein Mantel, den man auf einen Sessel wirft, weil man ihn nicht länger braucht. Mit einem Mal ist sie wieder das sanfteste und verschmusteste Kind auf Erden, das keiner Fliege was zuleide tut. Ein tobender Engel, der zur Ruhe kommt. Sie schmiegt sich in die Arme ihrer Mutter, die ihr über das Haar streichelt. Ihre hübsche Schleife sitzt ein bisschen schief. Jetzt hält Mrs Keller zwei Kinder im Arm, von denen nur noch eines weint, nämlich Mildred.

„Kuchen ist auch keine Lösung", murmelt Miss Sullivan, die jetzt auch aufgetaucht ist.

„Mit Verlaub. Ihre Lösung besteht offenbar darin, dass Kind derart aufzuwühlen, dass es völlig aufgelöst ist", sagt der Captain.

„Ich wollte sie nur hübsch machen", sagt Miss Sullivan, sie spricht ein bisschen leise. „Haben Sie gesehen, dass ich ihr eine Schleife ins Haar gebunden habe?"

„Es ist Ihnen zweifellos geglückt, unsere Tochter einzuschnüren. Und wozu das Ganze? Helen war völlig außer Rand und Band. Sehen Sie sich die Bescherung an!" Der Captain lässt den Arm über die Teller und Tassen, die am Boden liegen, wandern.

„Ich erklärte Ihnen bereits, dass Sie Ihren Unterricht aufs Unterrichten beschränken sollen, und hiermit wiederhole ich es: Sie sind nicht dafür eingestellt, Helen einzukleiden oder maßzuregeln. Sie sollten auf sie achtgeben, damit sie sich nicht verletzt. Das ist ein großer Unterschied."

„Gütiger Himmel!" Mama steht in der Tür. Sie bringt das Rührei. Sie begreift sofort, was los ist. Sie stellt die Schüssel auf den Tisch. „Geben Sie mir Ihre Kleine, Madam, Sie haben ja sonst keine Hand frei für Helen", sagt sie zu Mrs Keller. „Außerdem sollte jemand die Scherben auflesen, damit sich Helen nicht verletzt. Scherben sind gefährlich." Sie sagt es ähnlich wie der Captain, aber dabei sieht sie mich an.

Ich habe schon verstanden.

Ich bin schon weg.

Ich tauche unter den Tisch und sammle die Scherben ein.

Das war schon immer so. Das wird so bleiben.

Man muss auf Helen achtgeben, damit sie sich nicht verletzt.

Und damit sie anderen nicht wehtut.

Die Kanten schneiden messerscharf.

Ich passe nicht auf mich auf.

Ich schneide mich.

Aus meinem Zeigefinger sickert Blut. Ich schlecke es ab. Das Blut schmeckt süß. Erst fließt es, dann hört es auf. Aber ich bin nicht die Einzige, die an diesem Tag auf Ivy Green blutet. Denn kurz darauf trifft es die Lehrerin. Buchstäblich.

GETROFFEN

Vielleicht ist Helen immer noch wütend auf Miss Annie. Oder sie hat einfach keine Lust zu lernen. Sie sitzt im Zimmer auf dem Stuhl am Tisch und hat die Arme vor der Brust verschränkt. Sie bockt. Sie blockt.

Wieder habe ich Kuchen gebracht. Der Kuchen riecht verlockend, steht aber weit weg. Miss Annie hat ihn auf den Schrank gestellt, wo Helen ihn nicht erreicht, selbst wenn sie sich noch so streckt. Ihre Nase zuckt wie Belles Schnauze, wenn sie auf der Veranda döst, und aus der Küche duftet es nach Braten. Aber ihre Finger halten still.

„Los, Helen, mach schon nach, was ich dir vormache!", drängelt Miss Sullivan. „Das ist ein Becher. Das ist Milch. Die Milch ist im Becher. Sapperlot, es muss doch möglich sein, das zu begreifen."

Der Kuchen ist ihre Belohnung, wenn Helen etwas richtig macht und das Wort buchstabiert, wie es Miss Sullivan wünscht. Aber jetzt macht Helen nichts. Darum gibt es auch keine Belohnung.

Wäre ich Helen, ich würde alles tun, damit ich ein Stück Kuchen naschen könnte. Aber ich bin nicht Helen. Ich bin auch nicht taub und blind. Ich habe Ohren, die hören, und Augen, die sehen, und ich sehe, wie Miss Annie sich zum wiederholten Mal mit Becher, Wasser, Milch und trinken müht.

„Helen fühlt den Becher. Aber sie buchstabiert Milch. Und jetzt buchstabiert sie gar nichts mehr."

Sie seufzt.

„Es nützt ja nichts. Versuchen wir es eben noch einmal!" Sie fasst Helens linke Hand. Sie drückt den Becher hinein. Sie nimmt Helens rechte Hand. Mit ihrer eigenen Hand legt sie Helen in die Handfläche, was sie Buchstaben nennt. „B-E-C-H-E-R", sagt sie. „Und jetzt du!"

Sie klopft auf Helens Hand.

Ich will sie warnen, ich sehe die Wut in Helen hochschäumen, ich bin nicht schnell genug. Helen holt aus. Sie schleudert den Becher Miss Sullivan ins Gesicht.

Das Erste, das ich höre, ist ein feines Knacken, hell und hoch wie Reisig, das im Feuer platzt. Dann höre ich ihren Schrei. Blut sickert aus ihrem Mund. Miss Sullivan presst die Hand auf ihre Lippen. Sie spuckt hinein. Etwas Weißes schimmert in ihrer Hand. Es ist ein Teil von ihrem Zahn. Ihre Augen weiten sich. Sie werden groß und größer. Selbst hinter ihrer dunklen Sonnenbrille kann ich das erkennen.

Helen sieht es nicht, aber sie weiß, dass es ihr gleich an den Kragen geht. Sie düst aus dem Zimmer.

„Na warte, du Biest, wenn ich dich erwische!" Miss Sullivan hechtet hinterher. Sie kommen nicht weit. Im Flur räumt Mrs Keller frischgewaschene Bettlaken in den großen Wäscheschrank. Helen vergräbt sich hinter ihrem Rock. Sie quietscht und weint, als wäre sie diejenige, die sich wehgetan hat. Mrs Keller breitet beschützend die Arme aus und bremst Miss Sullivan.

„Helen, komm sofort hierher!", schnaubt die Lehrerin, aber sie muss schnell den Mund schließen. Ein Nieselregen aus Blut sprüht auf das weiße Bettlaken und besprenkelt es rosa.

„Du liebes Bisschen, Miss Sullivan, Sie bluten ja!"

„Ihre Tochter hat ..." Wieder muss sie den Mund zumachen.

„Martha, lauf! Tränk ein Tuch mit Wasser für Miss Sullivan. Und bring auch Kuchen für Helen!"

„Kuchen für Helen? Wo sie gerade ..." Blut träufelt auf ihre Bluse. Ich rase ins Zimmer. Auf der Kommode steht die Schüssel mit dem Wasser, das ich Miss Sullivan am Morgen gebracht habe. Ich reiße ein Tuch vom Frisiertisch, tränke es, bis es trieft, wringe es aus und eile zu Miss Sullivan, die es auf ihren Mund drückt. Dann laufe ich zurück ins Zimmer. Ich muss mich auf einen Stuhl stellen, um den Kuchen vom Schrank zu ziehen.

Ich bin froh, dass Miss Sullivan ihre Brille trägt. Ihre Augen schleudern Blitze, als Mrs Keller Helen mit Kuchen füttert. Aber sie sagt nichts. Sie kann nicht. Sie presst das Tuch auf ihren Mund.

„Ich bin untröstlich", sagt Mrs Keller. „Wirklich. Es tut mir außerordentlich leid, dass Helen Ihnen wehgetan hat."

Miss Sullivan nimmt das Tuch vom Mund. Vielleicht blutet es jetzt weniger.

„Wehgetan? Sie hat mir einen Zahn ausgeschlagen, nicht das Kinn gekrault." Wie zum Beweis hält sie Mrs Keller den Zahnsplitter hin, klein, weiß und spitz, und ich denke an die Locke, die ich Helen abgeschnitten habe und die in meiner Hand glitzerte, als wäre sie ein Schlüssel.

„Es wird nicht wieder vorkommen."

Miss Sullivan schnaubt. „Das hat mir der Captain auch versprochen!" Sie betupft ihre Lippen. Das Blut hat aufgehört zu fließen, aber sie spricht, als läge eine heiße Kartoffel in ihrem Mund. „Es wäre natürlich wünschenswert, ich habe schließlich nur eine begrenzte Anzahl Zähne zur Verfügung, im Gegensatz zu Helen, die noch ihre Milchzähne hat. Außerdem könnte ich sonst nichts mehr von den leckeren Speisen essen, die Marthas Mutter kocht."

„Ich bin mir sicher, es war ein Versehen", sagt Mrs Keller, während sie Helen weiter mit Kuchen füttert. Miss Sullivan verfolgt es mit gerümpften Augenbrauen. „Helen verhält sich manchmal etwas unbeherrscht."

„Mrs Keller, machen wir uns doch nichts vor: Helen sieht zwar nichts, ein Versehen war es darum noch lange nicht. Das wissen Sie selbst. Auch als Mutter oder gerade als Mutter. Solange Helen sich benimmt, wie sie sich benimmt, wird sich daran auch nichts ändern. Dieses Haus ist ein Narrenschiff, und Helen hält das Ruder in der Hand. So kann ich ihr nichts beibringen."

Die beiden sehen sich an.

Hinter Mrs Kellers gerunzelter Stirn sehe ich die Gedanken brodeln. „Was schlagen Sie vor?"

„Der erste Schritt, damit Helen überhaupt etwas lernen kann, bestünde darin, dass sie ein Mindestmaß an Disziplin annimmt. Damit wir einigermaßen zivilisiert wie zivilisierte Leute miteinander umgehen können."

Da ist es wieder, dieses merkwürdige Wort, das sie schon mal benutzt hat: zivilisiert. Ich bin verblüfft, wie hartnäckig Miss Sullivan ist, obwohl sie Schmerzen haben muss.

Sie ist Helen gar nicht unähnlich, derselbe Dickschädel, dieselbe Ausdauer. Wenn sie sich einmal etwas in den Kopf gesetzt haben, beißen sie sich daran fest. Schon an der Pumpe, als Miss Sullivans Helens Hände wusch und der Captain nörgelte, als hätte man ihn seiner Rechte beraubt, fiel mir das auf. Mehr noch: Die neue Lehrerin hat es faustdick hinter den Ohren. Sie nutzt den Augenblick, die Gunst der Stunde, wie es Mama sagen würde. Helen hat sie verletzt, Mrs Keller ist das unangenehm. Wenn Miss Sullivan sie jetzt um etwas bittet, stehen die Aussichten gut, dass die ewig sanfte Mrs Keller einwilligt.

Da sagt es Miss Sullivan auch schon. „Mrs Keller, bitte erlauben Sie, dass ich mit Helens Tischmanieren anfange. Es ist eine Unsitte, wie sie sich überall bedient, und es wäre etwas, das sie sofort begreift, weil sie es anfassen kann.“

Mrs Keller blickt auf Helen, in ihren Mundwinkeln kleben Kuchenkrümel.

„Aber das schaffe ich nicht allein“, fährt Miss Sullivan unbeirrt fort. „Sie müssen mich unterstützen. Sie müssen mir einmal freie Hand mit Helen geben und keinen Kuchen. Keine Belohnung für ein lausiges Benehmen, was im Grunde einer lausigen Bestechung gleichkommt.“

Helens Hand schießt vor. Sie will mehr Kuchen haben.

„Einverstanden“, sagt Mrs Keller. „Versprechen kann ich es allerdings nicht. Ich muss noch mit dem Captain reden.“

„Morgen also“, sagt Miss Annie. „Gleich beim Frühstück fange ich an. Es dient nur zu Helens Besten, glauben Sie mir.“

„Wie gesagt, ich schaue, was ich machen kann. Aber nun ruhen Sie sich aus. Marthas Mutter soll eine Suppe kochen. In Ihrem Zustand können Sie bestimmt nichts kauen.“

Das stimmt, ihre Lippe ist geschwollen, sie wird kaum zubeißen können. Aber harte Nüsse wie die Kellers knackt sie trotzdem.

ZEUGIN

Mamas Suppe duftet. Kürbis und Mohrrüben stammen aus dem Garten, in dem ich die Schnecken von den Salatblättern friemele und die Steinchen aus den Beeten klaube, damit das Gemüse besser wächst. Ich würde gerne meinen Finger hineintunken, aber die Suppe ist für Miss Sullivan. Ich bringe sie ihr aufs Zimmer.

„Danke, Martha, stell die Schüssel erst mal auf die Kommode. Ich bin gleich fertig. Nur noch ein paar Sätze!"

Ich dachte, sie liegt auf dem Bett, kühlt sich die Stirn und den schmerzenden Zahn und weint ihren Kummer ins große weiche Kopfkissen, das sich auf ihrem Bett wölbt. Aber sie sitzt am Tisch. Sie tunkt einen Stift in ein Fass mit blauer Tinte und wischt über ein Blatt Papier. Miss Sullivan schreibt. Sie schreibt einen Brief.

„Liebe Mrs Hopkins." Miss Sullivan lacht. Sie hat laut vorgelesen. „Das ist meine Hausmutter oder vielmehr: war. Damals in Boston, als ich noch Schülerin am Perkins Institute war", erklärt sie mir, obwohl sie es mir sicherlich nicht erklären müsste. „Ich kannte niemanden, als ich dort ankam. Ich hatte auch niemanden, zu dem ich hätte gehen können. Keine Menschenseele, wie man so schön sagt. Mrs Hopkins hat sich meiner angenommen. In den Ferien durfte ich bei ihr wohnen. Jetzt soll ich ihr berichten, wie ich mit Helen vorankomme, und, tja, was soll ich sagen? Ich schätze, bisher bin ich nicht besonders gut vorangekommen. Oder was meinst du, Martha?"

Erwartet sie ernsthaft, dass ich ihr antworte?

„Ich weiß nicht, Miss Sullivan", murmele ich.

„Und hör auf, mich Miss Sullivan zu nennen", sagt sie. „Das klingt grässlich streng. Das bin ich gar nicht. Nenn mich Miss Annie. Anne Mansfield Sullivan. Das ist mein Name."

Ich könnte jetzt sagen: Nennen Sie mich Nosy, Miss Annie, das ist mein Name. Aber ich sage: „Ich heiße Martha Washington." Und könnte mich sofort dafür ohrfeigen. Wie einfallslos von mir, sie weiß doch, wie ich heiße.

„Schöner Name", sagt sie.

Ich denke an die Frau des ersten Präsidenten der Vereinigten Staaten von Amerika, die genauso heißt wie ich.

„Seinen Namen sucht man sich nicht aus. Den geben uns andere, die schon vor uns auf der Welt waren", sagt sie, als hätte sie meine Gedanken erraten.

Sie legt den Füller weg. „Dann will ich mal die Suppe deiner Mutter kosten. Ich bin tatsächlich ein bisschen hungrig nach der ganzen Aufregung. Was hast du mir denn Feines mitgebracht?"

„Kürbis und Mohrrüben aus dem Garten. Ingwer, Koriander, ein wenig Minze und ein Klecks Rahm von der Kuh."

„Ach, haben sie Lilo inzwischen ihr Kälbchen weggenommen?"

Ich weiß nicht, was ich sagen soll, darum sage ich nichts. Es macht auch nichts. Sie erwartet keine Antwort. Sie löffelt ihre Suppe, und ich schaue ihr dabei zu. Durch das Fenster dringen

Stimmen, die unterbrochen werden von Helens hellen spitzen Schreien. Sie steht mit ihrer Mutter zwischen den Beeten und gießt die Rosen.

Wir hören es beide.

„Sie ist wirklich ein ungewöhnliches Mädchen und außerordentlich klug", sagt Miss Sullivan, die ich jetzt Miss Annie nennen soll. „Du hast ja gesehen, dass sie in Nullkommanichts lernte, wie man Puppe buchstabiert. Auch wenn sie es immer nur für die Puppe aus Perkins anwendet, nie für ihre eigene zerfledderte Puppe, die du Nancy nennst."

Sie reibt sich die Augen.

„Aber genau darin liegt die Schwierigkeit. Helen begreift nicht, dass die Worte, die ich ihr in die Hand drücke, für etwas stehen. Puppe meint Puppe, ihre Puppe, die Perkins-Puppe wie jede andere Puppe auf der Welt." Sie trinkt einen Schluck Wasser. „Und Wasser meint Wasser. Das Wasser, das ich trinke, genauso wie das Wasser im Kessel, mit dem deine Mutter Tee kocht, das Wasser im Tennessee und das Wasser, das vom Himmel tropft. Jedes Ding hat einen Namen. So wie du. So wie ich."

Miss Annie legt den Löffel weg. Mit einem Tuch betupft sie ihre Lippe. Bestimmt schmerzt sie der Zahn noch, obwohl Mama die Suppe so weich gedrückt hat, dass sie selbst ein Säugling schlürfen könnte.

„Was mache ich nur mit ihr? Jedes Mal, wenn Helen etwas anstellt, stopfen sie ihr Kuchen in den Mund, damit sie Ruhe gibt. Sogar nachdem sie mir den Zahn ausgeschlagen hatte, wurde sie dafür belohnt!"

Ich weiß natürlich, was sie meint. Wahrscheinlich hat Helen auch Kuchen bekommen, nachdem sie mir die Haare abgeschnitten hatte. Und plötzlich schäme ich mich, weil ich diejenige bin,

130

die den Kuchen anschleppt. Dabei mache ich nur, was sie mir auftragen. Wobei Mrs Keller etwas anderes sagt als Miss Sullivan, äh, Miss Annie. Daran werde ich mich noch gewöhnen müssen.

Miss Annie ist Helens Lehrerin. Die Frau, auf die wir alle gewartet haben wie auf den erlösenden Regen, wenn die Felder trocken sind. Die letzte Hoffnung. Aber sie sieht so ratlos aus, als wüsste sie auch nicht, wie man alles ändern kann.

Ich könnte ihr jetzt sagen, was sie schon ahnt. Sie war nah dran, als sie Mrs Keller um eine freie Hand mit Helen bat: Solange Helen im Schatten ihrer Familie bleibt, ändert sich nichts. Sie wird immer für ihren Unfug belohnt werden.

Doch das sage ich nicht. Das denke ich nur, und meine Gedanken behalte ich schön brav für mich. Sie sagt auch nichts mehr. Eine Weile ist es still im Zimmer bis auf eine Fliege, die gegen die Scheibe summt, und Helens Schreie, die durchs Fenster strömen. Die Suppe, die langsam erkaltet, duftet noch immer. Miss Annie löffelt ein paar Happen.

„Deine Mutter ist wirklich eine gute Köchin. Vor allem kann ich ihre Suppe genießen, weil Helens Finger nicht darin herumrühren." Sie lacht. Und ich lache mit, obwohl ich nicht weiß, ob sich das gehört. „Aber das wird sich jetzt ändern", sagt sie. „Morgen zeige ich ihr, wie man sich bei Tisch benimmt. Ich weiß, dass sie dazu imstande ist. Die Kunst wird vor allem darin bestehen, ihr Gehorsam beizubringen, ohne ihren Willen zu brechen. Denn ihre Willenskraft ist auch ihre Stärke. Aber wenn mir die Kellers nicht mehr in den Rücken fallen, wird es schon gelingen. Du hast doch auch gehört, dass Mrs Keller mit allem einverstanden war. Sie wird mir helfen, nicht wahr, Martha?"

Sie sagt es, als wäre ich eine wichtige Zeugin und mein Wort würde eine Rolle spielen. Davon kann selbstverständlich nicht die Rede sein. Was ich sage, was ich denke, zählt nicht. Ich nicke trotzdem. Vorsichtshalber. Ja, ich habe es auch gehört. Aber wer hört schon auf mich?

FRÜHSTÜCK

Einer zahnlosen Lehrerin schlägt man offenbar nicht auch noch ihre Wünsche aus. Miss Sullivan hat es geschafft. Die Kellers räumen wortlos das Feld, als Helen beim Frühstück ihre Wanderung beginnt. Einer nach dem anderen stehen sie von den Stühlen auf und gehen aus dem Zimmer, wobei James der Erste ist, der verschwindet, als könnte er es kaum erwarten, dem Durcheinander zu entkommen. Nur Tante Ev hält auf der Türschwelle an. Alle Schlüssel sind von Ivy Green verschwunden, aber ich sehe es deutlich: Tante Ev zieht einen Schlüssel aus der Rocktasche und drückt ihn Miss Annie in die Hand.

„Nehmen Sie", wispert sie. „Es erspart Ihnen einiges an Mühe, wenn diesmal Sie die Tür verschließen! So müssen Sie nicht auch noch nebenbei darauf aufpassen, dass Helen Ihnen entwischt."

„Danke", flüstert Miss Annie. Tante Ev zwinkert ihr zu. Dann geht auch sie.

Ich habe den Tisch gedeckt mit allem, was dazugehört: Butter, Brot, Würstchen, Erdbeermarmelade, Honig. Mama hat auch Rührei gemacht, es dampft auf dem Tisch. Ich frage mich, wie lange es dort stehen bleibt. Und ob überhaupt irgendjemand irgendetwas davon essen wird. Ob es dazu kommt.

Miss Annie winkt mich aus dem Zimmer. Ich soll gehen, ehe Helen bemerkt, dass ihre Familie fort ist.

Miss Annie macht die Tür hinter mir zu. Der Schlüssel knackst. Einmal, zweimal. Jetzt ist sie allein mit Helen.

Im Flur sehe ich niemanden. Die Kellers haben sich in die Winkel ihres Hauses verkrochen, als wollten sie den Ereignissen den Rücken zukehren. Sie verschließen ihre Augen davor.

Meine Art ist das nicht. Nicht umsonst heiße ich Nosy. Ich stecke meine Nase überall hinein. Ich schleiche um das Haus, ziehe mich am Fensterbrett hoch und linse in den Salon. Aber im Grunde brauche ich nicht hinzusehen. Ich höre es auch so.

Miss Annie schiebt Helen auf einen Stuhl.

Helen springt auf.

Der Stuhl knallt auf den Boden.

Miss Annie drückt ihr einen Löffel in die Hand.

Helen schleudert den Löffel weg.

Miss Annie gibt ihr einen Teller.

Der Teller zerscheppert an der Wand.

Klirr. Peng. Kaputt.

Ich werde eine Menge aufzuräumen haben, wenn die beiden fertig sind. Falls sie je miteinander fertig werden. Ist es nicht ganz unmöglich, einem Menschen, der nicht sehen und nicht hören kann, etwas beizubringen?

Das war schon immer so. Das bleibt auch so.

Den Spruch habe ihn schon oft gehört. Er hallt in mir nach. Meine Mama in der Küche. Meine Oma in der Küche. All die Jahre bis zu jenem einen Tag im August des Jahres 1619, als das erste Sklavenschiff in der Bucht von Jamestown ankerte. Seit jenem Tag, Nosy, sagt Mama, stehen wir in der Küche und kochen für andere, und du stehst dort eines Tages auch.

Ich zwinge meine Gedanken, im Hier und Jetzt aufzutauchen. Das geht leicht, denn eben klirrt es wieder. Miss Annie hat Helen einen neuen Teller vor die Nase gelegt. Den dritten. Den vierten. Helen schleudert alle an die Wand.

Beide sind schon schweißgebadet, beide sind auch zäh. Wann gibt Miss Annie endlich auf? Will sie auch noch ihre restlichen Zähne verlieren?

Helens Widerstand reizt sie nur mehr. Miss Annie hebt den Stuhl vom Boden auf. Sie pfropft Helen auf den Stuhl. Sie nimmt einen neuen Teller. Sie klatscht Rührei darauf. Sie drückt Helen einen Löffel in die Hand. Sie zwingt Helen, zu essen. Mit. Dem. Löffel. Helen spuckt das Rührei aus.

Ich wende mich ab. Wenn Mama mich am Fenster erwischt, wird sie mir den Hintern versohlen. „Wir mögen arm sein, Nosy, das heißt noch lange nicht, dass wir unanständig sind."

Wieder klirrt es.

Dann ... Stille. Eine lange Stille, die viel zu lange andauert und in der ich mir alles Mögliche ausdenke. Vielleicht hat Helen Miss Annie mit dem Löffel erschlagen und sie liegt bewusstlos auf dem Teppich? Vielleicht braucht sie meine Hilfe. Mein Herz schlägt rasend schnell.

Ich ziehe mich wieder am Fenster hoch und linse ins Zimmer. Und falle beinahe rückwärts runter. Ich fasse es nicht: Helen sitzt auf einem Stuhl am Tisch. Eine Serviette baumelt um ihren Hals. In der Hand hält sie einen Löffel. Mit dem Löffel isst sie das Rührei von einem Teller. Der Teller bleibt auf dem Tisch liegen. Der Stuhl bleibt am Tisch stehen. Die Serviette bleibt um ihren Hals hängen. Es ist ein ganz normaler Anblick, wie ich ihn bei einem Menschen, der frühstückt, schon hundert Mal gesehen habe, und doch erscheint er für Helen derart ungewöhnlich, dass ich vor Schreck fast umfalle. Ich lasse das Fensterbrett los und renne zurück ins Haus. Der Kampf ist vorbei, und es ist jetzt schon klar, dass ich gleich aufräumen muss.

Die plötzliche Stille wirkt wie ein Wecker: Plötzlich tauchen sie aus allen Winkeln wieder auf, der Captain, Mrs Keller, James, Tante Eve. Sogar Belle. Sie stehen im Flur und starren auf die Tür.

Der Schlüssel knackt. Die Tür springt auf. Helen fliegt ihrer Mutter in die Arme. Ihr Haar, das Miss Annie gestern so gründlich gebürstet hat, strubbelt nach allen Seiten. Miss Sullivan sieht kaum gepflegter aus. Ihr tadelloser Dutt hat sich gelöst, das Kleid ist zerknittert und hat ein paar Spritzer Marmelade abbekommen. Ihre Wangen sind gerötet. Aber ihr Blick hinter den dunklen Brillengläsern prahlt, er ist ein einziger Triumph: Na bitte, was habe ich gesagt? Sie grinst, die Kellers grinsen nicht. Helen grinst auch nicht. Sie klammert sich an den Rock ihrer Mutter und schluchzt.

Das hält der Captain, der schon so viele Schlachten geschlagen hat, nicht aus. „Unsere Tochter weint wieder!", empört er sich. „Was haben Sie nur mit ihr gemacht? Helen ist völlig außer sich!"

„Außer sich? Sie sehen hier ein Kind, das brav auf dem Stuhl saß, während es sein Frühstück vom eigenen Teller löffelte, wie das alle Kinder ihres Alters tun. Zu guter Letzt hat sie ihre Serviette gefaltet und neben den Teller gelegt. Auch wenn mich das eine weitere halbe Stunde Kampf gekostet hat, aber sei's drum. Es ist doch eine großartige Leistung, nicht wahr?"

„Aber doch nicht zu diesem Preis."

„Zu welchem Preis denn sonst? Ich möchte meinen, ein paar Tränen wiegen wenig angesichts eines Lebens, das Helen frei von ihren unsäglichen Wutanfällen führen könnte!"

„Wie können Sie von Freiheit reden, Miss Sullivan? Sie haben unsere Tochter eingesperrt!"

„Sie hat damit angefangen. Haben Sie bereits vergessen, warum Sie erst gestern eine Tür erneuern ließen?"

„Ich muss schon sehr bitten, seien Sie nicht albern! Sie reden, als wären Sie das Kind, nicht Helen. Dabei ist sie erst sechs Jahre alt."

„Und in drei Monaten wird sie sieben! Als ich so alt war wie Helen, hat mich keiner auf Händen getragen, wie Sie das ständig tun."

Und dann halte ich den Atem an, als Miss Annie zu erzählen beginnt. Sie war zehn, als sie ins Armenhaus von Tewksbury gesteckt wurde, eine Halbwaise, die Mutter tot, der saufende Vater kam nicht mehr zurecht mit ihr und Jimmy, dem kleinen Bruder, der so alt war, wie es Helen heute ist, und kurz darauf an Tuberkulose starb. „Es starben überhaupt sehr viele. Jeden Tag zwei oder drei und in den Nächten oftmals mehr. Es gab nirgends einen Platz für Jimmy und mich neben den vielen verwahrlosten Alten. Also spielten wir in der Leichenhalle."

Mich schaudert. Ich weiß natürlich, dass auch Miss Annie einmal klein gewesen ist. Aber nie hätte ich gedacht, dass sie ohne Eltern aufwuchs und niemals unter solchen Umständen, verlassen, abgeschoben. Allein.

Zugleich erinnere ich mich an die Nacht, als ich sie im Schaukelstuhl sah mit der Perkins-Puppe im Arm. Traurig schaute sie aus. Als hätte man sie bestellt und nicht abgeholt. Der Captain hat recht: Das Kind von einst steckt immer noch in ihr.

„Darum erzählen Sie mir nicht, dass man Kinder schonen oder gar verhätscheln soll", fährt sie fort. „Sie brauchen einen, der sie liebt, aber auch an die Hand nimmt. Das gilt besonders für Helen, weil sie blind und taub ist."

Auch wenn Helen nicht verlassen wurde. Im Gegenteil. Ihre Eltern sind immer für sie da. Sie nehmen Helen nicht nur an der Hand: Sie tragen sie auf Händen und würden sie selbst dann mit Kuchen füttern, nachdem sie Ivy Green in Schutt und Asche gelegt hat.

„Auch wenn Helen noch ein Kind ist und obendrein ein Kind, das nichts hört und sieht, bedeutet das nicht, dass man sie alles machen lassen sollte, was sie will. Sie benimmt sich äußerst flegelhaft, schlimmer als …" Miss Annie sucht nach Worten. Ihr Blick fällt auf Belle, die vor den Füßen des Captains liegt. „Selbst Ihren Hund haben Sie besser erzogen als Ihre Tochter."

Das war dumm von ihr. Eben haben die Kellers mit ihr gefühlt, haben mit ihr im Armenhaus von Tewksbury gelitten und waren erschrocken über die Missstände dort. Mrs Keller hat sich eine Hand vor den Mund geschlagen und ein verhaltenes Oh-mein-Gott gehaucht. Sogar Helen weint nicht mehr.

Das ist jetzt vorbei. Verspielt.

„Wie können Sie es wagen, unsere Tochter mit einem Hund zu vergleichen? Das reicht!"

Für mich reicht es auch. Ich habe schon genug gehört und längst zu viel. Ich glaube, ich hätte das alles gar nicht hören dürfen. Erwachsenengerede ist nichts für Kinderohren. Das Aufräumen muss noch auf mich warten. Ich mache mich davon.

Sie haben mich sowieso vergessen. Mein Herz pocht wieder rasend schnell. Zu schnell.

EINSICHT

Ich sitze auf den Stufen zum Küchenhaus und schiebe die Zehen durch den Staub. Auf meinen dunklen Füßen sieht er aus wie die Flöckchen vom Mehl, das Mama über frisch gebackene Brote stäubt. Der Staub färbt meine dunklen Füße hell. Im Staub liegen noch immer meine Zöpfe. Daneben ruhen die Köpfe der Papierpuppen und ein paar Blätter vom Geißblattstrauch, die der Wind nicht davongetragen hat.

Da biegt Miss Annie um die Ecke.

„Oh, da bist du, Martha", sagt sie, als wäre sie erfreut, mich zu sehen. „Ich gehe gerade ein wenig spazieren. Den Kopf auslüften. Das habe ich jetzt dringend nötig." Als ob sie mir etwas erklären müsste. „Nanu, wen haben wir denn da?" Sie bückt sich und hebt ein Papierpüppchen auf. Ausgerechnet Martha Washington erwischt sie. „Sieh mal einer an", staunt sie, „wer hätte gedacht, dass sich solch gewichtige Persönlichkeiten auf Ivy Green tummeln? Und auch noch kopflos." Sie schüttelt den Kopf. Sie lacht. „Ich nehme an, über kurz oder lang verlieren wir hier alle unseren Verstand, und die Einzige, die ihn behält, ist Helen." Sie lässt die Puppe fallen. Martha Washington segelt neben ihren Mann, George Washington, der auch noch im Staub liegt. „Früher habe ich auch mit solchen Püppchen aus Papier gespielt. Das war das Einzige, das wir im Armenhaus hatten, und eigentlich war nicht einmal das für uns gedacht. Jimmy stahl eine Schere aus dem Arztkoffer, als der Doktor nach Tewksbury kam. Wir schnitten die Puppen aus Godey's Lady Book aus. War das ein Spaß! Bis uns die Fürsorgerin erwischte und Schere und Hefte wegnahm. Geschimpft hat sie mit ihrem zahnlosen Mund, dass die Wände wackelten, aber wir hatten keine Angst vor ihr. Wir haben sie nur ausgelacht."

Etwas platzt in mir und ich mache den Mund auf, obwohl ich ihn zulassen wollte.

„Ist es wahr, was Sie vorhin erzählt haben? Dass Sie zwischen den Toten spielten? War das nicht total gruselig?"

Sie antwortet nicht gleich. Sie starrt in die Zweige des Geißblattstrauchs, als gäbe es dort etwas zu bestaunen. Wo Helen seine Blätter mit der Schere erwischt hat, ist er kahlgerupft. Prompt fasse ich wieder nach dem Tuch, ob es noch auf meinem Schädel sitzt, als wäre es schon ein Reflex geworden.

„Ach, weißt du", sagt Miss Annie und schaut mich wieder an, aber ihr Blick verschwimmt glasig, als wären ihre Gedanken woanders. Vielleicht ist sie zurückgereist ins Armenhaus von Tewksbury, wo es leichter war, zu sterben als zu leben? Gedanken sind Schleudern, die uns an ferne Orte oder in eine andere Zeit werfen.

„Damals hat sich niemand um mich gekümmert. Aber dabei habe ich gelernt, für mich selbst einzustehen. Man muss immer für sich selbst denken. Das nimmt dir keiner ab. Aber wie soll Helen ihre Gedanken erzählen, wenn sie sich nicht äußern kann? Sie halten sie für dumm und stopfen ihr den Mund mit Kuchen, damit sie nicht mehr schreit. Das muss sich dringend ändern, ich weiß nur nicht wie, und ich befürchte, sie werden Helen in ein Heim stecken, wenn ich es nicht bald herausfinde, und das wäre zu schrecklich. Im Übrigen wüsste ich auch nicht, wohin ich dann gehen sollte. Ich hab ja kein Zuhause."

Unvermittelt denke ich an Lilo. Percy hat erzählt, dass das Kälbchen wieder gesund ist und auf eigenen Beinen steht. Wie Miss Annie vermutet hat, haben sie es deshalb von der Mutter getrennt. Seitdem lässt sich Lilo wieder melken und gibt uns die Milch, die wir brauchen, zum Trinken, für den Quark, die Sahne und die Butter, die Mama in den Kuchen rührt. Hat Miss Annie nicht selbst gefragt, ob der Klecks Rahm auf der Suppe von Lilo stammt? Und plötzlich weiß ich, was sich dringend ändern muss: Helen muss hier weg, aber nicht in ein Heim, sondern weg von ihren Eltern, die Miss Annie ständig in den Rücken fallen, sobald sie Helen etwas beibringen will. Miss Annie steht mit ihrer Nase so dicht dran, dass sie es nicht sieht.

„Jede Kuh verteidigt ihr Kalb", sage ich, „aber wenn man es nicht seiner Mutter wegnimmt, bekommt man keine Milch."

Sie guckt mich an, als hätte ich eben behauptet, ich sei die geköpfte Martha Washington.

Ich weiß ja selbst, dass mein Vergleich hinkt. Denn Helen soll zwar die Milch geben, um beim Vergleich zu bleiben, aber natürlich ist sie nicht die Kuh, weil sie das Kind ist. Also wäre sie eher das Kalb und Mrs Keller die Kuh. Aber was soll's. Um einer größeren Sache willen darf man ruhig ein Auge zudrücken, und in jedem Fall bewirkt mein Spruch, was er bewirken soll: Miss Annie denkt nach. Weiter helfe ich ihr aber nicht. Denn wenn sie wirklich so schlau ist, wie sie es als Helens Lehrerin sein müsste, weil sie sonst nicht unterrichten könnte, wird sie schon von alleine darauf kommen.

Miss Annie starrt mich weiter an und sagt nichts, als mit einem jähen Knall die Küchentür auffliegt. Mama kippt eine Schüssel Spülwasser aus. Beinahe erwischt der Schwall Miss Sullivan.

„Oh, Madam, verzeihen Sie bitte, ich habe Sie gar nicht gesehen!"

„Das macht doch nichts, ich bin ja auch nicht nass geworden", sagt Miss Annie. Sie streckt eine Hand aus. „Sie müssen Marthas Mutter sein. Ich bin Miss Sullivan. Sehr erfreut."

Mama nickt und knickst. Man könnte meinen, sie wird rot. Da entdeckt sie mich. „Nosy, was sitzt du hier rum und lässt Miss Sullivan stehen? Entschuldigen Sie bitte, meine Tochter ist schrecklich ungezogen!"

„Aber nein, wir haben uns prächtig unterhalten!!"

„Unterhalten, wie das? Meine Tochter hätte Ihnen etwas anbieten sollen. Percy hat eben frische Milch gebracht. Bitte kommen Sie doch rein und stärken sich."

Mama weist zur Küche, Miss Annie folgt ihr. In der Tür dreht sie sich um. „Nosy?", fragt sie und hebt eine Augenbraue.

Ich zucke die Achseln. „Ach, nur so", murmele ich.

Auf dem Tisch steht schon ein Glas auf dem Tisch. Mama schüttet Milch hinein.

„Die Milch wird Ihnen guttun nach all den Strapazen mit Helen. Meine Tochter hat mir von dem Zahn erzählt. Das tut mir leid. Das Mädchen kann ein wahrer Wildfang sein."

„Das stimmt, Helen ist außerordentlich gut in Form", gibt Miss Annie zu. „Ich hatte ein schwaches, kränkelndes Kind erwartet. Ich dachte wohl, taub und blind würde träge und blass bedeuten. Was für ein Irrtum!"

„Allerdings", sagt Mama. Sie lachen.

Miss Annie trinkt noch einen Schluck. „Mmmh, sehr erfrischend!"

Mama stemmt die Hände in die Hüften und besteht darauf, dass Miss Annie das Glas leert. Als sie den letzten Tropfen ausgetrunken hat, stellt Mama einen Teller mit einem großen Stück Alabama Lane Cake vor ihre Nase. „Guten Appetit!", sagt sie.

„Oh, danke!" Miss Annie hebt die Hand. „Nehmen Sie es mir nicht übel, Mrs Washington. Sie sind eine wunderbare Köchin und alles, was Ihre Hände zubereiten, schmeckt köstlich. Aber seit ich auf Ivy Green bin, habe ich schon so viel Kuchen gesehen, dass ich keinen Bissen mehr davon ertrage. Aber wenn ich noch ein wenig Milch haben dürfte?"

„Selbstverständlich. Gerne."

Diesmal schenke ich ein. Die Milch zischt ins Glas und färbt es weiß. Als sie fast über den Rand schäumt, dass ich nicht mehr weiterschütten kann und aufhören muss, erhellt sich plötzlich Miss Annies Gesicht.

„Du liebe Güte, das ist es! Dass ich da nicht selbst drauf gekommen bin. Martha Washington, du bist ja mit allen Wassern gewaschen!"

Mama wirft mir einen verständnislosen Blick zu, aber ich hole rasch einen Lappen und wische einen Spritzer Milch weg, den ich auf den Tisch gekleckert habe.

„Jetzt verstehe ich, was du mit der Milch und dem Kalb und der Kuh meintest. Das ist es! Natürlich." Miss Annie trinkt nicht mehr. Sie redet. „Martha, hör zu, weißt du, was ich denke? Ich denke, du hast in jeder Hinsicht recht: Solange Helen bei ihren Eltern bleibt, ändert sich nie etwas. Man muss sie voneinander trennen. Und weißt du, was ich jetzt mache? Ich gehe zu den Kellers und schlage es ihnen vor. Sie sollen mich mit Helen alleine lassen, am besten zwei, drei Wochen. Wie auch immer wir das bewerkstelligen. Aber mir fällt schon etwas ein."

Miss Annie steht auf. „Danke für die Milch, Mrs Washington! Sie hat mir fraglos gutgetan. Sie hat mich belebt und gestärkt. Das ist genau, was ich jetzt brauche, wenn ich mit dem Captain fechte. Auf Wiedersehen."

Miss Annie geht. Aufrecht und entschlossen, als zöge sie in eine Schlacht, und das wird es auch, eine Schlacht mit dem Captain, der schon viele Schlachten gegen die Leute aus dem Norden ausgetragen, aber die letzte entscheidende verloren hat.

Diese verliert er auch.

Obwohl er gar nicht kämpft. Wider Erwarten stimmt er sofort zu, als Miss Annie darum bittet, mit Helen einige Tage alleine zu sein. „Drei Wochen wären wunderbar", sagt sie. „Damit ich sie besser unterrichten kann."

„Was immer Sie Unterrichten nennen", brummt der Captain. „Es sieht mir eher nach Kindesmisshandlung aus, was Sie mit unserem Kind veranstalten." Trotzdem schmiedet er umgehend Pläne.

Es ist merkwürdig mit ihm. Erst verteidigt er seine Tochter, als dächte er, Helen bestünde aus Zucker und Miss Annie sei ein Gewitter, das Helen auflöst, weil sie nass davon wird. Jetzt könnte man fast glauben, er wäre erleichtert, dass Helen ein paar Tage fort ist. Während er seinen wunderbaren Plan verkündet, grinst er geradezu spitzbübisch.

„Sie ziehen mit Helen ins Gartenhaus, das fußläufig zum Haupthaus liegt. Wenn wir die Möbel umstellen und vorher eine Zeit lang querbeet durch die Gegend fahren, wird Helen nicht wissen, wo sie ist, wenn wir dort eintreffen. Sie wird glauben, sie wäre woanders, trotzdem können wir sie jeden Tag sehen."

„Aber so, dass sie es nicht merkt", sagt Miss Sullivan schnell. „So, dass sie es nicht merkt", stimmt der Captain zu. „Und sagen wir zwei Wochen. Drei sind zu lang, das denkst du doch auch, Katie, nicht wahr?"

Mrs Keller nickt, und damit ist es ausgemacht. Fehlt nur noch ein Händedruck, damit es besiegelt ist, doch den sparen sie sich. Miss Annie ist in das Revier des Captains vorgerückt, das ist so klar, als stünde es gedruckt in Captain Kellers Zeitung, langsam zwar, aber beharrlich, Schritt für Schritt, und vielleicht ist es auch der erste Schritt für Helen in jene Freiheit, von der sie immer alle reden.

„Übrigens, Martha", wendet sich Mrs Keller plötzlich an mich, „du gehst mit und sorgst dafür, dass Miss Sullivan und Helen auch im Gartenhaus alles haben, was sie brauchen. Und nun lauf und fang schon damit an. Trag ihre Sachen rüber!"

EIN BUCH FÜR WÖRTER

Ich sehe mich um. Was ist wichtig? Kleider, nehme ich an. Röcke, Strümpfe, Schuhe. Helens Stiefel. Die Waschschüssel und ein paar Tücher, damit sie sich abtrocknen können.

Schon den ganzen Nachmittag laufe ich hin und her, seit die Kutsche mit Helen und ihren Eltern vom Hof verschwunden ist.

Der Plan ist so schlicht wie überzeugend: Sie tricksen Helen einfach aus. Das Gartenhaus liegt nur einen Steinwurf entfernt zum Haupthaus, ist aber durch ein Spalier aus Rosen und einer niedrigen Buchsbaumhecke davon getrennt. Fährt man mit Helen ein paar Stunden durch die Landschaft und liefert sie danach am Gartenhaus ab, wo Percy schon die Möbel verrückt hat, wird Helen gar nicht merken, dass sie fast wieder in ihrem alten Zuhause angekommen ist.

Percy lacht darüber.

„Was für ein Aufwand für einen Poltergeist! Sie wird sowieso alles zertrümmern, wenn sie angekommen ist." Percy ist schon fertig mit seiner Arbeit, und die Kellers sind fort. „Spiel lieber mit uns Crack-the-Whip, solange der Captain nicht da ist."

Aber das geht nicht. Ich habe etwas gutzumachen. Der Umzug war immerhin fast so etwas wie mein Vorschlag. Er ist auf meinen Mist gewachsen, wie Percy sagen würde, oder wie es Mama ausdrückt: Die Suppe, die man kocht, muss man auch auslöffeln. Und ich bin noch lang nicht fertig, es fehlen noch so viele Sachen, die ich ins Gartenhaus räumen muss, obwohl ich schnell bin. *Keine läuft so schnell wie du.* Auf dem Schreibtisch liegt ein Stapel mit Papier, darauf ein Stift, daneben das Fässchen mit der Tinte und ein Buch. Was mache ich damit? Das Buch wiegt schwerer als Vineys Bügeleisen, wenn man es mit Kohle füllt. Was fängt Miss Annie nur mit solch einem Brocken an?

„Das brauche ich." Auf einmal steht Miss Annie hinter mir im Zimmer. „Das Wörterbuch musst du unbedingt einpacken!"

„Das Wörterbuch?"

„Ja, das ist ein Buch für Wörter. Es verrät dir, wie man die Wörter schreibt."

„Wie man sie schreibt?"

Miss Annie sieht mich an und auf einmal flackert es in ihren Augen, als verstünde sie etwas über mich, das sie bisher nicht gewusst hat. „Du kannst nicht schreiben, Martha, nicht wahr?"

Was denkt sie sich? Die meisten Kinder auf der Plantage können nicht schreiben, mal abgesehen von Percy mit seiner Handvoll mühsam zusammengeklaubter Buchstaben. Aber wenn Percy liest, was er nicht gerne macht, klingt es, als hätte er ein paar Kieselsteine verschluckt. Und nun erklärt mir die Lehrerin, dass sie Wörter in einem Buch nachschlägt, um herauszufinden, wie man diese Wörter schreibt, obwohl sie andauernd auf ihren Blättern herumkratzt mit ihrem Füller?

Miss Annie scheint mir meine Gedanken anzusehen. „Ich verrate dir mal was", sagt sie.

Ich zucke zusammen. Immer, wenn Erwachsene sagen, sie verraten einem mal was und sich auch noch vertraulich zu einem herabbeugen, als wäre man der dickste Freund, folgt meistens eine Belehrung. Aber Miss Annie belehrt mich nicht. Sie sagt: „Ich war auch mal so alt wie du und konnte nicht lesen. Ich war sogar schon 14 und konnte immer noch nicht lesen. Niemand hat das gestört, es hat auch niemanden gekümmert, was einmal aus mir werden würde. Bestimmt säße ich bis heute im Armenhaus von Tewksbury, wäre es nach ihnen gegangen. Aber eines Tages schickte die Stadt eine Kommission ins Armenhaus. Die Beschwerden über die Missstände waren offenbar zu laut geworden und zu den Behörden durchgedrungen. Ich war fast blind, aber ich warf mich ihnen entgegen. Als sie schon durchs Tor wollten, hängte ich mich an Mister Sanborns Rockzipfel. ‚Mister Sanborn‘, rief ich, ‚holen Sie mich hier raus, ich will auch zur Schule gehen. Befreien Sie mich!‘“

Befreien? War Miss Annie denn eingesperrt? Ich mustere sie verstohlen. Miss Annie hat die Brille abgenommen und knetet ihre Augen. Rot sind sie, schon wieder, immer sind die Augen rot, als hätte sie geweint. Aber vielleicht ist sie auch nur müde. Sie setzt die Brille wieder auf.

„Das hat Mister Sanborn auch gemacht. Er hat mich aus dem Armenhaus geholt, aber ich musste warten, und Geduld zählt nicht gerade zu meinen Stärken. Ich war 14, als ich ans Perkins Institute for the Blind kam und zum ersten Mal einen Stift in der Hand hielt. Ich besaß nichts, nicht einmal ein Nachthemd, sie mussten mir sogar eine Zahnbürste geben. Und so ein Wörterbuch, nun, es gibt Regeln, wie man etwas schreibt, das nennt sich Rechtschreibung, und diese Regeln führe ich leider ebenso wenig in meinem Handgepäck wie die Geduld. Es soll ja auch ein anderer verstehen, was man schreibt. Da helfen Regeln schon. Stell dir vor, jeder würde schreiben, wie ihm der Schnabel gewachsen ist. Was gäbe das für ein Durcheinander!"

Ich kichere, weil ich an Percys Kauderwelsch denke. Oder an mein eigenes Gebrabbel.

„Siehst du", sagt sie. „In diesem dicken Buch schlage ich nach, wie etwas geschrieben wird, denn manche Wörter sind ganz schön schwer, fast so schwer wie dieses Buch."

Sie blättert ein paar Seiten um und hält sie mir hin. Aber ich erkenne nur schwarze Striche auf weißem Papier. Ich kann nicht lesen und ich kann nicht schreiben, das weiß sie doch, aber dann rutscht es mir raus, obwohl ich es gar nicht hatte sagen wollen: „Ich will auch schreiben lernen, aber Mama sagt, dass ich Klöße kneten soll."

„Ach, sagt sie das? Warum denn das?"

„Weil Bäuche immer leer werden und man sie wieder füllen muss."

„Damit hat deine Mutter allerdings recht." Sie kneift sich die Nasenwurzel, wie ich es nun schon häufiger an ihr beobachtet habe. Ich glaube, sie macht es, wenn sie nachdenkt. „Aber weißt du was? Ich würde auch keine Klöße kneten wollen."

Sie sieht mich an. Ihr Blick ist jetzt ganz klar, als hätten sich ihre Augen beruhigt. „Als ich ans Institut kam, konnte ich nicht lesen und ein paar Jahre später beendete ich die Schule als Jahrgangsbeste. ‚Was sollen wir nur mit dir machen, große Annie?', fragten sie. ‚So schlau, aber wie willst du mit Schläue Geld verdienen, halbblind, eine Waise und obendrein noch als Frau?' Sie meinten, ich solle Topflappen häkeln!" Miss Annie schnaubt. „Da haben sie die Rechnung mit der Falschen gemacht. Lieber haue ich Pflastersteine für die Straßen des Königs, als dass ich ein Schnupftuch sticke!" Sie sagt es mit einer so plötzlichen Heftigkeit, dass ich zusammenzucke. „Auch deshalb bin ich hier. Verstehst du, Martha? Ich möchte unterrichten. Nicht Klöße kneten. Keine Topflappen häkeln. Ich möchte, dass Helen ihre Gedanken ausdrückt."

„Gedanken ausdrücken?", frage ich. „Was ist das?"

„Sagen, was man denkt. Oder eben: es aufschreiben. Das ist auch wie reden, nur, dass man es sehen kann und es bleibt. Man macht es, wenn man Briefe aufs Papier tuscht. Oder miteinander redet. So wie wir beide jetzt. Aber nun haben wir schon fast zu lange geredet. Bestimmt kommen sie bald an und wir sind immer noch nicht fertig! Deshalb beeil dich, nimm die restlichen Sachen und trag sie rüber ins Gartenhaus. Und vergiss nicht das Wörterbuch, damit ich auch dort meine Briefe schreiben kann und nicht so viele Fehler mache." In der Tür dreht sie sich um. „Und denk auch an ihre Puppen! Helen soll auch im Gartenhaus etwas zum Spielen haben."

Ich komme mit. Aber nicht als Spielgefährtin. Das ist klar. Ich reiche ihnen nur das Wasser.

NICHTS EIGENES

Im Gartenhaus stehe ich zum ersten Mal an diesem Tag still. Ich habe die vielen Dinge, die Miss Annie für wichtig hält, hergetragen. Das Briefpapier liegt auf einem Tisch in der Mitte des Raums. Es ist noch weiß und leer, wird sich aber bald mit ihren seltsamen Zeichen füllen. Sie nennt sie Buchstaben, dabei sind sie nichts anderes als ihre Gedanken. Daneben liegen Miss Annies Tintenfass, der Füller und das Wörterbuch, das so viel wiegt, dass ich dafür extra gelaufen bin, weil ich nichts anderes mehr tragen konnte.

Helen ist noch nicht angekommen. Miss Annie sitzt auf der Veranda. Sie ist anwesend und doch nicht da. Manchmal steht sie auf und tippelt ein paar Schritte über die Veranda. Die Dielen knarren unter ihren Tritten. Dann setzt sie sich wieder und streicht den Rock glatt. Dann steht sie wieder auf. Sie hat mich vergessen, sie bemerkt mich nicht einmal.

Für die Puppen musste ich viermal laufen, Helen besitzt zu viele, als dass ich sie auf einmal in meinen Armen tragen könnte. Ich setze sie in den Erker mit den bodentiefen Fenstern, durch die die Sonne den Raum mit Licht durchflutet, ihre zerfledderte Nancy neben die edle Perkins-Puppe mit dem Kopf aus Porzellan. Ich lege ihnen die reglosen Arme in den Schoß. Und während ich alles herrichte, damit Helen gleich etwas zum Spielen vorfindet, wenn sie ankommt, fällt mir auf, dass ich überhaupt nichts für mich ins Gartenhaus getragen habe, obwohl ich nun auch hier wohnen werde, immerhin zwei Wochen. Aber als ich weiter darüber nachdenke, stelle ich als Nächstes fest, dass ich gar nichts habe, das ich für mich ins Gartenhaus hätte tragen können. Ich besitze nichts außer meinem Kopfkissen und der Locke darunter, die streng genommen gar nicht mir, sondern Helen gehört.

Als hätte der Himmel meine Gedanken belauscht, fällt ein Sonnenstrahl durchs Fenster und betupft Miss Annies Briefpapier, dass es hell auffunkelt. Und dann mache ich, was ich immer mache: Ich reiße mich zusammen und laufe zur Pumpe und hole Wasser, weil das noch fehlt. Ich brauche es für die Waschschüssel, damit sich Helen waschen kann, falls sie sich waschen will, wenn sie kommt, und zum Trinken, falls sie etwas trinken will. Ich fege die Stube, damit Helen nicht einstaubt, wenn sie mit den Puppen spielt und dabei auf dem Boden sitzt. Zu guter Letzt laufe ich zu Mama in die Küche, weil Menschen immer Hunger haben und etwas essen müssen und Helen bestimmt Hunger hat, wenn sie ankommt, weil ihr Bauch ja trotzdem immer wieder leer wird, egal, wo sie jetzt wohnt.

Das sieht Mama ähnlich. Als ich in die Küche platze, stapelt sie gerade Pfannkuchen auf einen Teller, ein kleiner schiefer wackeliger Turm aus fingerdicken Fladen mit Marmelade dazwischen. „Ich hab dich schon erwartet", sagt sie. „Unser Wirbelwind wird Hunger haben, wenn sie nach der Spazierfahrt ankommt. Trag mal rüber!" Und sie schichtet noch ein paar Scheiben Kuchen auf ein Tablett. „Kuchen braucht sie natürlich auch."

Ich schwanke schon, trotzdem mustert mich Mama noch unzufrieden.

„Etwas fehlt", sagt sie und legt den Kopf schief.

„Was soll denn fehlen?", sage ich. „So viel kann selbst Helen nicht essen, wie ich jetzt schon trage."

„Es war nichts zum Essen und auch nichts für Helen. Doch was könnte es sein?" Mama kratzt sich am Kopf. Dann tippt sie sich an die Stirn. „Natürlich. Warte, ich bin gleich wieder da!" Sie verschwindet in der kleinen Kammer nebenan. Mit dem Quilt unterm Arm kommt sie wieder. „Du brauchst doch etwas, in das du dich einwickeln kannst. Für die Nächte. Gegen die Kälte."

Und ich denke: und die Einsamkeit.

Sie legt mir den Quilt um die Schultern und drückt mir außerdem einen Kuss auf die Wange. Dann schiebt sie mich zur Tür: Meine Arbeit im Gartenhaus fängt an.

UNTER EINER DECKE

Als die Kutsche vorfährt, meine ich, Miss Sullivans Herz bis in meine Ecke klopfen zu hören. Ich habe Mamas Quilt über die Schwelle zu der kleinen Seitenkammer gebreitet und mich darauf gelegt. Helens Eltern führen Helen ins Gartenhaus. Neugierig tastet sich Helen durch das Zimmer. Sie scheint es nicht zu erkennen. Als sie ihre Puppen findet und anfängt, alle einzeln abzutasten, bittet Miss Annie ihre Eltern, zu gehen.

„Das ist die Gelegenheit. Beeilen Sie sich bitte, ehe Helen Ihre Abwesenheit bemerkt."

Mrs Keller zögert. Doch diesmal legt ihr der Captain den Arm um die Schulter und führt sie hinaus. Ein kurzer Pfiff, Belle trottet hinterdrein.

Miss Annie schließt die Tür. Sie lehnt sich dagegen. „Da wären wir also, nur wir drei, mal sehen, was geschieht."

Zunächst geschieht nicht viel.

Bis Helen Nancy unter ihren vielen Puppen entdeckt. Sie will die Puppe ihrer Mutter zeigen. Stattdessen stößt sie mit Miss Annie zusammen.

Helen schreckt zurück, als hätte sie sich an Miss Annie verbrannt. Sie streicht sich über die Wange, noch mal, immer wieder. Miss Annie sieht mich fragend an.

„Es ist ihr Zeichen für Mutter."

Es ist so offenkundig, dass es wehtut: Helen vermisst ihre
Mutter. Ihre Mutter ist nicht mehr da. Helen stolpert durch das
Zimmer. Ihre Arme rudern durch die Luft, wie Fühler in den
Raum gestreckt.

„Am besten lassen wir sie erst mal in Ruhe", sagt Miss Annie.
„Dann beruhigt sie sich schon wieder." Aber sie bleibt doch vor
der Tür stehen, als hätte sie Angst, Helen könnte ihr entwischen.
Sie fasst sie auch nicht an und hält sich von ihr fern. So geht
es den ganzen Abend lang, auch wenn Miss Annie irgendwann
nicht mehr an der Tür steht, sondern am Tisch sitzt und Briefe
schreibt. Das ist klug von ihr, ich bin mir sicher, Helen würde ihr sonst wie eine Wildkatze an die Gurgel springen und die
ohnehin schon empfindlichen immerzu tränenden Augen restlos
zerkratzen.

Nur kurz horcht Helen auf, als sie mich bemerkt. Aber es
bedeutet ihr nichts. Ich bedeute ihr nichts. Sie bevorzugt Nancy,
die sie nicht loslässt. Was ich ihr nicht übel nehme. Mit der Puppe kann Helen machen, was sie will. Sie ist auch nicht so unbe-
rechenbar wie die Menschen, die mal kommen und mal gehen,
ganz wie es ihnen passt.

Helen kauert in dem kleinen Erker auf dem Boden und wiegt
Nancy, als wollte sie die Puppe trösten, dabei sieht sie selbst aus
wie ein verlassenes Kind, das Trost benötigt. Nichts ersetzt ihr
die Geborgenheit von Ivy Green, und es ist niemand da, der sie
beruhigen kann, auch ich nicht. Ich bin nicht die Mutter, die sie
sucht. Ich bin auch nicht der Schlüssel zur Welt.

Helen sitzt am Boden, Miss Annie sitzt am Tisch und ich sehe beiden zu. Den ersten Abend im Gartenhaus verbringen wir wie Fremde, die einander nichts zu sagen haben.

Nicht einmal als es dämmert, beginnt Miss Annie mit ihrem Unterricht, obwohl wir dafür eigens hergekommen sind. Selbst die Pfannkuchen liegen unberührt auf Mamas Teller. Doch wir sind inzwischen alle müde. Sogar Miss Annie gähnt. Es ist dunkel, als sie mich zum Schlafen auf den Quilt schickt und das Bett für sich und Helen herrichtet.

Im Gartenhäuschen gibt es zwei Räume, einen kleinen winzigen, der mehr einer Abstellkammer gleicht, in dem schlafe ich, und einen größeren, geräumigen mit dem gemütlichen Erker, in dem Helens Spielsachen liegen. Ich habe sie aufgeräumt. Die Puppen sitzen wieder artig in einer Reihe, die Hände in den Schoß gelegt. In der Mitte steht ein Tisch mit drei Stühlen, an dem Miss Annie Helen unterrichten wird, spätestens morgen, wie sie sagt. An die Wand gerückt steht das Bett, in dem Miss Annie mit Helen schlafen wird, das Einzige im Gartenhaus, und es ist jetzt schon klar, dass das nicht klappt. Wie soll das gehen, zwei Hitzköpfe unter einer Decke zu vereinen?

Es ist die erste Nacht, in der ich ohne Mama schlafe. Allein in meinem eigenen Bett, auch wenn mein Bett genau genommen nur der Quilt auf einem schmalen Flecken Boden ist. Erst wusste ich nicht, ob mir das gefällt. Aber jetzt bin ich froh, dass ich mein eigenes Plätzchen habe. Weil der Quilt so groß ist, liege ich halb darauf, halb habe ich ihn mir über die Ohren gezogen. Denn nebenan tobt ein Kampf.

Helen liegt schon im Bett, vielleicht schlummerte sie sogar schon, als sich Miss Annie neben sie legt. Helen tritt sofort zu. Sie schlägt. Sie kratzt. Sie beißt. Sie kreischt und quiekt. Sie schreit, als wäre der Leibhaftige zu ihr unter die Bettdecke gekrochen. Denn auch die Bettdecke gibt es nur einmal.

Ich wickele mich enger in Mamas Quilt. Auf einmal denke ich wieder an die Wanderdrossel. Mama hat ein Tuch vor das Fenster gehängt. Seitdem ist es in der Küche dunkel, aber der Vogel hat aufgehört, gegen sein eigenes Spiegelbild zu kämpfen. Es ist sowieso sinnlos. Vielleicht muss man Helen auch in eine Decke hüllen?

Allmählich verebbt der Krach. Die beiden lassen voneinander ab, ob aus Erschöpfung oder weil sich Helen letztlich fügt und Miss Annie im selben Bett neben sich schlafen lässt, wer könnte das sagen? Endlich ist es still im Gartenhaus von Ivy Green, und dann höre ich die beiden atmen. Zwei Atem nebeneinanderher, der eine hastig und schnell, der andere langsam und ruhig.

Auch mir fallen die Augen zu. Ich schlafe ein.

HUNGRIG

Als ich aufwache, fühlen sich meine Knochen an, als hätte ich auf Steinen gelegen, und doch rappele ich mich als Erste hoch. Miss Annie und Helen schlafen noch, jede an den äußersten Rand des Betts gerückt, erschöpft von ihrem nächtlichen Kampf. Die Decke liegt zwischen ihnen wie eine Wiese, die keine von ihnen betreten darf.

Auf Zehenspitzen schleiche ich mich hinaus. Ich muss mich beeilen und ihnen das Frühstück bringen. Und natürlich brauchen sie Wasser, um sich zu waschen. Ich laufe zur Pumpe und spritze mir mit ein bisschen Wasser den Schlaf aus den Augen. Ich pumpe Wasser für die Waschschüssel. Ich schleppe es ins Gartenhaus. Dann laufe ich zu Mama in die Küche. Auch ihr bringe ich einen Eimer mit Wasser.

Eben schabt sie eine Fuhre Rührei auf einen Teller. Auf einem Tablett steht eine Schale mit Obst, Butter, Brot und Marmelade. Sogar Blutwürste hat Mama gemacht.

Viel Zeit bleibt uns nicht. Trotzdem nimmt sie mich in den Arm.

„Wie war die Nacht? Hast du gut geschlafen?"

Ich schnuppere den Duft, der in ihrer Schürze hängt. Mama ist eine Vorratskammer an Düften. Sie speichert alle Gerüche des Tags. Jetzt rieche ich die verkohlte Asche aus dem Herd, frisch gemahlenen Kaffee für Miss Annie, süße sämige Milch für Helen, zerlassenen Butterschmalz und natürlich Kuchen, den sie auch schon wieder backt wie jeden Tag, und nicht zu knapp.

Mama löst sich aus der Umarmung.

„Ich muss noch Klöße kneten", sagt sie, „die gibt es heute Mittag."

Sie bröselt Brot in eine Schüssel, schlägt Eier dazu, rührt alles um. Ich stehe daneben und schaue ihr zu.

„Wie geht es der Lehrerin?", fragt sie, während sie weiterknetet, „hat ihr Helen schon die Augen ausgekratzt?"

„Nein, noch nicht", sage ich, „sie trägt zum Glück ja meistens ihre Brille."

„Und die Zähne? Sind die Zähne noch in ihrem Mund?"

„Alle bis auf den kaputten."

„Das ist gut. Dann wird sie sich nicht über ein herzhaftes Frühstück beschweren. Brei hab ich nämlich keinen gemacht. Ich koch ja nicht für zahnlose Greise." Wir grinsen beide. „Aber nun lauf zum Gartenhaus! Sie warten sicher schon auf dich und werden hungrig sein!"

Das glaube ich auch. Zumindest mein Magen knurrt inzwischen wie Belle, wenn ich sie ärgere, weil ich so tue, als wollte ich ihr den Knochen wegnehmen. Ich freue mich auf das Frühstück und hoffe, dass ich etwas abbekomme. Doch als ich eintrete, stolpere ich beinahe über einen Schuh. Der Boden ist übersät mit Kleidern. Helens Stiefel, ihre Socken, ihr Rock, alles, was ich gestern erst fein säuberlich zusammengelegt hierhergetragen habe, kullert querbeet durcheinander wie auf einer bunten Blumenwiese, und Helen hockt mit gesenktem Kopf als baumelnde Glockenblume mittendrin. Sie trägt immer noch ihr Nachthemd und schmollt.

Miss Annie nimmt mir das Tablett ab. Sie stellt es auf den Schrank. „Frühstück gibt es erst, wenn sich Helen angezogen hat."

Es sieht nicht so aus, als ob das bald der Fall wäre. Helen weiß genau, was Miss Annie von ihr will. Aber sie denkt nicht daran, ihr den Gefallen zu tun. Ein Wille gegen den anderen und beide sind gleich stur. Ziehen sie in verschiedene Richtungen, geht es nicht voran. Manchmal erzählt mir Percy von den Pferden, die er vor den Pflug spannt, um den Acker umzugraben. Mit Lise und Anton geht es nicht, mit Olli und Molli schon. „Wenn zwei nicht miteinander klarkommen, kommst du nicht voran", sagt er. „Eher landest du im Graben."

Genauso sieht es jetzt hier aus. Ohne Frühstück im Magen, mit zerzausten Haaren und Schlafkörnchen in den Augen wendet sich Helen ihren Puppen zu. Miss Annie schert sich nicht darum. Sie setzt sich an den Tisch wie am Abend zuvor, kramt ein Blatt Papier hervor und schreibt. Immer schreibt sie, wenn sie nichts anderes zu tun hat. Die Feder schabt über das Papier und füllt es mit dem, was Miss Annie Buchstaben nennt. Worte. Immerzu Worte. Ich sehe ihr zu und wundere mich. Wie viele Worte kann ein Mensch in sich anstauen, dass er sie unablässig auf ein Stück Papier träufeln lassen kann, ohne auch nur einmal abzusetzen? Ein Mensch ist doch kein Fluss, auch wenn Percy behauptet, schriebe einmal einer alle meine Gedanken auf, ergäben sie so viele Bücher, dass die Regale in sämtlichen Kellerschen Zimmern darunter zusammenbrächen. Darüber musste ich sehr lachen. Denn wenn das wirklich jemand tun würde, was niemals geschehen wird, könnte ich meine eigenen Bücher nicht lesen, weil ich gar nicht lesen kann.

Wieder ist es wie am Abend zuvor:

Niemand beachtet mich.

Niemand achtet auf mich.

Vielleicht könnte ich mit Helen spielen. Aber wenn ich sie anfasse, zerreißt sie mir bestimmt das Tuch, das zwar nicht schön ist, aber immerhin meinen kahlen Kopf bedeckt. Außerdem ist Miss Annie da. Sie ist Helens Lehrerin. *Und du, Martha, bringst ihr, was sie braucht.* Das ist meine Aufgabe. Ich bin nur die Bedienstete. Das Zimmermädchen. Aber es gibt nichts, was sie jetzt brauchen. Zum zweiten Mal, seit wir im Gartenhaus sind, weiß ich nicht, was ich mit mir anfangen soll. Ich habe nichts zu tun.

Helen spielt mit ihren Puppen.

Miss Sullivan schreibt einen Brief.

Es ist, als wäre ich Luft für sie. Luft, die um sie sein soll, ohne aufzufallen. Wie ein Möbelstück.

Schließlich lege ich mich auf den Quilt und puste die Staubflöckchen aus den Ritzen zwischen den Eichenbrettern. Die Zeit tropft dahin. Draußen höre ich die anderen lachen. Ich glaube, sie spielen Crack-the-Whip. Percys Stimme tönt am lautesten. Ich mag es, wenn er lacht. Dann biegt sich seine schiefe Nase noch schiefer in sein Gesicht und es ist, als würde er mich fragen: Na, Nosy, alles gut bei dir? Ich wäre jetzt gerne dort draußen bei ihm und würde mitspielen. Ich würde auch Mama helfen. Alles ist besser, als hier rumzuliegen. Mama hätte bestimmt eine Aufgabe für mich. Ich könnte Zuckerschoten für sie knacken, Kartoffeln schälen, den Herd ausfegen. Ich würde sogar Klöße kneten. Aber das kommt nicht in Frage. Miss Annie erlaubt es nicht. Sie sagt es nicht, aber der Rücken, den sie mir zukehrt, während sie schreibt, spricht Bände. Es ist ein unüberhörbares Du-bleibst-da-weil-ich-es-so-will, auch ohne Stimme. Das war schon immer so. Bevor sie kam, war es so, so wird es bleiben. Ich soll da sein, ohne da zu sein. Ich bin der Schatten, der an Helen hängt. Doch weil sich Helen nicht bewegt, falle ich in mich zusammen.

Oder liegt es daran, dass Helen mit einem Mal nicht mehr im Licht steht, weil sich niemand um sie kümmert? Wo keine Sonne scheint, gibt es auch keinen Schatten. Denn auch ihr dreht Miss Annie ungerührt den Rücken zu und schreibt ihre Briefe, als schmollte Helen nicht in ihrem Nacken. Könnte es sein, dass es das ist, was Miss Annie mit Jetzt-beginnt-ihre-Erziehung meinte?

EINGESPONNEN

Die Zeit ist ein Gummiband. Ich wusste nicht, dass sie sich dehnen kann wie die Melasse, das klebrige Zuckerzeug, das Mama aus den Töpfen zieht. Doch genau das macht sie. Der Vormittag scheint nicht zu enden. Ich liege auf Mamas Quilt. Erschöpft vor lauter Nichtstun, döse ich immer wieder ein, nur um wieder hochzuschrecken. Ich spähe zum Fenster, vor dem sich nur der Himmel ändert. Wolken ziehen vorüber. Die Sonne klettert höher. Sie steigt über die Rosenstöcke, bis sie steil über dem Gartenhaus steht.

Die Würstchen haben aufgehört zu duften. Vom Kaffee rieche ich auch nichts mehr. Helen brummt vor sich hin, während sie ihre Puppen schaukelt. Miss Annies Feder schabt über das Papier. Mein Magen knurrt. Das ist das ganze Konzert an diesem Morgen Ende März im Jahr 1887.

Alles, aber auch wirklich alles wäre jetzt besser als dieses elendigliche Nichtstun, bei dem ich auf meinen Einsatz warte, bis man mich ruft wie einen Hund, den man in die Ecke geschickt hat, weil er sich daneben benahm. Mein Magen knurrt lauter. Niemand hört es. Niemand stört es. Es war dumm von mir, dass ich mir in der Früh nichts in den Mund gesteckt habe, als ich bei Mama in der Küche war. Was mache ich nur hier? Dann erinnere ich mich: Ich selbst habe Miss Annie den Floh ins Ohr gesetzt, als ich etwas schwafelte von Kälbchen und der Milch, die die Kühe nicht geben, wenn man ihnen die Kälbchen nicht wegnimmt. Nun habe ich den Schlamassel. Es war meine Idee, damit sie Helen erziehen kann. Aber ich hätte nie gedacht, dass Miss Annie macht, was ich sage, und obwohl ich es schon öfters an ihr gesehen habe, habe ich doch nicht damit gerechnet, dass sie derart unnachgiebig ist, fast wie der Captain.

Prompt verdunkelt gegen Mittag sein kantiges Profil das Fensterviereck. Die Sonne scheint, aber ich weiß, dass gleich ein Gewitter auf uns niederprasseln wird.

Miss Annie hat den Captain auch gesehen. Sie springt vom Schreibtisch auf. Das Papier flattert auf den Boden.

„Lenk Helen ab!", raunt sie mir zu. „Sie darf nicht merken, dass ihr Vater da ist. Von mir aus gib ihr den roten Wollfaden, den sie so sehr liebt."

Sie zwängt sich durch den Türspalt dem Captain entgegen, doch der Captain hat schon das Tablett mit dem unangetasteten Frühstück auf dem Schrank entdeckt. Und da ist es, das Gewitter, das ich erwartet habe.

„Was ist das, Miss Sullivan?" Sein Blick ist der Blitz, seine Stimme das Donnergrollen. „Die Eier kalt, der Toast nicht einmal angeknabbert. Es ist längst Mittag und meine Tochter hat noch nicht gefrühstückt?"

„Nun beruhigen Sie sich doch, Helen darf Sie nicht bemerken!" Miss Annie schiebt ihn hinter die Rosenbüsche. Ich presse mein Ohr an die Tür, aber Helen, als wäre sie hellhörig geworden, wirft Nancy auf den Boden und kommt mir nach. Ich fische das Wollknäuel aus Miss Annies Koffer und drücke es Helen in die Hand. Helen stutzt. Sie hält an. Mit dem Wollknäuel in der Hand dreht sie ab.

Ich schiele durchs Fenster. Der Captain und Miss Annie stehen zwischen den Beeten und reden aufeinander ein. Ihre Arme schreiben weite Bögen in die Luft, wobei der Captain mit einem knappen Handschlag eine Rose köpft. Er reißt sich den Hut vom Kopf. Er knetet ihn in der Hand. Schließlich kommen sie zurück zum Gartenhaus. Vor der Tür verabschieden sie sich.

„Zur Südstaatenlady taugen Sie nicht, Miss Sullivan, das kann ich Ihnen versichern", knurrt der Captain. „Aber auf dem Schlachtfeld hätten Sie durchaus eine taugliche Gegnerin abgegeben. Sie wissen sicherlich, was General Lee zu Ulysses Grant sagte, nachdem er die Schlacht bei Gettysburg verloren hatte? Sie konnten nur gewinnen, weil Sie so viele Iren hatten."

Noch einmal schielt der Captain durch den Türspalt. „Wenigstens macht sie inzwischen etwas Nützliches. Das ist erfreulich. Ich empfehle mich!"

Er rückt den Hut zurück auf seinen Schädel mit dem grauen Haar und tippt an die Krempe. Er geht.

Miss Annie wirft die Tür hinter ihm zu. „Geschafft!" Sie seufzt erleichtert auf. Dann schaut sie hoch und seufzt ein zweites Mal. „Was um alles in der Welt ist das?"

Das Zimmer ist in rote Wolle eingesponnen.

Helen hat den Faden von einer Ecke des Raums um jedes Möbelstück zur anderen gezogen. Wir folgen ihm mit unseren Blicken. Fünfmal um die vier Beine vom Tisch, die zwölf von den drei Stühlen, die davor stehen, einmal ums Bett. Das Zimmer gleicht einem Kokon aus roter Wolle, und wir stecken darin wie Raupen. Ob wir als Schmetterlinge wieder herausflattern werden? Wohl kaum.

Miss Annie schlägt sich die Hand auf die Stirn. „Das also meinte der Captain, als er sagte, wenigstens macht sie etwas Nützliches!" Auf einmal fängt sie fürchterlich zu lachen an. Und genauso plötzlich, wie sie damit angefangen hat, hört sie auch wieder damit auf. „Sie sind so schnell zufrieden. Wenn Helen nur isst und sich einigermaßen benimmt, genügt es ihnen schon. Und wenn sie zudem noch Handarbeit macht, schweben sie im siebten Himmel. Das ist das Höchste, das ihnen für Helen denkbar erscheint. Eine gut genährte brave Tochter, die sich kaum von einem abgerichteten mit den Jahren übergewichtig gewordenen Hund unterscheidet. Dabei wissen wir beide, dass so viel mehr in ihr steckt. Helen sollte Geschichten spinnen! Nicht Wolle. Von mir aus Seemannsgarn. Wie mein Vater einst."

Sie fasst nach dem Faden. Helen spürt das leichte Ruckeln und erstarrt. Miss Annie lässt den Faden wieder los, Helen setzt ihre Spinnerei fort. Wenn sie so weitermacht, werden wir über kurz oder lang noch ganz verschwunden sein.

In der unerwarteten Stille wage ich eine Frage. „Mit nützlich meinte der Captain vermutlich, dass Helen Handarbeit macht. Aber was meinte er mit den Iren?"

„Ach, das." Miss Annie legt den Kopf schief, als dächte sie nach. „Das sagte er sicherlich, weil meine Eltern Iren sind. Oder vielmehr waren. Meine Mutter ist gestorben, als ich acht Jahre alt war, und ob mein Vater noch lebt, kann ich gar nicht sagen. Ich habe nichts mehr von ihm gehört, seit ich mit Jimmy ins Armenhaus kam. Während der großen Hungersnot wanderten meine Eltern von Irland nach Amerika aus. Sie nannten es die grüne Insel. Grün ist Irland schon, weil es dort ständig regnet, satt sind sie trotzdem nicht geworden, sie hätten ja Gras essen müssen. Und gewandert sind meine Eltern natürlich auch nicht, sie fuhren mit dem Schiff. Viele Wochen schaukelten sie über den Atlantik mit nichts als Wasser und der Hoffnung auf ein besseres Leben vor Augen. Da hat mein Vater bestimmt eine Menge Seemannsgarn zusammengesponnen. Nach dem ersten Whiskey fröhliche Geschichten, nach dem zweiten traurige, nach dem dritten, tja, nach dem dritten schlug er zu."

Helen ist mit dem Faden bei der Waschschüssel angelangt. Die Waschschüssel wackelt. Wenn sie nur nicht runterfällt! Dann muss ich wieder Scherben auflesen.

Miss Annie hat es auch gesehen. Sie nickt. „Auch deswegen wäre es mir viel lieber, Helen würde Seemannsgarn spinnen als einen einzigen roten Faden wie diesen, und glaub mir, es ist auch alles da. Es steckt in ihren Fingerspitzen. Und in ihrem Kopf." Sie wackelt mit den Fingern, sie tippt sich an die Stirn.

Und ich denke: Schreckliche, kluge Helen, die ihre Gedanken äußern sollte. Stattdessen zieht sie Fäden so lang, dass sie das ganze Zimmer darin einwickeln kann.

Aber da, völlig unerwartet, lässt Helen den Faden los. Unter dem Netz aus roter Wolle sucht sie ihre Kleider und zieht sich an, als hätte es diesen langen Morgen voller Trotz nie gegeben. Den Rock, ihre Socken, sogar die Stiefel mit den feinen langen Schnürsenkeln, weil Viney längst neue eingefädelt hat.

Wir sehen ihr zu und rühren uns nicht, als hätten wir Angst, eine einzige Bewegung könnte ihren Entschluss zum Wanken bringen. Miss Annie sagte, es sei alles da. In ihren Fingerspitzen. Sie hatte recht. Nachdem sich Helen angezogen hat, kämmt sie sich das Haar, sie wäscht sich das Gesicht, und die Waschschüssel fällt nicht um.

„Unser kleiner Schmetterling hat sich entpuppt!", sagt Miss Annie. Sie lacht, und in ihr Lachen, das klingt wie Kuhglöckchen und das Pfeifen des Wasserkessels in einem, mischt sich noch ein Ton. Tief, brummig und sehr ungeduldig, beinahe zornig. Wir hören es beide. Es ist mein Magen, der lauthals aufbegehrt, weil er das Fasten satthat.

„Oh weh, da haben wir wohl jemanden zu lange warten lassen", sagt Miss Annie. „Höchste Zeit, dass wir uns um unsere Bäuche kümmern. Meinst du, du könntest eben zu deiner Mutter flitzen und fragen, ob sie noch etwas zum Essen für uns hat?"

Und ob ich das kann, ich bin schon unterwegs.

PUPPENSPIELER

Percy kennt sich aus. Einmal erzählte er mir von den Zügen, die quer durch das Land rollen, vom Norden in den Süden, von Ost nach West und umgekehrt. Mit ihnen ist auch Miss Annie nach Ivy Green gereist. Percy sieht die Züge jeden Tag, wenn er Miss Annies Post nach Tuscumbia trägt, wo sie gerade den Bahnhof bauen. Sieben Mal musste Miss Annie umsteigen auf ihrer Fahrt von Boston bis hierher, und Rauch und Kohlenstaub der Dampflok hätten ihr die Augen noch kaputter gemacht. Der Mann, der ihr die Fahrkarte verkaufte, gehöre aufgehängt, sie wäre auch bereit, den Henker zu spielen, sagt sie.

Percy sagt, egal, wie viel Rauch, alle Züge rollen auf Schienen, die fest mit der Landschaft verankert sind. Sollen die Züge ihre Richtung ändern, muss man eine Weiche umlegen. Dann rollen sie woanders hin.

Ich stelle mir Helens Kopf vor wie so ein Schienennetz, und die Art, wie sie sich verhält, gleicht einem Zug, der ungebremst auf einer Schiene namens Wirrwarr rollt.

Jetzt kommt es mir so vor, als hätte sich beim Kampf um dieses erste Frühstück eine Weiche umgelegt. Mit einem Mal ist Helen sehr zahm. Sie macht, was Miss Annie von ihr will. Sie hat sich gefügt und sie ist gefügig. Und damit beginnen die Tage im Gartenhaus in einem Gleichmaß abzuschnurren, wie ich es bisher nur kenne von jener Uhr, die Miss Annie Helen bei ihrer Ankunft befühlen ließ. Immer im Kreis und wenn der Zeiger einmal rum ist, beginnt es wieder von vorn.

An den Vormittagen macht Miss Annie das, was sie ihren Unterricht nennt. Stets läuft es auf die gleiche Weise ab. Miss Annie legt Gegenstände auf den Tisch, Helen soll sie fühlen. Dann nimmt sie Helens Hand und formt ihre Buchstaben hinein. P-U-P-P-E, B-E-C-H-E-R, M-I-L-C-H, H-U-T. Sie klopft auf Helens Handrücken, Helen soll die Zeichen nachmachen. Meistens gelingt es ihr. Dann bekommt sie ein Stück Kuchen zur Belohnung.

Die beiden lernen, bis die Sonne über dem Gartenhaus glitzert. Das ist mein Signal: Ich flitze los und hole das Mittagessen.

Mama wartet schon auf mich, und ich wanke zurück mit einem vollgeladenen Tablett.

Ist das Wetter schön, essen sie auf der Veranda.

Ich decke den Tisch. Ich kippe Wasser in die Gläser. Sind sie fertig, räume ich den Tisch ab. Ich laufe zur Pumpe und spüle die Teller.

Nach dem Essen ruht sich Miss Annie aus. Sie legt sich aufs Bett und schließt die Augen. Das ist wichtig. „Wenn ich sie nicht wenigstens ein bisschen zumache, sehe ich bald gar nichts mehr", sagt sie.

Deshalb kümmere ich mich in der Zeit um Helen, damit Miss Annie sich erholen kann. Manchmal machen wir Handarbeit. Mit einer Nadel zieht Helen den Faden durch die Karten mit den Löchern. Sie sticht sich nie. Ich dagegen pikse mir in die Finger, sobald ich es versuche, weil ich so ungeduldig bin.

Manchmal kämmen wir die Puppen. Manchmal gehen wir raus. Wir spielen Crack-the-Whip mit den anderen Kindern. Aber ich achte darauf, dass ich Helen festhalte, obwohl Percy bettelt: „Nimm meine Hand, Nosy!" Ich lasse Helen nicht mehr los.

Ist Miss Annie aufgestanden, gehen wir spazieren. Helen tastet sich durch den Garten, und alles, was sie anfasst, die samtigen Rosen, die stachelige Buchsbaumhecke, den knorrigen Stamm der Eiche, das kühle Gras, knetet ihr Miss Annie in die Hand. Ihre Namen: Rose. Hecke. Baum. Gras. Ich folge ihnen, ein paar Schritte dahinter, aber in Rufweite. Manchmal wird Miss Annie durstig. Dann renne ich und bringe ihnen ein Glas mit Wasser.

Die Tage verrinnen so gleichförmig wie der Wasserstrahl, wenn ich den Schwengel der Pumpe auf- und abschwinge. So eintönig verhält sich auch Helen. Richtet ihr Miss Annie morgens die Kleider, zieht sie sich ohne zu zetern an. Sie kämmt sich das Haar. Sie isst mit einem Löffel. Der Löffel fliegt nicht gegen die Wand. Die Serviette liegt auf ihrem Schoss und fällt nicht runter. Sie tupft sich die Lippen, faltet die Serviette und legt sie neben den Teller, wenn sie fertig ist. Ich lese keine Scherben mehr auf. Ich habe überhaupt recht wenig zu tun. Ich bringe ihnen das Essen. Ich wasche ab. Ich fege die Stube. Ich hole frisches Wasser, das dreckige aus den Waschschüsseln schütte ich weg. Aber oft liege ich auf Mamas Quilt an der Türschwelle und sehe ihnen zu. Sie sitzen am Tisch und lernen. Helens Finger fliegen, es sieht aus, als würden sie tanzen. Aber obwohl Helen meistens alles richtig macht, freut sich Miss Annie nicht.

„Sie hat immer noch nicht verstanden, dass alle Dinge einen Namen haben", sagt sie. „Ich lege einen Schatz in ihre Hände, aber sie erfasst ihn nicht."

Obwohl sie Helen erziehen wollte und Helen inzwischen brav ist, ist sie nicht zufrieden.

Seltsamerweise geht es mir ähnlich.

Ich erkenne kaum mehr das ungezügelte Mädchen von einst, das mir noch vor wenigen Tagen meine Zöpfe abschnitt. Nicht, dass ich das vermisse, aber Helen erinnert mich nun eher an eine ihrer Puppen, mit denen sie macht, was sie will. Selbst die Suppe löffelt sie lustlos, als stünde hinter ihr ein unsichtbarer Puppenspieler, der ihre Arme führt. Dabei hat ihr Essen immer solchen Spaß gemacht. Ich bin bestimmt nicht wehmütig oder trauere ihren Ausbrüchen hinterher, frage mich aber schon, wo die alte Helen hin verschwunden ist.

Miss Annie stützt das Kinn in ihre Hand und sieht zu, wie Helen den Faden durch die Karte zieht.

„Ich wollte keinen abgerichteten Hund aus ihr machen", sagt sie. „Doch genau darin liegt die Schwierigkeit: Wie erziehe ich sie, ohne ihren Geist zu brechen?"

Das klingt seltsam. Als wäre Helens Kopf einer von den Zweigen, die ich abends knacke, um sie in den Kamin zu werfen. Die Tage sind warm, taucht aber die Sonne hinter die Rosenbüsche, wird es kühl im Gartenhaus. Was soll ich ihr antworten?

Sie hat es ohnehin nicht zu mir gesagt. Sie spricht mal wieder mit sich selbst, das macht sie oft, als gäbe es mich nicht, und Helen kann sie sowieso nicht hören. Ich bin mir sicher, solche Gedanken schreibt sie auch in ihre Briefe, die sie in den Nächten beim flackernden Schein der Petroleumlampe aufs Papier kritzelt, Briefe, die Percy morgens zur Post tragen muss.

„Was steht drauf, verrat es mir!", bettel ich. „Wohin schickt sie ihre Briefe?"

Aber Percy zuckt mit den Schultern, er kann es auch nicht genau sagen. Er kennt nur die paar armseligen Buchstaben, die sein Vater einst von einem Onkel lernte, der sie wiederum von einem Prediger beigebracht bekam, als der vor langer Zeit durch Alabama tingelte. Kein Wunder, dass Percys Lesekünste mehr als dürftig sind, ein bisschen weiß er aber schon. Wir beugen uns über den Umschlag mit Miss Annies krakeliger Schrift. Die Buchstaben ragen steif nach oben, als hätte Miss Annie sie mit dem Kamm in die Luft gebürstet.

„Siehst du, hier!", sagt Percy. Er versucht es. Er erklärt es mir. Das B sieht aus wie Vineys Po, wenn sie sich beim Wäschewaschen über den Zuber beugt. Das O ist ein Kreis, zwei Arme, die sich schließen. Das S schlängelt sich wie eine Schlange durch den Staub. Das T ähnelt Percys Messer, wenn er eine Wurst aufspießt. Wieder folgt ein O: Mamas gespitzte Lippen, wenn sie mich küsst. Den letzten Buchstaben, den Miss Annie auf den Briefumschlag geschrieben hat, kennt Percy nicht.

„Bosto", liest er. Er liest langsam, als kröchen Schnecken, nicht Buchstaben aus seinem Mund. Dann gibt er auf. „Dorthin schreibt sie ihre Briefe. Du musst sie schon selbst fragen, wenn du's genauer wissen willst! Du bist doch sonst nicht auf den Mund gefallen."

Percy hat gut Reden. Wie soll ich sie denn fragen? Ich kann mich doch schlecht vor Miss Annie stellen und sagen: „Versuchen Sie es doch einmal mit mir! Bitte bringen Sie mir Lesen bei."

Nein, wirklich, das geht nicht.

Reden ist einfach. Machen ist schwer.

Aber dann kommt die Nacht. Und am nächsten Morgen ist nichts mehr, wie es zuvor war.

SCHMETTERLINGE IM GEFÄNGNIS

Auch die Nächte sind ruhiger geworden. Es mag Helen nicht gefallen, dass Miss Annie neben ihr schläft, aber sie duldet es zumindest, dass sie zu ihr unter die Bettdecke schlüpft, auch wenn sie jedes Mal weit an den Rand rückt. Selbst wenn sie schon schlummert, schafft Helen noch einen Abstand zwischen sich und ihre Lehrerin. Obwohl Miss Annie den ganzen Tag Helens Hand hält, darin herumtätschelt und Buchstaben hineinknetet, könnte die Kluft zwischen den beiden kaum größer sein.

Das Feuer im Kamin ist erloschen. Es ist dunkel. Es ist spät. Helen schläft. Ich liege auf Mamas Quilt. Nur Miss Annie sitzt beim Schein der Petroleumlampe und kritzelt einen Brief. Ihren Augen tut das sicherlich nicht gut; man muss sich schon sehr anstrengen, wenn man jetzt noch etwas erkennen will.

Ich bin müde. Schlafen kann ich trotzdem nicht, es ist zu laut. Es ist nicht wie in der ersten Nacht, als Helen tobte und um sich schlug, aber wieder machen die zwei Krach, obgleich jede für sich: Miss Annie mit ihrem kratzenden Füllfederhalter auf dem Papier und Helen, weil sie sich im Bett hin- und herwälzt und wimmert.

Sie ist schon schlecht eingeschlafen. Vielleicht plagen sie wieder ihre fürchterlichen Albträume. Sie fuchtelt mit den Armen, als kämpfte sie gegen unsichtbare Geister. Sie strampelt mit den Beinen. Die Decke rutscht auf den Boden. Ich rapple mich hoch und hebe die Decke auf. So behutsam wie möglich, damit ich sie nicht wecke, lege ich die Decke um Helen. Ich decke Helen zu. Miss Annie sieht von ihrem Brief auf. Sie schaut mich an. Sie nickt mir zu. Vielleicht will sie Danke sagen. Sie sagt es aber nicht.

Helen seufzt und gräbt sich tiefer in die Decke, und mit einem Mal geht ihr Atem ruhig und gleichmäßig, als wäre sie nie aufgewühlt gewesen. Ihre Hand fällt aufs Kopfkissen. Ihre Finger zucken. Sogar im Schlaf formen sie die Zeichen, die Miss Annie am Tag fortwährend in sie hineinknetet. Wir sehen es beide, wir denken dasselbe.

„Ihr Kopf ist voller Gedanken, die ins Freie wollen", flüstert Miss Annie. „Wie die Schmetterlinge, die wir heute gefangen haben."

Richtig: Die Schmetterlinge sind wieder da. Es sind so viele. Wir brauchten nur die Hände aneinanderzulegen und wie ein gefräßiges Maul zu öffnen, schon flatterten sie in unsere Händehöhlen. Helen jauchzte, als die zarten Flügel gegen ihre Haut schlugen. Die zierlichen Falter wollten dagegen so schnell wie möglich heraus aus der Dunkelheit, aber nicht immer lebten sie noch, wenn Helen ihre Hände öffnete.

Miss Annie nimmt die Brille ab. Sie reibt sich die immer geröteten Augen. Es ist eine Folge von Trachoma, hörte ich Tante Ev flüstern. Sie erklärte es dem Captain, der wieder über Miss Annies Brille nörgelte. Eine Krankheit aus Armut. Sie befällt die

Augen und führt zur Blindheit, weil es, wo es wenig gibt, häufig auch an Sauberkeit fehlt.

„Wenn sie doch nur verstehen würde, was ich ihr sagen will", murmelt Miss Annie. „Sie ist wie eingeschlossen in sich selbst. Als säße sie in einem Gefängnis. Einzelhaft, Dunkelheit ringsum und nirgends ein Laut. Jeden Tag fange ich von vorne an. Ich lege den Schlüssel in ihre Hand, aber nur sie selbst kann das Schloss öffnen."

„Sie hat ihre Mutter in die Vorratskammer eingesperrt", sage ich.

Miss Annie lacht leise auf. „Oha, das hättest du mir ruhig früher verraten können, Martha! Ich wäre gewarnt gewesen."

Wir denken wohl beide daran, wie Helen Miss Annie gleich am Tag nach ihrer Ankunft einsperrte, aber dass der Schlüssel zu ihrem Zimmer gerade unter dem Wäscheschrank verstaubt, weiß nur ich. Nur eine schmale Kinderhand kann ihn ans Licht holen. Ich hätte es gekonnt. Aber ich wollte nicht.

„Es ist doch ziemlich einfach", sage ich, „wer eingesperrt ist, braucht eben einen Schlüssel."

„Das stimmt, aber es muss schon der Richtige sein", sagt sie. „Es gibt große Türen mit großen Schlössern. Dazu braucht es große Schlüssel. Es gibt kleine Türen mit kleinen Schlössern. Dafür braucht es kleine Schlüssel. Schloss und Schlüssel müssen zueinander passen. Sonst gelingt es nicht. Und so versuche ich es eben immer wieder. Bis es ‚klick' macht in ihrem Kopf und die Tür aufspringt."

„Kommt es irgendwann?"

Auf einmal sieht ihr Gesicht wie eingefallen aus. Als hätte sie die ganze Zeit, die sie schon mit Helen übt, nicht geschlafen und das ist bereits eine ganze Weile. Seit über einer Woche renne ich zwischen dem Gartenhaus, der Pumpe und Mamas Küche hin und her. Sie schüttelt den Kopf. Wieder reibt sie sich die Augen. Sie wird sie sich noch aus dem Kopf wischen, wenn sie so weitermacht.

„Das ist es ja, was mich umtreibt: Ich weiß es nicht. Obwohl ich schon hoffe, dass mit der ständigen Wiederholung etwas ankommt bei ihr, wie ich auch glaube, dass es kein ‚zu spät' gibt. Für nichts und niemanden. Aber irgendjemand muss es ihr zeigen, und ich denke doch, wenn ich weitermache, gelingt es irgendwann." Sie kneift sich die Nasenwurzel. „Ich hab dir doch erzählt, wie das bei mir war. Erst lebte ich im Armenhaus von Tewksbury, dann im Blindeninstitut. Nun bin ich hier. Im Gartenhaus von Ivy Green. Ist das nicht erstaunlich? Ich gebe mein Bestes. Aber wenn Helen nicht versteht, dass die Wörter, die ich ihr in die Hand drücke, die Dinge bedeuten, die sie anfasst, bleibt es dunkel in ihr, und niemand wird jemals erfahren, was sie bewegt, niemals, nie. Nicht, was sie gestern gemacht hat oder was sie sich für morgen wünscht oder in einem Jahr. Ihre Pläne, ihre Träume, all das bleibt ungehört. Gedanken schlagen Brücken, Martha, sie verbinden uns. Aber die Gedanken brauchen etwas, das sie zum anderen bringt. Das übernehmen die Wörter. Die Wörter sind die Boten. Sie tragen die Gedanken huckepack über die Brücke." Sie beugt sich wieder über ihren Brief. „Das ist übrigens ein hübscher Gedanke", sagt sie. Sie schmunzelt. „Das schreibe ich gleich Mrs Hopkins! Es wird sie freuen, wenn sie merkt, dass ihre ungebildete Schülerin von einst inzwischen durchaus denken kann."

Eine Weile ist es still, nur der Füller kratzt auf dem Papier. Plötzlich lacht sie wieder leise auf. „Manche Wörter machen es einem allerdings sehr schwer, seine Gedanken auszudrücken! Ich wollte Mrs Hopkins schreiben, dass Helen auf ihrem Weg aus der Dunkelheit Orientierung braucht. Aber wie um alles in der Welt schreibt man dieses haarsträubend schwere Wort? Nun, wozu habe ich mein Wörterbuch?"

Sie zieht das dicke Buch heran und schlägt die Seiten um. „L. M. N. O", liest sie, bis ihr Finger auf einer Stelle liegen bleibt. „Hier habe ich es!"

Sie rückt beiseite und lädt mich ein, über ihre Schulter zu blinzeln, als ob ich etwas verstehen könnte.

„Siehst du? Da steht es. O-R-I-E-N-T-I-E-R-U-N-G." Sie liest das sperrige Wort, während ihre Finger darüber fahren. Jeden Buchstaben tippt sie einzeln an, die Buchstaben verbindet sie. Plötzlich verstehe ich etwas Grundlegendes. Ich begreife, dass sie es genauso macht, wenn sie Helen Wörter in die Hand legt. Sie gibt ihr alle Buchstaben einzeln. Und alle Buchstaben zusammen ergeben ein Wort. Für sich alleine wiegt ein Buchstabe nicht viel, vielleicht ist er sogar bedeutungslos. Aber zusammengenommen entsteht aus vielen Buchstaben ein Wort und aus Wörtern ein Gedanke.

„Und wenn man dann das Wort sagt, es liest oder schreibt, springt der Gedanke von einem Kopf zum anderen", sage ich.

„Potzblitz, Martha!", ruft Miss Annie und ich sehe deutlich, wie sie sich über mich wundert, als hätte sie gerade eine neue Seite an mir entdeckt. „Wo nimmst du denn nur solche schwergewichtigen Gedanken her?" Aber dann schüttelt sie den Kopf, als wunderte sie sich über sich selbst und ihr Unverständnis, es ist nichts als Voreingenommenheit. „Das war blöd von mir", sagt sie, „ich sollte es besser wissen. Als ich mit 14 ans Perkins Institute for the Blind kam, hielten sie mich für dumm, weil ich nicht lesen konnte. Was für ein Unsinn! Was man heute nicht kann, weil es einem bislang niemand beibrachte, kann man immer noch morgen lernen!"

Ich habe nicht erwartet, dass Miss Annie mit mir spricht. Nicht so ausgiebig, nicht so ernst, auf keinen Fall so ehrlich. Aber hier sind wir. In einer lauen Märznacht, in der die Mücken vor der Fensterscheibe tanzen, reden wir im Gartenhaus von Ivy Green miteinander von du zu du.

Doch dann ist der Augenblick schon wieder vorbei. Sie wedelt mit der Hand und winkt mich fort, wie man eine lästige Fliege fortwischt. Tinte kleckst auf ihr Papier. „Du solltest dich jetzt hinlegen, Martha. Sonst stehst du morgen früh noch hier und mein Brief kommt nie in Boston an."

Boston also. Natürlich. Das hätte ich mir gleich denken können, dass sie ihre Briefe dorthin schickt, wo sie hergekommen ist. Jetzt würde ich sie gerne fragen, wo genau denn dieses Boston liegt, aber unsere nächtliche Unterhaltung ist vorbei. Sie schickt mich zurück auf Mamas Quilt. An der Türschwelle sind die Grenzen wieder klar gezogen.

Trotzdem hat sich etwas verändert in dieser Nacht. Ich glaube, es fing damit an, dass ich die Decke über Helen legte. Die Nacht löst die Umrisse der Dinge auf, sie machte es auch mit uns. Ob jemand arm ist oder reich, jung oder alt, schwarz oder weiß, spielt keine Rolle. Nachts sieht man es nicht.

Schlaf jetzt, sagt Miss Annie, und das würde ich auch gern. Ich wickele mich enger in den Quilt, ich kneife die Augen zu. Aber in meinem Kopf toben die Gedanken und schlagen Purzelbäume, und erst als ich denke, wie schön es aussieht, wenn die ersten Sonnenstrahlen durch die Scheiben in den Erker fluten, schlafe ich ein.

FINGER, DIE SCHREIBEN

Ich döse auf Mamas Quilt.

Wenn Miss Annie mit Helen am Tisch sitzt und mit ihr lernt, langweile ich mich meistens, weil ich nicht weiß, was ich tun soll, aber heute bin ich noch vollkommen verknittert von der kurzen Nacht. Da passt es gut, dass mich Miss Annie gerade nicht braucht. Ich habe schon das Frühstück geholt und Wasser in die Waschschüssel gefüllt. Ich habe das Geschirr gespült, den Kamin gefegt und Brennholz danebengestapelt. Jetzt kann ich vor mich hindämmern, wenn ich auch jederzeit halb auf der Hut bin wie ein Hund, der stets bei Fuß sein muss.

Miss Annie und Helen sitzen am Tisch. Sie lernen. Über den Tisch verstreut liegen die üblichen Dinge. Eine Karte. Eine Nadel. Ein Becher. Helen soll den Unterschied zwischen Becher und Wasser und Trinken begreifen, aber sie begreift es nicht.

„Martha, komm doch mal her!" Plötzlich ruft mich Miss Annie.

Ich rappele mich auf. Ich trete über die Schwelle. Vor dem Tisch bleibe ich stehen. Ich weiß nicht, was ich machen soll, was sie von mir will.

Miss Annie klopft auf den freien Stuhl. „Setz dich!", sagt sie und dann noch mal, weil ich zögere: „Setz dich hin, Martha!"

Ich setze mich. Helen spürt sofort, dass ich gekommen bin. Ihre Hand tastet nach meiner. Ich drücke sie, sie drückt zurück.

Miss Annie hat sich etwas ausgedacht. Es ist ein Plan, wie sie Helen besser anspornen kann. Vielleicht ist er in dieser Nacht unter ihre Stirn gekrochen, als sie ihren Brief schrieb. Als ihr noch mal klar wurde, dass ich nicht lesen kann.

„Heute lernst du mit!", sagt sie. „Es wird Helens Ehrgeiz anstacheln, wenn sie merkt, was sie schon alles kann, und vielleicht begreift sie es dann schneller?"

„Was soll ich machen?" Meine Stimme klingt heiser.

„Reich mir deine Hand", sagt Miss Annie. „Jetzt lege ich ein Wort hinein."

„Ein Wort?"

„Ja, für jedes Ding, das auf dem Tisch steht, gibt es ein Wort. Worte sind die Namen der Dinge. Das habe ich dir doch schon mal erklärt." Sie zeigt auf den Becher, die Karte, die Nadel. „Die Nadel zum Beispiel. Fangen wir doch mit ihr an. Man kann das schreiben. Nadel schreibt man so!"

Ausgerechnet mit einer piksenden Nadel will sie anfangen, aber das Wort, das sie mir in die Handfläche drückt, pikst nicht. Miss Annies Finger streicheln meine Handflächen mit fünf verschiedene Handbewegungen. Zu viel für mich.

„Jetzt du, Martha. Versuch es!"

Doch schon am Anfang habe ich den Anfang vergessen. Helen ist da schlauer. Ihre Hände schieben sich eifrig zwischen uns. Fehlerfrei und flink wie der Wind gibt sie das verzwickte Wort wieder.

„Sie kann es doch schon!", maule ich und lasse den Kopf hängen. Ich will zurück auf Mamas Quilt.

„Sie wiederholt es", sagt Miss Annie, „aber vielleicht versteht sie es auch, wenn sie merkt, dass du es ebenfalls kannst?"

Noch einmal zeigt sie mir die Bewegungen ihrer Hand. Ich gebe mir Mühe. Aber mein Herz klopft zu laut und bringt alles durcheinander. Meine Finger hören nicht auf mich. Dabei habe ich mit meinen Händen schon eine Menge angestellt. Ich bin auf die wackeligsten Bäume geklettert und habe mich an den entferntesten Ästen hochgezogen, bis ich im obersten Wipfel saß. Ich hab schon manches Feuer angezündet hinter der vorgehaltenen Hand, während der Wind die Funken in alle Richtungen versprühte. Und natürlich habe ich Teig geknetet und den Teig zu tadellosen Klößen gerollt. All das machte ich mit meinen Händen. Aber das ist anders. Jeder Finger zählt, und ich weiß nicht, wie es geht. Helens Mundwinkel zucken. Ihre Finger tasten über meine Hand. Sie spürt, wie ich versage.

„Entschuldigung", murmele ich, „ich kann das nicht."

„Papperlapapp, gib doch nicht gleich auf", sagt Miss Annie.

Miss Annie klopft Helen auf den Handrücken. Helen soll mir das Wort zeigen, aber sie formt die Buchstaben so flink, dass alle ineinanderfließen. Wie Regentropfen, die in einen Bach fallen. Kaum sind sie da, sind sie verschwunden. Ich komm überhaupt nicht hinterher.

„Das war schnell", sage ich.

„Lesen geht auch immer nur der Reihe nach", sagt Miss Annie. Sie versucht, mich zu trösten. „Wenn man schreibt, ist es ähnlich. Ein Buchstabe folgt dem anderen, und mit dem ersten fängt es an. Beginnen wir also am Anfang. Der erste Buchstabe in Nadel ist das N."

„Das N? Buchstaben haben auch einen Namen?"

„Jeder Buchstabe hat einen Namen!" Miss Annie sieht mich verblüfft an. Aber dann fällt ihr wohl wieder ein, dass ich das alles gar nicht wissen kann. „Für Helen ist das sowieso belanglos. Sie kann die Buchstaben weder sehen noch hören, sie muss sie fühlen. Die meisten Buchstaben, die ich Helen in die Hand lege, gleichen aber denen, die ich mit Tinte auf ein Blatt Papier schreibe. Und schau, das ist das N. Der erste Buchstabe in Nadel!"

Sie klappt den Daumen, den kleinen Finger und den Ringfinger ein, sodass nur die beiden langen Finger in der Mitte zu sehen sind. Sie kippt die Hand und lässt beide Finger nach unten baumeln. Percy ist ins Stolpern geraten, weil er nicht wusste, wie der letzte Buchstabe von Boston heißt. Jetzt weiß ich es. Es ist das N. Ein N wie in Nadel. Mir ist, als hätte mich das Wort wachgepikst.

Der nächste Buchstabe geht leichter. Der zweite Buchstabe in Nadel ist das A. Das A ist eine geballte Faust, der Daumen liegt flach an den Fingern. Vier Finger bilden einen Bogen mit dem Daumen für das D, der Zeigefinger macht, was sein Name sagt: Er streckt sich steil nach oben. Beim E gerate ich kurz ins Schleudern: Der Daumen ist der Boden, alle anderen Finger stellen sich mit ihren Kuppen darauf. Wir hangeln uns von einem Buchstaben zum nächsten, bis alle fünf geschafft sind. Ich bin langsam, aber es gelingt mir: Ich schreibe mein erstes Wort.

Nadel.

„Jetzt mach die Augen zu!", sagt Miss Annie.

„Wie soll das gehen?"

„Man kann auch mit den Händen sehen!"

Ich schließe meine Augen. Ich spüre die Buchstaben in meiner Hand. Das N, das A, das D, das E, das L. Und plötzlich verstehe ich, was Miss Annie meint: Meine Augen sind zu, trotzdem sehe ich die Buchstaben. Ich sehe sie in mir drin, weil ich die Buchstaben fühle. Miss Annie hat recht: Meine Hände haben Augen.

„Nun gib das Wort an Helen weiter!"

Helen wartet schon. Ihre Hand zuckt. Mir wird heiß. Was, wenn ich nicht schnell genug bin? Helen wird mir an die Gurgel gehen und das Tuch vom Schädel reißen.

„Los, Martha, versuch es!"

Ich versuche es. Ich knicke alle Finger ein bis auf den Finger, an dem die Kellers ihre Ringe tragen, und den langen Finger in der Mitte. Das N habe ich schon mal geschafft. Jetzt das A. Buchstaben um Buchstaben taste ich mich vorwärts. Das D, das E. Ich drücke sie Helen in die Handfläche. Das … wie um Himmels willen ging das L?

Helens Hand scheint unter mir zu kribbeln. Dann erinnere ich mich: Das L war einfach. Es ist mein ausgestreckter Zeigefinger, der Daumen liegt abgespreizt dazu wie Percy, wenn er abends müde am Scheunentor lehnt, die Beine ausgestreckt, das ist der Daumen, und sein Rücken, flach an der Wand, ist der Zeigefinger. Ich lege Helen den letzten Buchstaben in die Hand. Nadel.

Miss Annie klatscht in die Hände. „Glückwunsch, du hast es geschafft, Martha!", ruft sie.

Kaum bin ich fertig, tippt Helen das Wort blitzschnell in Miss Annies Handflächen. Danach legt sie ihre Hand auf Miss Annies Wange. Ich kann sehen, wenn Miss Annie nickt, und ich höre, wenn sie ja sagt. Helen muss es fühlen. Ja, sagt Miss Annies nickender Kopf, ja, Helen, du hast alles richtig gemacht.

„Weiter", drängt Miss Annie, „das nächste Wort."

Das nächste Wort ist Hut.

Dann Karte.

Dann Becher.

So geht es immer weiter. Noch ein Wort. Noch ein Buchstabe. Viele Buchstaben. Ich zähle sie. Sechsundzwanzig. Das sind viele. Fast zu viele. Ich bringe sie auch immer wieder durcheinander, und doch vertraue ich allmählich meinen Händen. Meine Hände fühlen die Buchstaben, sie erinnern sich an sie. „Gut, das reicht für heute!"

Miss Annies Stimme knallt wie ein Peitschenhieb. Ich mache die Augen auf. Sonnenschein durchflutet das Zimmer. Es ist Mittag. Und dann ist alles wie immer: Miss Annie schickt mich in die Küche, ich soll das Essen holen. Ich decke den Tisch. Ich schütte Wasser in die Gläser. Nach dem Essen trage ich das Geschirr zur Pumpe und spüle es. Ich spiele mit Helen, sodass sich Miss Annie ausruhen kann. Beim Spazierengehen laufe ich hinter den beiden her. Und trotzdem. Etwas hat sich verändert, seit mir Miss Annie die Buchstaben in die Hand legte. Tippt sie jetzt Helen die Wörter in die Handfläche, schreiben meine Finger mit. Sie schreiben die Buchstaben, die ich heute gelernt habe.

DER SCHATZ IN DEN HÄNDEN

Letztes Jahr kurz vor Weihnachten war das Dach vom Küchenhaus undicht. Zunächst sammelten sich ein paar Tropfen unter dem Balken. Wir waren beschäftigt, schälten die Kartoffeln, kneteten Kloßteig und taten so, als wäre nichts. Wir blickten in unsere Schüsseln, denn solange wir in die Schüsseln starrten, konnten wir darüber hinwegsehen, dass sich über uns etwas zusammenbraute. Bis die Tropfen in die Töpfe plumpsten. Sie verwandelten den Teig in Matsch, machten den Kartoffelbrei glitschig. Als auch seine Suppe wässrig wurde, ließ der Captain das Dach erneuern. Nun ist es ähnlich: Erst in der Nacht, als ich schlafen könnte und nicht schlafen kann, weil ich zu aufgewühlt bin, sickert in mich, was heute geschehen ist. Den ganzen Tag hat sich die Erkenntnis in mir angestaut wie die Regentropfen von einst. In der Stille der Nacht, in der nichts anderes zu hören ist als Helens ruhiger Atem und das Kratzen von Miss Annies Füller auf dem Papier, fließt es in mir über, und ich begreife, dass nichts mehr sein wird, wie es bisher war, weil es nie wieder so sein kann, wie es einmal war. Ich habe die Buchstaben gelernt. Ich weiß jetzt, wie sie aussehen. Das bedeutet auch, dass ich sie lesen kann, zumindest eines Tages, denn ich habe schon verstanden, dass die Zeichen, die ich mit den Händen forme, nicht genau gleich aussehen wie die Zeichen auf dem Papier. Das hat Miss Annie auch gesagt. Aber hey, wozu heiße ich Nosy und stecke meine Nase überall hinein? Und eins steht fest: Miss Annie hat mir einen Schatz in meine Hände gelegt. Den lasse ich nie wieder los.

Sobald ich daran denke, fängt mein Herz zu flattern an. Ich denke an die Drossel, die gegen das Küchenfenster schlug, weil sie glaubte, sie müsste ihre Jungen verteidigen. Jetzt sind die Kleinen geschlüpft und flattern selbst mit den Flügeln. Sie üben für den Tag, an dem sie das Nest verlassen. Denn Flügel sind zum Fliegen da. So flattert jetzt mein Herz. Mein Herz ist ein Vogelküken, das Fliegen übt. Es klopft so heftig, dass ich befürchte, Miss Annie könnte es hören.

Wieder sitzt sie im flackernden Lichtkegel der rußenden Petroleumlampe und schreibt einen Brief. Wahrscheinlich erzählt sie dieser Mrs Sophia Hopkins, die in Boston ihre Berichte erwartet, was heute geschehen ist. Stellen Sie sich nur vor, meine liebe Mrs Hopkins: Das kleine schwarze Mädchen, von dem ich Ihnen schrieb – sie spielte immer mit Helen, bevor ich kam – hat heute die Buchstaben gelernt. Ich habe sie mitüben lassen. Ich wollte sehen, ob es Helens Ehrgeiz anstachelt, wenn sie noch eine Schülerin an ihrer Seite vorfindet. Ob sie dann besser versteht, wozu die Buchstaben da sind.

So. Oder so ähnlich. Mir ist schon klar, dass es einzig und allein um Helen geht. Dafür ist Miss Annie da. Das ist ihre Aufgabe. Sie ist Helens Lehrerin. Nicht meine.

Ich ziehe den Quilt über die Ohren und vergrabe mich darunter wie in einer Höhle. Es stört mich nicht, dass Miss Annie nicht für mich gekommen ist. Ich kann jetzt ihre Briefe lesen.

Zumindest kann ich es versuchen. Womöglich weiß Miss Annie gar nicht, was sie angerichtet hat, als sie mir die Buchstaben zeigte. Früher hätte sie das nicht gedurft. Einem Sklaven durfte man nicht schreiben beibringen. Darauf stand sogar die Todesstrafe. Als ob es gefährlich wäre, dass jemand schreiben und lesen kann! Aber vielleicht ist es das ja. Denn wenn man schreibt, was man denkt, vielleicht wird das, was man schreibt, eines Tages Wirklichkeit?

Da fällt mir wieder ein, wie der alte Captain Keller hier im Gartenhaus seine Zahlen in die Bücher schrieb. Jeden Krümel. Den Reis, die Baumwolle. Wie viele Kühe in seinen Ställen kalbten, die Pferde, die Hühner, die Eier, die sie legten und natürlich seine Sklaven. Mama und ihre Mama und ihre Mama davor. Ihre Namen standen in seinen Büchern. Auch die Namen hatte er ihnen gegeben. Wenn ich schreiben könnte, mit Tinte und Papier, könnte ich das auch. Ich könnte alles schreiben, was ich will. Alles, woran ich denke, wäre da und ginge nicht mehr fort,

Schreiben hält Dinge fest, die sonst verschwinden würden.

Meine Augen sind gut, aber ab sofort werde ich die Augen einer Eule haben. Wenn Miss Annie mit Helen lernt, soll nichts meinem Blick entgehen. Ich werde Buchstaben jagen wie eine Eule Mäuse. Wenn ich Miss Annie das Glas mit Wasser fülle, während sie ihre Briefe schreibt, werden meine Augen über das Papier wandern. Ich werde die Briefe Percy geben, ehe er sie zur Post trägt, weil ich dann zuvor lesen kann, wohin es geht. Auch wenn doch immer nur dasselbe auf den Umschlägen steht: Perkins Institute, Boston.

Miss Annie weiß nicht, was sie angestellt hat, aber mich schaudert. Ich war blind, blinder noch als Helen. Nun erkenne ich mit einer Klarheit, die mich blendet, dass das Leben auch ganz anders sein kann. Nicht nur Wasser holen jeden Tag, Scherben auflesen, Kartoffeln schälen. Stattdessen schreibe ich eines Tages vielleicht selbst einen Brief. Und was werde ich alles erzählen!

So vieles scheint mit einem Mal möglich.

Denn wer schreiben kann, knetet nicht nur Teig, um daraus einen Kuchen zu backen. Der knetet sich seine eigene Welt.

Nach diesem Morgen ruft mich Miss Annie nicht mehr, um mit ihnen zu lernen. Dass ich mit Helen am selben Tisch sitzen durfte, war eine Ausnahme, ein Versuch, ob Helen dadurch besser lernt, ob sie versteht. Es hat nicht geklappt. Helen versteht immer noch nicht, dass alle Dinge einen Namen haben.

Aber ich liege fortan auf Mamas Quilt und beobachte die beiden mit meinen Eulenaugen. Ich sehe die Gegenstände, die auf dem Tisch stehen und die ich oft selbst für sie heranhole. Die Nadel. Den Faden. Die Karten aus Pappe. Den Becher. Und ich sehe die Buchstaben, die Miss Annie Helen in die Hand knetet. N-A-D-E-L. F-A-D-E-N. K-A-R-T-E. B-E-C-H-E-R. Meine Augen saugen die Bewegungen der Finger ein. Und meine Finger schreiben mit. Ich bin zwar nie so schnell wie Helen, aber weil ich verstehe, was ich mache, ist es bald so weit: Meine Finger schreiben mehr als das, was sie sehen. Sie schreiben, was ich denke und was ich sagen will. Sie schreiben einen Brief.

Liebe Mama, ich liege auf dem Quilt im Gartenhaus, schreiben sie. Ich kann jetzt schreiben. Vielleicht kann ich auch bald auf einem Blatt Papier schreiben. Das will ich dir sagen: Ich denke an dich! Und dann schreiben meine Finger auch an Percy. Meine Finger erzählen ihm, dass ich ihn mag.

IM DUNKELN

Zum Glück versteht Percy nicht, was ich da mache. Er würde mich auslachen. Er grinst, wenn ich morgens zum Küchenhaus laufe und das Frühstück hole, und er schwenkt die Mistgabel, wenn ich später mit dem dreckigen Geschirr zur Pumpe taumele.

„Na, Nosy, rennst du wieder?" Er spöttelt und ich höre es nicht gern, aber tief in mir drinnen weiß ich, dass er recht hat. Ich verstecke meine Finger, die unaufhörlich schreiben wollen, damit er sie nicht sieht, und ich renne, ich renne immerzu. Ich renne zwischen der Küche, dem Gartenhaus und der Pumpe hin und her und bin schon völlig außer Atem. Selbst in meinem Baum habe ich schon ewig nicht mehr gesessen. Und je mehr ich darüber nachdenke, desto mehr muss ich zugeben, dass ich zwar laufe, aber trotzdem nicht vorankomme. Ich bin unterwegs, aber ohne Ziel. Obwohl ich dachte, dass jetzt alles anders wird, weil ich doch die Buchstaben kann, ist alles wie bisher.

Ich hole auch noch immer Kuchen aus der Küche. Kuchen für Helen.

Für einen Augenblick bin ich mit Mama allein. Es sind die wenigen Zeiten, in denen ich mit ihr reden kann, obwohl Mama immer sehr beschäftigt ist, beim Reden sieht sie mich nicht einmal an. Sie achtet lieber auf ihre Arbeit. Das ist auch besser so. Sie schnippelt Süßkartoffeln, dass die Spalten links und rechts beiseite spritzen.

„Wie geht's, wie steht's?", fragt sie und legt eine neue Fuhre Süßkartoffeln auf das Brett. „Kommt ihr voran?"

Was für eine Frage!

Jetzt könnte ich Mama erzählen, dass sich etwas Grundlegendes verändert hat, allerdings zweifle ich inzwischen selbst daran. Außerdem meint Mama gar nicht mich, sie will wissen, ob Helen Fortschritte gemacht hat.

Gemessen an der Menge an Kuchen, die sie nach wie vor jeden Tag vertilgt, weil Miss Annie sie nach wie vor jeden Tag mit Kuchen belohnt, zwar nicht mehr für den Unsinn, den sie kaum mehr anstellt, sondern für jedes Wort, das sie richtig buchstabiert, nachahmt, wie Miss Annie sagt, aber das machen auch die Papageien (sie wird nicht müde, das zu betonen), müsste ihr Fortschritt bereits an den Wolken kratzen. Oder ganze Wörterbücher füllen.

Die bittere Wahrheit ist eine andere. Sie lautet: Helen versteht immer noch nicht, was sie die ganze Zeit macht. Sie hat keinen blassen Schimmer, dass die Wörter, die sie lernt, die Dinge, die sie fühlt, bedeuten. Für sie ist alles nach wie vor nur ein hübsches Spiel, und sie ist gut darin, keine Frage, Helen kann viele, viele, noch mehr Wörter. Aber niemals fragt sie von sich aus, wie etwas heißt. Es kommt ihr gar nicht in den Sinn, dass die Dinge Namen haben könnten. Nicht einmal sie selbst. Auch die Lehrerin ist für sie ein namenloses Wesen, das ihr etwas in die Hände knetet. Ganz zu schweigen von mir. Wahrscheinlich hält mich Helen für eine ihrer vielen Puppen. Ich bin die Puppe, die ihr Wasser bringt, wenn sie durstig ist. Nicht Martha Washington. Niemals Nosy. Und das Allerbitterste daran ist: Wir wissen nicht, was wir noch anstellen können, damit Helen es begreift. Wir stochern im Dunkeln. Oder vielmehr Miss Annie, weil sie ja Helens Lehrerin ist, nicht ich.

Ich weiß jedenfalls nicht, wonach Miss Annie für Helen sucht, und auf eine merkwürdige Weise, die ich mir nicht erklären kann, weiß ich es auch für mich nicht mehr. Ich kenne jetzt die Buchstaben. Aber ich weiß nicht, was ich will.

Ich habe Mamas Frage noch nicht beantwortet, das hole ich jetzt nach. Aber ich gebe ihr eine Antwort auf eine Frage, die sie nicht gestellt hat, während ich die Kuchenstücke auf den Teller stapele, für Helen. „Ich schlafe nicht mehr neben dir, Mama, ich schlafe jetzt allein im Gartenhaus. Aber eigentlich bin ich immer noch hier in der Küche. Ich bin nicht weit gekommen."

„Wo willst du denn hin?" Mama lacht.

„Das ist es ja, ich weiß es nicht. Ich habe überhaupt keinen Plan für morgen."

„Das brauchst du doch auch nicht!" Mama hebt das Messer und pikst kleine Löcher in die Luft. „Das liegt doch auf der Hand!"

„Ach?" Ich ziehe eine Augenbraue hoch.

„Natürlich!" Mamas Messer saust auf eine Süßkartoffel. Zack, liegt sie in zwei Hälften auf dem Brett. „Du rollst Klöße. Backst Kuchen. Schneidest Süßkartoffeln. So wie ich. Bis eines Tages ein fescher junger Mann daherkommt, einer wie Percy, den du liebst und der dich liebt. Dann heiratet ihr, und ich bekomme viele Enkelkinder." Wieder lacht sie. Dann kippt sie die Süßkartoffeln ins kochende Wasser.

Ich liebe meine Mama. Aber jetzt wird mir übel. Denn auf einmal sehe ich mein Leben vor mir: Ich bin eine alte Frau. Meine Haare sind grau. Meine Haut ist runzelig. Ich stehe in der Küche von Ivy Green. Ich beuge mich über eine Schüssel. Ich knete Teig. Ich knete Klöße. Die Kellers wohnen im Haupthaus nebenan, nur ist es jetzt James, der das Sagen hat, und es sind seine Kinder, die mit meinen spielen. Das heißt, sie spielen nicht mit ihnen: Sie befehlen meinen Kindern, was sie tun sollen, und wenn sie es nicht tun, ziehen sie ihnen an den Haaren. Mein Rücken schmerzt, wie er Mama vom vielen Rühren und Kneten und Ofenanheizen schmerzt, aber ich beiße die Zähne zusammen und knete weiter. Klöße, Klöße, immer wieder Klöße, nichts als Klöße. Und dann backe ich Kuchen, Kuchen, nicht als Kuchen. Bis die Küche davon überquillt.

„Träum nicht, Martha!", sagt Mama. „Hilf mir lieber und fass mit an. Es gibt viel zu tun, und im Gartenhaus warten sie sicherlich schon auf den Kuchen."

Ich helfe ihr. Ich knacke Erbsenschoten und schäle Kartoffeln. Ich heize den Ofen und putze die Töpfe, bis ich mich darin spiegeln kann. Aber als ich endlich mit einem Teller voll Kuchen zurück zum Gartenhaus wanken will, hält mich ausgerechnet Mama auf.

„Nosy, warte, da wäre noch was!" Mama lehnt in der Tür. In ihrer Hand flattert ein roter Stoff.

Es ist ein Tuch für meinen Kopf.

Das Tuch fühlt sich an, als fasste ich in Wasser.

„Ich hab's dir doch versprochen", sagt Mama.

Ich weiß nicht, wann sie es gemacht hat und wie sie überhaupt solch einen feinen Stoff hat auftreiben können. Die Stiche sind kunstvoll gesetzt, ich erkenne kaum die Naht, und das Rot strahlt, dass selbst die Sonne blass dagegen wirkt.

„Es ist wunderschön", murmele ich. „Danke, Mama."

Dann sage ich nichts mehr. Ich verschließe meinen Mund, damit mir nichts über die Lippen rutscht, sonst würde ich sie nämlich fragen, ob sie sich wirklich keinen anderen Ort für mich vorstellen kann als die Küche. Doch wer Danke sagt, kann nicht noch Aber sagen.

„Hübsches Tuch!" Miss Annie blickt kaum von ihrem Brief auf.

Ich stelle den Kuchen neben das Tintenfass und schiele über ihre Schulter. Manchmal sticht jetzt aus dem, was mir nur wenige Tage zuvor wie ein ununterscheidbares Einerlei aus Linien vorkam, der ein oder andere Buchstabe heraus. Ich erkenne ein A hier, dort ein B und ein M.

Ich seufze.

Mamas Tuch ist hübsch, zweifellos, aber meine Freude darüber hat einen dunklen Fleck. Ich war ganz aus dem Häuschen, als ich die Buchstaben lernte, nicht nur A und B und M, sondern noch viel mehr. Die ganze Welt hätte ich umarmen können und auf alle Bäume von Ivy Green gleichzeitig klettern. Nun hat sich mein Jubel aufgelöst wie die Nebelschwaden in der Morgensonne. Ich weiß nicht, was ich mit meinem Wissen anfangen soll. Wozu habe ich die Buchstaben gelernt, wenn ich doch nur wieder Kloßteig knete und Kuchen für alle heranschleppe, so wie jetzt?

Ich rücke den Teller näher unter Miss Annies Nase. Soll sie doch mal schnuppern, was ich für sie mache den ganzen Tag, wo sie nicht einmal ein schlichtes Dankeschön für mich übrig hat.

Miss Annie schaut auf. „Du liebes Bisschen, schon wieder so viel Kuchen!" Sie legt den Füller weg. „Wäre doch mal schön, es ginge hier ähnlich flott voran wie bei deiner Mama in der Küche. Allerdings hat sie bestimmt auch ein Rezept, nach dem sie arbeiten kann."

„Ein Rezept?", frage ich verwundert.

„Ja, ein Rezept, kennst du das nicht? Ein Rezept sagt einem, was als Nächstes in den Teig kommt. Wie viel Mehl, wie viel Zucker. Salz. Ob Zimt oder Kümmel. Das ganze bunte Durcheinander."

„Bunt ist es schon", sage ich, „aber nein, Rezepte hat Mama nicht."

„Schreibt sie denn nicht auf, was sie kocht?"

Fast muss ich lachen. Ich hatte sie für klüger gehalten. „Aufschreiben? Wie denn? Mama kann nicht schreiben."

„Oh, das tut mir leid", sagt Miss Annie.

„Das braucht sie doch auch nicht", sage ich und bin ein bisschen wütend auf Miss Annie. „Es steckt schließlich alles in ihrem Kopf und in den Fingerspitzen." Das hat Miss Annie einmal ähnlich gesagt, sie sagte es über Helen. Hat sie das vergessen? Es ist alles da. Man muss es nur hervorlocken.

„In den Fingerspitzen, genau", murmelt Miss Annie, als erinnerte sie sich jetzt auch daran. Sie schielt zu Helen, die im Erker auf dem Boden sitzt und mit den Puppen spielt. „In den Fingerspitzen steckt die Antwort, das ist wohl wahr. Aber manchmal wünschte ich, ich könnte die Antworten einfach nachschlagen, wie ich in meinem Wörterbuch die Wörter nachschlage, die ich nicht schreiben kann. Manchmal denke ich, ich brauche selbst noch eine Lehrerin, die mir sagt, wo es langgeht. Die mir bei der Arbeit hilft."

Ihre letzten Worte werden übertönt von einem Kratzen, das über die Veranda schabt. Es klingt wie die Tapsen eines großen Tiers, eines Hundes, um genau zu sein. Der Captain schaut mal wieder vorbei. Er hat Belle mitgebracht.

BRÜCKE ÜBER DEN ABGRUND

Jeden Morgen und jeden Abend kommt der Captain zum Gartenhaus. Er sagt, es läge sowieso auf seinem Weg, wenn er spazieren geht. Dabei gibt er als leidenschaftlicher Reiter und Jäger einfach ungern die Zügel aus der Hand und sieht nach dem Rechten. Ich bin mir sicher, er prüft, dass Miss Annie nichts Schlimmes mit seiner Tochter anstellt.

Seit seinem ersten Besuch hat sich sein Gesicht jedes Mal erhellt, sobald er durch die Tür linste. Dass Helen jetzt auf einem Stuhl sitzt, ordentlich angezogen, ohne Flecken auf dem weißen Rock und manches Mal in eine Stickerei vertieft, übersteigt alles, was er je zu hoffen wagte. Er gibt es zu: „Sie hat sich verändert. Helen hat viel mehr gelernt, als ich je für möglich hielt!"

Allerdings gefällt ihm ganz und gar nicht, dass sie so wenig isst, besorgniserregend wenig, fast schon kümmerlich, wie ein Vögelchen, in jedem Fall viel, viel weniger, als er es von ihr gewöhnt ist.

„Helen ist erstaunlich ruhig geworden, aber sie isst nichts mehr. Das kann doch nicht gesund sein."

Miss Annie stellt sich zu ihm und lehnt die Tür hinter sich an, damit Helen nichts bemerkt. „Genau daran liegt es doch", erklärt sie ihm, „weil Helen nicht länger um den Tisch rennt, während sie isst, braucht sie auch keine Wegzehrung mehr." Sie lacht. Es war als Scherz gemeint. Der Captain versteht ihn nicht. Miss Annie versucht es noch einmal, anders, sachlicher: „Wo weniger Umsatz, da weniger Energie. Will sagen: Wer sich weniger bewegt, muss nicht so viel essen!"

Der Captain rührt sich nicht. Er kann sie hören, und ich bin mir sicher, dass er auch rechnen kann, doch für solche Gleichungen ist er taub; sie leuchten ihm nicht ein.

„Miss Sullivan, ich dulde nicht, dass mein Kind Hunger leidet!"

„Von Hungerleiden kann nicht die Rede sein! Sehen Sie nicht, wie kräftig Helen aussieht, geradezu rosig?"

Der Captain wedelt mit der Hand, als wollte er ihre Worte wegwischen, und spricht weiter, als hätte er ihren Einwand nicht gehört. „Ich habe nachgedacht", sagt er. „Helen ist jetzt so friedlich, beinahe beunruhigend ruhig. Ein wenig Ablenkung täte ihr gut. Sie braucht etwas Lebendiges, das sie aufmuntert." Er zeigt auf Belle, die zu seinen Füßen liegt. „Eine erwachsene Frau kann nun mal keine Spielgefährtin für Helen sein." Sein Blick streift mich. „Und Martha erst recht nicht, so ungebildet wie sie ist."

Deshalb also Belle. Weil Belle das alles ist und alles kann.

Angeblich.

Belle teilt seine Begeisterung freilich nicht. Der Captain schickt sie ins Haus. Aber sie geht mit eingezogener Rute. In großem Bogen trottet sie an Helen vorbei und legt sich in die am weitesten von ihr entfernte Ecke. Sie senkt die Schnauze auf die Vorderbeine und schaut uns an, als hätten wir ihr wehgetan. Es zieht sie nicht zu Helen.

Helen sieht das anders. Sie spürt sofort, dass Belle gekommen ist. Die Dielen knarren unter ihren Tapsen. Vielleicht ist es auch der Geruch von Hundehaar. Helen schnuppert. Sie lässt die Puppe fallen. Mit ausgestreckten Armen läuft sie los. Es dauert nicht lange, bis sie Belle gefunden hat. Sie klopft Belle das Fell, sie krault ihr die Ohren, sie kuschelt sich an ihren Bauch. Es ist offensichtlich, dass sich Helen über den unverhofften Besuch aus Fell freut.

„Na bitte, was habe ich gesagt?" Der Captain triumphiert. „Dann gehe ich jetzt. Ich wünsche einen guten Tag."

Er hat den Hut schon aufgesetzt, da dreht er sich noch einmal um. „Übrigens, Miss Sullivan, noch vier Tage. Dann holen wir Helen ab. Wir vermissen unsere Tochter. Auf Wiedersehen."

Der Kies knirscht unter seinen Schritten.

„Nur vier Tage!", Miss Sullivan seufzt. „Wie soll sie es bis dahin verstanden haben?"

Aus der Ecke kommt ein Schnaufen. Wir drehen uns um. Helen kniet vor Belle. Sie hält ihre Pfote in einer Hand, mit der anderen formt sie Buchstaben hinein. Sie klopft auf Belles Pfote. Belle soll die Buchstaben wiederholen. Genauso hat sie es mit mir gemacht, als wir die Buchstaben lernten.

„Allerhand", sagt Miss Annie, „Sie bringt dem Hund das Fingeralphabet bei!"

Leider kommt von Belle nichts zurück. Die Hündin zuckt nicht einmal mit den langen Wimpern. Helen klopft wieder. Und wieder. Nichts.

„Ich fürchte, da kannst du lange warten", sagt Miss Annie, „Belle begreift es genauso wenig wie du."

Schließlich gibt Helen auf. Sie lässt Belles Pfote fallen. Belles Pfote plumpst auf den Boden. Der Hund gähnt.

Mit einer Hündin als neuer Schülerin hat Miss Annie nicht gerechnet. Aber weil Belle nun einmal da ist, machen wir, was man mit Hunden eben macht: Wir gehen spazieren. Wieder steht Helen sofort in der Tür, als Miss Annie ihr den Hut aufsetzt. Sie tastet sich die Stufen hinunter in den Garten.

Draußen ist es immer noch am schönsten.

Ich liebe das Gras unter meinen Fußsohlen. Den Sand, der sich zwischen meine Zehen schmuggelt. Den Duft der Rosen. Den Wind im Gesicht.

Helen läuft voran. Sie tastet sich an der niedrigen Buchsbaumhecke bis zu Mrs Kellers Rosen. Helen befühlt die samtigen Blätter, sie steckt die Nase in die Kelche. Sie saugt ihren Duft ein.

Wir folgen ihr. Diesmal schlendere ich neben Miss Annie. Denn sie spricht mit mir. „Erinnerst du dich noch an unsere Unterhaltung in der Nacht?", fragt sie. „Wir sprachen über die Schmetterlinge, die wir mit unseren Händen fingen?"

Ich nicke. Natürlich erinnere ich mich daran. Hält sie meinen Kopf für einen Sieb?

„Und als Helen uns ins Zimmer eingesponnen hat? Weißt du das auch noch?"

Jetzt lache ich. Wie könnte ich das vergessen? „Das war lustig", sage ich.

Miss Annie lacht auch. Aber dann wird sie ernst. „Ich hab auch nachgedacht, das macht nicht nur der Captain", sagt sie. „Du weißt bestimmt, wie Schmetterlinge entstehen?"

„Erst sind sie Raupen", sage ich.

„Genau, Raupen, die sich in einen Kokon einspinnen, wenn sie genug gefressen haben. Im Dunklen entwickeln sie sich weiter. Sind sie ausgewachsen, zwängen sie sich ins Freie. Sie haben ihre Gestalt geändert, die alte Behausung passt nicht mehr.

Aber wenn sie sich nicht selbst befreien, weil jemand den Kokon aufdrückt oder aufschneidet im Glauben, er helfe ihnen damit, bekommen die Flügel nicht die nötige Stärke, die es zum Fliegen braucht. Nur wenn sich der Schmetterling aus eigener Kraft freistrampelt, pumpen sich seine Flügel voll mit Luft. Sonst bleiben sie schlaff. Der Schmetterling ist zum Sterben verurteilt, noch ehe er geboren wurde."

Sie hält an und betastet eine Rosenblüte. Belle schnüffelt im Gras. Über uns huschen die Eichhörnchen durch die Äste der Bäume. Ein Vogel singt.

„Es ist ein Bild, das etwas ausdrückt, Martha, ein Sinnbild. Das ist es, was ich damit sagen will: Niemand kann Helen die Arbeit des Verstehens abnehmen. Sie muss es selbst begreifen. Wir können ihr allenfalls beistehen. Sie anspornen. Ihre Hand halten. Ich frage mich nur, ob es nicht doch etwas gibt, womit wir ihr das Begreifen erleichtern?"

Auf der anderen Seite der Buchsbaumhecke, nur einen Steinwurf entfernt, schlendert Mrs Keller durch den Garten. Sie hält Mildred auf dem Arm. Sie winkt uns zu, als sie uns sieht.

Miss Annie winkt zurück.

Helen merkt es nicht. Natürlich nicht.

Ihre Mutter steht ein paar Schritte weg von ihr, und doch trennt beide ein Meer aus Unverständnis. Die Sprache ist die Brücke, hat Miss Annie gesagt. Wenn ich dir von mir erzähle, meine Träume, meine Wünsche, wenn ein Gedanke zum anderen kommt. Das alles kann Helen nicht.

Dabei kann sie schon eine Menge. Sie schreibt Hut, Karte, Schlüssel, Tür. Sie schreibt gehen, schlafen, sitzen, essen, Nadel, Faden, Finger, Auge und – natürlich – Kuchen. Das ist gut, aber all diese Sachen kann man anfassen, sie abtasten. Gedanken lassen sich nicht anfassen, auch wenn sie schon berühren, aber das machen sie wohl eher inwendig, wenn ein Gedanke durch ein Wort zum anderen überspringt. Erst wenn Helen versteht, dass die Worte, die sie lernt, für die Dinge, die sie berührt, stehen, hat sie auch verstanden, dass Puppe Puppe meint, die edle Puppe aus Perkins mit dem zerbrechlichen Porzellankopf genauso wie ihre gehätschelte, gebeutelte Nancy, die sie überall hinter sich herschleift. Puppe meint Puppe, jede Puppe auf der Welt, ob Helen sie nun mit ihren Händen fühlt oder lediglich an sie denkt.

„Helen fehlt eine Sprache", sagt Miss Annie. „Die Sprache verbindet uns."

Miss Annie holt Helen ein. Sie nimmt ihre Hand. „Das ist eine Rose, an der du gerade schnüffelst", sagt sie. Wieder tippt sie ihre Zeichen in Helens Handfläche. „Man kann das schreiben. Es sind nur vier Buchstaben. Ein R. Ein O. Ein S. Ein E. Rose."

Ich schaue genau hin und mache es nach. Ich schreibe mit meinen Fingern, was ich sehe, indem ich meine Finger in die Gestalt der Buchstaben falte. Bei Helen geht das nach wie vor viel schneller. In Nullkommanichts hat sie Rose buchstabiert und tastet sich schon weiter.

Miss Annie sollte sich freuen, dass Helen so schnell lernt. Sie freut sich aber nicht. „Sie macht es nicht viel anders als Belle, wenn sie unseren Befehlen folgt. Belle gehorcht auch und es sieht aus, als würde sie alles verstehen. Dem ist aber keineswegs so."

Das hat sie schon einmal gesagt. Zu Mrs Keller.

Miss Annie seufzt.

„Ei, ei, ei." Von jenseits der Buchsbaumhecke kommen ulkige Töne. Mrs Keller schaukelt Mildred durch die Luft. „Nun fliegst du rauf, mein kleiner Spatz, nun fliegst du runter", singt sie.

Es ist ein Anblick wie die Engelein im Paradies, würde Percy sagen – eine Mutter spielt mit ihrem Kind. Aber etwas daran finde ich merkwürdig. Als ginge ein Riss durch das Bild. Etwas stimmt nicht. Aber ich weiß nicht, was.

Belle hat ein Eichhörnchen aufgestöbert. Obwohl sie schon alt ist, weckt es ihre Jagdlust. Belle flitzt hinterher. Miss Annie pfeift. Belle lässt von ihrer Verfolgung ab und kommt angetrottet.

„Platz!", sagt Miss Annie und die Hündin legt sich hin. In ihren Augen glüht die Frage, ob Miss Annie zufrieden mit ihr ist.

„Braver Hund", lobt Miss Annie. Dann dreht sie sich zu mir. „Siehst du", sagt sie, „das ist es, was ich meine. Belle macht, was ich ihr sage. Kann sie deswegen schon sprechen?"

„Natürlich nicht!" Ich lache, die Vorstellung ist zu verrückt. Belle kläfft gelegentlich, wenn auch selten, aber ich habe sie noch niemals reden hören.

„Eben!" Miss Annie verschränkt die Arme vor der Brust, als wollte sie sich gegen jeden Widerspruch wappnen. „Belle legt sich hin, weil sie weiß, dass ich sie dafür lobe. Oder ihr einen Keks gebe. Belle ist klug, keine Frage. Ihr Verhalten beweist jedoch noch lange nicht, dass sie auch versteht, was sie tut." Sie kramt in ihrer Rockschürze. Sie hebt die Hände. „Bedauere, liebe Belle, ich muss dich enttäuschen. Leider habe ich keine Nascherei für dich dabei!"

Ich stutze. Obwohl Miss Annie gerade behauptet hat, Belle verstünde nicht, was sie sagt, spricht sie doch mit ihr in langen Sätzen, als wäre genau das der Fall. Und da begreife ich, was mich vorhin störte, als ich Mrs Keller mit dem Baby spielen sah. Mildred ist noch klein und alles, was sie von sich gibt, sind unverständliche Laute wie Brrr oder Blblbl oder Blubb oder Bäh. Mrs

Keller spricht trotzdem mit ihr, als würde Mildred jedes Wort verstehen. Kann es sein, dass wir so sprechen lernen, ja, dass wir alle einmal auf diese Weise mit dem Sprechen anfingen? Indem wir einer anderen zuhörten, wie sie mit uns sprach?

Miss Annie wandert weiter durch den Garten, ich folge ihr. „Hast du schon mal versucht, zu denken ohne Worte?", fragt sie plötzlich. „Was siehst du, wenn du mit mir redest? Sind es Wörter? Sind es Bilder?"

Darüber habe ich noch nie nachgedacht. Aber ich bemühe mich, es nachzuholen. Zum ersten Mal überlege ich, was geschieht, wenn ich etwas sage. Habe ich da Wörter im Kopf? Aber wie soll das gehen, wenn ich nicht schreiben kann? Oder sind es Bilder? Und wie ist das für einen Menschen, der weder sieht noch hört, jedenfalls nicht mit den Augen sieht, sondern mit den Fingern und den Füßen? So wie Helen. Und der doch denkt?

„Helen denkt doch, oder?", frage ich.

„Natürlich!" Miss Annie lacht. „Das weißt du doch. Hätte sie mich sonst einsperren können?"

Ich nicke. Sie hat recht. Wie konnte ich das nur vergessen.

Helen ist wieder bei der Buchsbaumhecke angelangt. Plötzlich kniet sie sich ins Gras, ihre Finger durchkämmen die Halme. „Was macht sie denn da?", fragt Miss Annie erstaunt.

„Sie sucht Perlhuhneier", erkläre ich. „Perlhühner legen ihre Eier in Mulden. Früher haben Helen und ich oft Eier gesucht. Wenn wir ein Nest fanden, durfte ich die Eier nie in die Küche tragen. Helen hatte Angst, dass ich sie zerbrechen würde."

Wir schmunzeln beide. Und ich denke: Ich habe eben früher gesagt, als läge es schon eine unendlich lange Zeit zurück. Dabei ist Miss Annie erst vier Wochen hier.

Eine Weile sagt niemand etwas. Wir sehen zu, wie Helen den Rasen abklopft, ein Nest hat sie noch nicht entdeckt.

„Was ich mich frage, Martha, wie gesagt", nimmt Miss Annie den Faden wieder auf. „Was glaubst du, woher kommen die Wörter?"

Darauf weiß ich eine Antwort. „Meistens kommen die Wörter einfach so", sage ich.

Miss Annie lacht leise. „Das glaube ich dir sofort, Martha. Einfach so. Ich meine, wie hast du es gelernt? Das Sprechen?"

„Mama sagt, das war schon immer so. Ich kam auf die Welt, ich habe meinen Mund aufgemacht und geschrien und seitdem steht mein Mund offen."

Wieder lächelt sie. Wir sehen zu Mrs Keller, wie sie mit Mildred im Arm durch den Garten schlendert und dem Baby alles erklärt, was sie sieht. Und auf einmal weiß ich, dass ich es ihr sagen muss.

„Miss Annie", sage ich. Ich räuspere mich, weil es wichtig ist, was ich ihr sagen will, sie soll es auch verstehen. „Es stimmt aber nicht, was meine Mama sagt. Es ist ganz anders. Nämlich so."

Und dann verrate ich es ihr: Jedes Kind lernt, weil es einem anderen zuhört. Oder einer anderen. Seiner Mutter. Unsere Köpfe sind Nester. Die Worte, die wir hören, sind wie Vögel, die ihre Eier in die Nester legen. Dann hocken sie in unseren Köpfen und brüten die Wörtereier aus. Bis die Schale aufbricht und die Wörter schlüpfen. Dann spricht man selbst.

Und da versteht auch Miss Annie, was ich meine.

„Das ist es, Martha! Und weil Helen nichts hört und nichts sieht, muss sie es fühlen!" Sie wedelt mit den Armen, sie ist ganz aufgeregt. „Aber nicht nur einzelne Wörter, sondern viele Wörter, wie man sonst auch miteinander spricht! Was für eine wunderbare Einsicht. Ab sofort werde ich es genauso machen, wie du es vorschlägst: Ich werde mit Helen reden, wie eine Mutter mit ihrem Kind spricht. In Sätzen."

Sie fängt gleich damit an.

Es ist Zeit für das Abendessen. Darum müssen wir auch wieder unsere Hände waschen. Miss Annie nimmt Helens Hand. „Wir gehen zur Pumpe", buchstabiert sie in Helens Handfläche, „wir brauchen Wasser."

ERTAPPT

Mitten in der Nacht schrecke ich auf. Etwas hat mich geweckt, ein fremdes Geräusch, das ich nicht einordnen kann. Ich richte mich auf und schiele zu dem Bett, in dem Miss Annie und Helen nebeneinander schlafen. Unter der Decke erkenne ich eine schmale kleine Gestalt. Das ist Helen. Die andere Hälfte ist leer. Miss Annie fehlt. Ich blinzele zum Tisch, an dem sie ihre Briefe schreibt. Nichts. Durchs Fenster fällt Mondlicht. Dort steht sie, die Stirn ans Glas gelegt. Im Arm hält sie die Perkins-Puppe. Ihre Wangen glitzern. Sie weint. Von ihrem Schluchzen bin ich aufgewacht.

Ich richte mich noch ein bisschen höher auf. Belle hört mich. Winselnd kommt sie angetrottet. Ihre Schnauze stupst mich an. Die Schnauze ist feucht.

Da dreht sich Miss Annie um.

Unsere Blicke treffen sich. Diesmal wissen wir beide, dass ich sie gesehen habe.

JIMMY

Am nächsten Morgen versuchen wir krampfhaft, einander nicht in die Augen zu sehen. Es würde uns nur wieder daran erinnern, dass ich sie erwischt habe mit der Puppe auf dem Arm, die eigentlich Helen gehört, für die Helen aber keinerlei Zärtlichkeit aufbringt und die sie eben behandelt als das, was sie ist: ein Spielzeug, während Miss Annie dem leblosen Geschöpf eine Zuwendung zuteilwerden ließ, die Kindern aus Fleisch und Blut vorbehalten sein sollte. Das ist jedenfalls meine Meinung, auch wenn sie niemand hören will. Es muss ihr unangenehm sein, dass ich sie entdeckt habe, als wäre sie das Mädchen, das Trost braucht. Hat es der Captain nicht ähnlich gesagt? Miss Sullivan, Sie benehmen sich kindisch?

Als ich Wasser in die Waschschüsseln gieße, bricht sie das Schweigen mit einer Frage, die zu meiner Überlegung passt, mich aber vollends durcheinanderbringt. „Martha, wie alt bist du?"

Ich zucke mit den Schultern. „Zehn", sage ich, und ein bisschen leiser füge ich hinzu: „Vermutlich."

Obwohl ich schon weiß, dass ich älter bin als Helen, weiß ich es nicht genau. Niemand hat meinen Geburtstag aufgeschrieben. Niemand feiert mich. Das sieht bei Helen anders aus. Schon Tage vor dem 27. Juni verfällt ganz Ivy Green in eine fieberhafte Unruhe. Besonders Mama schuftet mehr als sonst, weil sie nicht nur einen Kuchen backt wie jeden Tag, sondern drei oder vier, und natürlich gibt es ein Essen mit allem Drum und Dran, Braten, Klöße, Soße und Zitronenparfait zum Nachtisch. Helens Vettern und Kusinen kommen, ihre Tanten und der Onkel. Das Haus wird geschmückt, und wenn ich den Tisch im Salon decke, stolpere ich, weil der Boden übersät ist mit Helens Geschenken. Nein, Helens Geburtstag vergisst man nicht. Meinen schon.

„Du wurdest geboren, als die Magnolien blühten und der Blitz in die alte Eiche einschlug, daran erinnere ich mich genau", erzählt Mama. „Das war ein paar Jahre vor Helens Geburt, vielleicht zwei. Oder waren es doch drei?"

„Zehn", wiederholt Miss Annie leise. Ich nehme an, sie hat mich schon wieder vergessen, sie klingt, als spräche sie zu sich selbst. Doch dann sieht sie mich an.

„Ich habe dir doch von Jimmy erzählt. Mein Bruder war drei Jahre jünger als ich. Ich habe versprochen, dass ich auf ihn aufpasse. Dass ich immer für ihn da bin. Ihn nie verlasse. Das wollte ich auch. Aber dann …" Ihre Stimme bricht ab.

„Was dann?", wage ich zu fragen.

„Er war schon krank, als sie uns ins Armenhaus brachten. Die Tuberkulose saß in der Hüfte und im Bein. An manchen Tagen konnte er kaum gehen. Und es wurde immer schlimmer."

Ich halte die Luft an, als hätte ich Angst, mein Atem könnte ihre Worte verhindern, denn ich möchte alles hören. Sie hat es schon mal erzählt, als sie mit den Kellers stritt. Aber jetzt ist es anders. Sie erzählt es mir, niemandem sonst, nur wir zwei sind da und Helen, die den Faden durch die Karte sticht.

„Wir waren keine vier Monate in Tewksbury, als Jimmy starb, und die Puppe aus Perkins, die Puppe, die die kleinen blinden Mädchen eingekleidet haben mit der von Laura Bridgman gehäkelten Spitze, nun, ich weiß nicht, warum, sie erinnert mich an meinen Bruder." Sie zeigt auf die Perkins-Puppe, die Helen selten anrührt, weil sie lieber mit Nancy spielt. „Vielleicht glaube ich, ich könnte etwas gutmachen, wenn ich sie halte. In den Nächten, wenn mich niemand sieht. Außer du. Und du solltest mich auch nicht sehen."

Sie lächelt. Ich lächele zurück. Ich will ihr zeigen, dass ich sie verstehe, auch wenn das nicht stimmt. Ich vermute eher, dass es noch so einiges gibt in ihrem Leben, von dem ich nicht die geringste Ahnung habe.

Dann gibt sie sich einen Ruck. „Das ist natürlich Unsinn. Und du vergisst am besten schnell, dass du mich gesehen hast. Es macht Jimmy auch nicht wieder lebendig, wenn ich in meinen schlaflosen Nächten eine leblose Puppe wiege. Jimmy ist tot. Helen ist es nicht. Und für sie setze ich mich ein. Dass ich hier mit dir über Jimmy reden kann, obwohl er schon so lange tot ist, geht nur, weil wir beide eine gemeinsame Sprache haben. Ohne Sprache gibt es keine Geschichten. Ohne Geschichten versickert die Vergangenheit ins Unbekannte. Ohne Vergangenheit wissen wir nicht, wo wir herkommen. Wenn wir nicht wissen, wo wir herkommen, wissen wir nicht, wohin wir gehen. Also gibt es keine Zukunft."

Ich denke an Mama. Meine Zukunft liegt in der Küche, sagt sie, Klöße, Süßkartoffeln und Kuchen jeden Tag.

„Ich vermisse Jimmy sehr. Seit er gestorben ist und ich mein Versprechen nicht gehalten habe, vergehen kein Tag und keine Nacht, an denen ich mir nicht wünsche, ich hätte etwas ändern können an dieser Geschichte, vor allem den Anfang. Denn eins weiß ich ganz sicher: Man darf Kinder nicht in ein Heim abschieben, bloß weil sie einem lästig werden. Als Vater nicht mehr mit uns zurechtkam oder vielmehr, als er sich mehr um seine Whiskeyflasche kümmern musste als um uns, gab er uns zu Verwandten, aber schon zum ersten Weihnachten war ihre Nächstenliebe für ein halbblindes widerspenstiges Mädchen wie mich und einen kranken, hinkenden Jungen wie meinen Bruder aufgebraucht. Sie steckten uns ins Armenhaus. Natürlich waren sie überfordert, wie auch unser Vater mit uns überfordert war, und die Kellers sind es mit Helen auch, bei aller Liebe für ihr Kind. Deshalb haben sie mich hergeholt. Aber ich bin nicht gekommen, damit Helen sich benimmt. Den Kellers scheint es zu genügen, wenn sie eine halbwegs gesittete Tochter zurückerhalten, aber wir wissen beide, dass so viel mehr in ihr steckt als Anstand und ein paar gehäkelte Deckchen. Stell dir nur vor, Helen muss den Rest ihres Lebens mit Handarbeiten zubringen! Wäre das nicht grauenvoll?"

In der Tat. Bei der Vorstellung schaudert es auch mich. Ich nicke. Aber seltsamerweise denke ich dabei nicht an Helen. Seltsamerweise denke ich schon wieder an mich. Ich muss ein Ausbund an Eigennutz sein. Ich sehe mich in der Küche stehen, Mamas großen Hände in der Teigschüssel. Meine kleineren daneben. Die Zukunft mag in der Küche liegen, aber besonders rosig schaut sie nicht für mich aus.

KOPFLOS

Die letzten Tage habe ich an einer Hand abgezählt. Heute ist es so weit. Gleich kommen Helens Eltern und holen ihre Tochter ab. Miss Annie gleicht einem Huhn, das kopflos und zappelig über den Hof rennt, weil es weiß, dass es gleich geschlachtet wird. Sie will noch jede Minute, die ihr allein mit Helen bleibt, zum Lernen nutzen. Ich muss immer neue Gegenstände heranschleppen, einen Becher, einen Krug mit Wasser, immer wieder versucht sie es von vorn, und natürlich bringt es nichts. Je mehr sie Helens Hand knetet, desto verworrener wird alles.

„Es stimmt nie", stöhnt Miss Annie. „Helen versteht einfach nicht, dass es einen Unterschied gibt zwischen einem Becher und dem, was er enthält, seinem Inhalt."

Als im Hof die Kühe gemolken werden, klopft es an der Tür. Sie kommen gemeinsam. Belle bemerkt als Erste ihre Ankunft. Ihr Schwanz fliegt hin und her. Sie dreht sich im Kreis und überschlägt sich fast vor Freude.

Miss Annie schafft es gerade noch, „Helen, deine Mama ist da", in Helens Handfläche zu tippen. Schon schlägt die Tür auf. Helen spürt die Veränderung im Raum sofort. Sie taumelt ihrer Mutter in die Arme.

Sie sind so froh, wieder beisammen zu sein. Niemand achtet auf mich. Das ist gut so, denn während ich ihnen zusehe, formen meine Finger Buchstaben. Sie schreiben, was ich Miss Annie Helen in die Hand schreiben sah: Mama.

Gleich bin ich wieder bei ihr in der Küche, wo wir gemeinsam die Klöße kneten, aber ohne Helen, die das früher oft mit mir gemacht hat. Denn auch wenn sie nach Ivy Green zurückgekehrt ist, wird sie mit Miss Annie weiterlernen, das steht schon mal fest.

Die Zeit im Gartenhaus ist vorbei. Ich bücke mich und rolle den Quilt zusammen. Da ruft mich der Captain. „Martha, beeil dich und räum alles zurück ins große Haus, damit Helen gleich findet, was sie braucht. Am besten beginnst du mit den Sachen, die am wichtigsten für sie sind, ihre Kleider, ihre Puppen." Seine Augen wandern durch das Zimmer, sein Blick fällt auf das rote Wollknäuel, „… und das Häkelgarn."

SCHREIBEN

Fünfmal bin ich schon hin- und her gelaufen zwischen Gartenhaus und Haupthaus. Das Zimmer unter dem Dach, wo Helen Miss Annie gleich nach ihrer Ankunft eingesperrt hat, sieht wieder gut gefüllt aus. Helens Puppen sitzen auf dem Bett, die zerlumpte Nancy neben der feinen Perkins-Puppe. Miss Annies Kleider hängen im Schrank, Helens Hüte liegen obenauf. Sogar die Waschschüssel habe ich mit frischem Wasser gefüllt.

Als Letztes trage ich Miss Annies Schreibpapier zurück, den Füller, die Briefumschläge und das Tintenfass. Ich lege alles auf den Schreibtisch. Dann setze ich mich auf den Stuhl davor. Ich schraube das Tintenfass auf. Ich tunke den Füller in die Tinte. Ich setze die Spitze auf ein Blatt Papier. Ich ziehe die Feder leicht schräg nach unten zu einem langen Strich. Die Feder kleckst, weil ich zu viel Tinte aufgesogen habe, aber bald wird es besser. Ich setze die Feder ab und oben am Ende meines ersten Strichs wieder an. Ich ziehe eine neue Linie schräg mittig nach unten, dann wieder hoch, dann wieder runter. Und Donnerlittchen: Wie ich es mir im Kopf vorgestellt habe, sieht es aus. Ein M erscheint. Wie es meine Finger formten, steht es nun vor mir, sodass ich es ansehen kann, und es geht nicht wieder weg wie die flüchtigen Fingerzeichen, die wir einander in die Hände kneten. Ich tusche ein A daneben. Das R gerät ein bisschen aus den Fugen, weil ich zittere, als ich den Füller führe, sodass der Bauch vom R verrutscht und dem steifen Strich, der aus dem Bogen ragen soll, darum die Verankerung fehlt. Das T geht dagegen beinahe mühelos. Es ist ein aufrechter Strich wie ein Stock mit einem Dach darüber. Percys Messer mit der aufgespießten Wurst. Das H trägt eine Latte zwischen seinen beiden Linien wie eine Leiter mit einer Sprosse, die beide Linien auf Abstand hält und doch verbindet. Und noch einmal zeichne ich ein A, das mir fast am besten gefällt. Zwei lange Striche lehnen spitz aneinander, und ein kurzer schummelt sich dazwischen wie ein Kind, das den Schutz der beiden großen sucht. Diesmal gelingt es mir viel besser. Und dann steht es plötzlich da: Martha. Ich habe meinen Namen geschrieben.

Auf der Treppe poltert es.

Ich knülle das Blatt in meine Rockschürze, werfe den Füllfederhalter auf den Tisch und stürze aus dem Zimmer.

In der Diele pralle ich auf Miss Annie und Helen, die ihre Jacken ausziehen. Vom Küchenhaus ruft Mama nach mir. Sie braucht meine Hilfe mit dem Abendessen, denn es soll ein Festmahl geben zur Begrüßung. Die verlorene Tochter ist zurückgekehrt, zum Vorzeigen brav, aber stumm. Ich sehe die Verzweiflung in Miss Annies Augen, weil sie sich für Helen etwas anderes wünscht. Ginge es nach ihr, sollte Helen alles sagen, was sie denkt, nicht wie ein Püppchen brav am Tisch sitzen. Doch wir haben die Rechnung ohne Helen gemacht. Schon beim Abendessen zeigt sich, dass unter dem mittlerweile ordentlich frisierten Lockenkopf nach wie vor der alte Dickschädel sitzt. Fast denke ich: zum Glück.

ALLES BEIM ALTEN

Ich stelle die Schüssel mit den Klößen auf den Tisch, als die Serviette, die Miss Annie Helen umgebunden hat, auf den Boden plumpst. Natürlich tun alle so, als wäre nichts geschehen. Sie kauen emsig weiter, Tante Ev, der Captain, Mrs Keller, James, alle, bis auf Miss Annie, die sich nach der Serviette bückt und sie Helen erneut umbindet.

Vielleicht hat es der Captain auch nicht mitbekommen?

Er erzählt mal wieder seine Possen aus dem Bürgerkrieg; eben galoppiert er mit General Lee gegen Ulysses Grants Truppen.

Helen löst die Serviette zum zweiten Mal. Diesmal fliegt sie Miss Annie ins Gesicht. Wieder bindet Miss Annie Helen die Serviette um. Wieder landet sie auf dem Boden. Die Luft im Zimmer gefriert. Selbst der Captain macht eine Pause, mitten im Satz stockt er. „... und da haben wir doch glatt ... unsere Kavallerie ..." Wieder hebt Miss Annie die Serviette auf. Sie will sie Helen umbinden. Helen trampelt mit den Füßen. Sie reißt Miss Annie die Serviette aus der Hand. Die Serviette segelt über den Tisch. Sie landet auf der Schüssel mit den Klößen. Gleich werden die Teller vom Tisch fliegen. Doch so weit kommt es nicht: Miss Annie packt Helen um die Hüfte. Sie zerrt sie vom Stuhl.

Da springt der Captain auf.

„Unterstehen Sie sich, Miss Sullivan! Ich dulde nicht, dass eines meiner Kinder diesen Tisch verlässt, ohne dass es zu Abend gegessen hat!"

James verzieht den Mund zu einem schrägen Grinsen, aber das bemerke nur ich.

„Sehen Sie nicht, dass Helen lediglich testet, wie weit sie gehen kann? Nur weil sie wieder in Ihrer Nähe ist, fühlt sie sich doch sicher für einen derartigen Radau." Miss Annie keucht. Helen kickt mit den Füßen. Miss Annie muss fest zupacken. „Sie haben doch selbst gesagt, wie ... wie schön, dass Helen jetzt so ruhig ist! Machen Sie doch nicht alles kaputt, so wie dieses Kind gleich alles zerschlägt, sobald ich sie loslasse."

„Ich muss schon sehr bitten, Miss Sullivan. Sie bringen da gehörig etwas durcheinander. Sie sind unsere Angestellte und tun gefälligst, was ich Ihnen sage. Lassen Sie Helen sofort los! Oder soll ich Sie zurückschicken nach Boston?"

Da erlischt der Kampfgeist in Miss Annie. Sie lässt Helen los. Helen, noch im Schwung, taumelt gegen den Tisch. Ihr Glas, randvoll mit Wasser, wackelt. Das Glas kippt um. Es kullert über die Tischkante. Es zerschellt auf dem Boden. Klirr.

„Auch das noch!", ruft der Captain. „Martha, steh nicht rum! Lies die Scherben auf, nicht, dass sich Helen daran schneidet. Und dann hol Kuchen, damit sie sich beruhigt!"

Ich bücke mich. Ich angele die Scherben aus der Pfütze. Dann düse ich mit den Scherben in der Hand in die Küche, um Kuchen zu holen.

Wasser und Scherben, ich hätte es Miss Annie gerne anders gewünscht, doch diese Schlacht geht an den Captain, den alten Haudegen.

Als ich wiederkomme, liegt Helen in den Armen ihrer Mutter und lässt sich trösten. Miss Annie ist verschwunden. Das Abendessen, das eben erst begonnen wurde, ist schon wieder zu Ende. Ich räume den Tisch ab. Ich trage die Klöße in die Küche. Sie sind kalt geworden. Und es sind noch viele übrig.

„Hat es ihnen etwa nicht geschmeckt?" Mama sieht ganz erschrocken aus.

„Aber nein, Mama, an den Klößen lag es nicht", beruhige ich sie. „Sie hatten bloß keine Gelegenheit, sie zu essen."

„Gütiger Himmel, geht es etwa wieder los? Dabei war Helen schon so artig." Mama lässt die Hände sinken. „Ich hatte gehofft, die neue Lehrerin würde alles ändern, aber bald herrscht hier wieder das gleiche wilde Durcheinander wie zuvor, und es wird immer schlimmer werden, weil Helen immer älter wird."

Mama hat recht. Doch was können wir schon tun?

Ich helfe Mama. Schweigend arbeiten wir nebeneinander her, wir wissen, wie das geht, wir haben es schon oft gemacht. Ich hole Wasser von der Pumpe und spüle Töpfe, Teller, Gläser, Messer und Gabeln und die Löffel für das Dessert, das keiner aß. Dann nehme ich ein Tuch und trockne alles ab, bis die Gläser und Teller und Löffel funkeln, halte sie gegen das Fenster, von dem Mama das Tuch abgenommen hat, weil die Vögel inzwischen flügge sind. Und ich denke, irgendwie haben wir jetzt alle verloren: Miss Annie, weil sie Helen nicht beibringen konnte, was sie ihr beibringen wollte. Helen, weil sie nicht gelernt hat, was sie hätte lernen können. Die Kellers, weil sie eine Tochter haben, die sie nicht verstehen und nie verstehen werden, weil ihnen nur eine Handvoll Zeichen bleibt, auch wenn es geschlagene sechzig sind, ich habe sie einmal gezählt.

Und ich. Ich habe auch verloren. Ich habe es noch nie so gesehen, weil ich noch nie darüber nachgedacht habe und ich nicht wusste, was ich gewinnen konnte, aber jetzt sehe ich es so. Während ich das Besteck poliere, das nicht benutzt wurde, begreife ich meinen Verlust. Ich habe verloren, obwohl ich nicht gekämpft habe. Oder vielleicht habe ich verloren, weil ich nicht gekämpft habe? Ich habe gelernt, was Helen hätte lernen sollen, aber ich kann nichts damit anfangen. Und morgen wird es das Gleiche sein. Ich werde in der Küche stehen, denn auch morgen werden die Bäuche, die Mama heute füllen wollte, wieder leer sein, und wir werden sie füllen, tagein, tagaus, solange bis wir sterben und endlich Schluss ist mit der ganzen elenden Esserei.

So ist das mit uns Menschen: Es gibt solche, die sattwerden, und andere, die sattmachen. Es gibt Schatten. Es gibt Licht. Nun bin ich nicht einmal mehr ein Schatten. Ich weiß gar nicht mehr, was ich bin.

Am Abend krieche ich zu Mama unter den Quilt. Wie eh und je drückt sie mir ihre Lippen auf die Stirn, nachdem sie das Kreuz darauf gestrichelt hat. Sie streift mir über die Haare. Die Haare sind gewachsen, nicht viel, nur einen Fingernagel breit, aber es stoppelt fast nicht mehr, wenn man darüber streicht. Ich hab es nicht mitbekommen.

„Mama", flüstere ich, „jetzt ist alles wieder beim Alten."

„Aber nein", sagt sie, „deine Haare sind schöner als zuvor."

WEITERMACHEN

Es liegt an Helen, dass es dann doch weitergeht. Als ich am nächsten Morgen das Rührei in den Salon trage, sitzt Helen artig auf ihrem Stuhl, die Serviette baumelt um ihren Hals. Alle sehen es, keiner sagt etwas, auch Miss Annie nicht.

Sie bedankt sich bei mir, während ich ihr das Rührei auflege. „Danke", sagt sie. Sie sagt es, als wären wir Verbündete. Als gäbe es eine Sprache nur für uns beide.

Nach dem Frühstück ist es wieder Zeit für Helens Unterricht. Ich folge Miss Annie mit einem Krug Wasser in der Hand. Unterrichten macht durstig. Mitten auf der Treppe hält sie an und dreht sich um zu mir.

„Martha, wir wollen einmal sehen, ob wir Helens plötzlicher Erinnerung an gute Sitten noch ein bisschen nachhelfen können. Holst du bitte eine Serviette und bringst sie mir?"

Im Zimmer hat Miss Annie die üblichen Gegenstände auf den Tisch gelegt, nur der Kuchen steht oben auf dem Schrank. Helen merkt es sofort. Sie führt ihre Hand zum Mund und macht ihr Zeichen für Essen

„Erst unterhalten wir uns über gestern, ehe es Kuchen für dich gibt", sagt Miss Annie. Sie nimmt die Serviette, die ich ihr gebracht habe, und bindet sie Helen um. Sie reißt sie wieder ab und wirft sie auf den Boden. Sie legt Helens Hand auf ihre Wange und schüttelt den Kopf.

Dann macht sie dasselbe gleich noch mal: Serviette umbinden. Serviette abreißen. Kopfschütteln.

Und noch einmal.

Helen stutzt. Sie schlägt sich derb auf die Hand und schüttelt den Kopf.

„Oh, ich glaube, Helen hat verstanden, dass sie die Serviette nicht abmachen soll", sage ich.

„Ja, glaube ich auch." Miss Annie nimmt Helens Hand und legt sie auf ihre Wange. Sie nickt. „Einverstanden, Helen, ich nehme deine Entschuldigung an. Und jetzt beginnen wir mit dem Unterricht."

Sie gibt Helen eine Kerze und buchstabiert das Wort in ihre Hand. K-E-R-Z-E. Helen buchstabiert das Wort zurück, plötzlich hält sie an. Sie tastet nach der Serviette. Sie bindet sich die Serviette um. Sie macht ihr Zeichen für Kuchen. Sie nickt erwartungsvoll.

„Sehe ich das richtig? Versprichst du gerade, ein braves Mädchen zu sein?", sagt Miss Annie. „Was meinst du, Martha, wollen wir sie beim Wort nehmen?"

Helen beim Wort nehmen! Wie soll das gehen? Aber ich nicke. Natürlich. Mir ist es recht, wenn ich künftig keine Scherben mehr auflesen muss.

Miss Annie holt den Kuchen vom Schrank und gibt Helen ein besonders großes Stück. Wir sehen zu, wie sie schmatzt und kaut und offenkundig sehr zufrieden ist mit sich. Sie streichelt sich die Wange und den Handrücken. Sie lobt sich selbst.

„Ich sollte das nicht sagen", sagt Miss Annie und grinst verschmitzt, „aber ich sage es trotzdem. Im Grunde bin ich froh über das Tamtam, das sie gestern veranstaltet hat. Ein wenig Widerspruchsgeist ist mir allemal lieber, als wenn sie stumm und steif wie ihre Puppen auf dem Sofa sitzt oder Topflappen für ihre Mutter häkelt. Helen soll reden. Mit ihren Fingern. Besonders weit bin ich damit bisher allerdings nicht gekommen."

Der Satz erinnert mich an etwas: So ähnlich habe ich ihn zu Mama gesagt.

Der Kuchen ist verputzt. Helen klopft Miss Annie auf den Handrücken, als verlangte sie, den Unterricht fortzusetzen.

Miss Annie lacht.

„Du hast recht, Helen. Wir sind zwar wieder zurück bei deinen Eltern, trotzdem geben wir nicht auf. Machen wir also weiter!"

EINGEGRABEN

Sie ist ungeheuer zäh und gibt einfach nicht auf, obwohl die Kellers keine Hilfe sind. Im Gegenteil. Dabei hatten sie versprochen, sie in allem zu unterstützen." Ich sitze mit Percy am Scheunentor. Das Holz brutzelt in der Mittagssonne. Unsere Rücken dampfen. „Sie ist eben eine Irin."

„Was hat das denn mit den Iren zu tun?" Percy schiebt seine Zehen durch den Staub. Wären sein dicker Zeh ein Stift und der Staub Papier, hätte er ein O geschrieben.

„Iren geben sich nicht so schnell geschlagen", erkläre ich ihm. Ich erinnere mich noch gut, wie der Captain das zu Miss Annie sagte, damals im Gartenhaus. Es kommt mir vor, als läge es Monate zurück, dabei ist es gerade mal eine Woche her.

„Nosy, Nosy!" Percy knufft mich in die Rippen. „Du hast dich verändert, seit du im Gartenhaus warst. Jetzt denkst du nicht nur Unsinn, du plapperst ihn auch. Und wenn, dann ist Miss Annie nicht zäh wie eine Irin, sie ist zäh wie ein altes Schwein!" Er grinst noch breiter. Heute war Schlachttag. In der Früh hat er Mama ein Schwein vor die Tür gelegt für den Braten.

Derweil Mama mit den Schweinshaxen kämpft, möchte Miss Annie noch einmal in den Stall, wo es immer was zum Fühlen gibt. Ich soll mitkommen. Für alle Fälle, man weiß nie, was ansteht. *Du bist immer eine gute Begleitung.* Sie will Helen beibringen, dass ein Wort für vieles stehen kann. Begriffe nennt sie es. Kategorien.

„Vielleicht begreift sie es, wenn sie es anfasst? Viele Dinge, die es einzeln gibt, tragen doch denselben Namen. Nimm zum Beispiel eine Kuh. Das Wort heißt Kuh, aber es gibt viele Kühe. Lilo, ihr Kälbchen, das ein Mädchen ist. Alles Kühe. Packen wir also den Stier bei den Hörnern!"

Wir stehen bei Lilo in der Box und wieder rechne ich nach. Wie lange ist es her, dass ich Helen unter Lilos Euter fand und ihr danach die Hände an der Pumpe wusch? Einen Monat lebt Miss Annie inzwischen bei uns. Seitdem hat sich viel verändert, aber noch nicht genug, weil Helen nicht versteht, was für einen Schatz ihr Miss Annie in die Hände legt.

Lilo wendet uns den Kopf zu. Sie blinzelt mit den langen Wimpern, als hätte sie Mitleid mit unseren Versuchen. Unsere Versuche sind sehr stümperhaft. Sanftmütig, wie Lilo ist, erlaubt sie es aber, dass Miss Annie Helens Hände über ihr Gesicht führt, der breite Nasenrücken zwischen den feuchten Nüstern, die runden Augen, die Hörner neben den behaarten Ohren.

„Schau, Helen, das heißt: fühl!", sagt Miss Annie. „Das ist ein Gesicht. G-E-S-I-C-H-T." Sie tippt Helen das Wort in die Handfläche. Miss Annie streichelt Helens Gesicht. Sie legt ihr die Hände über die Wange, die Augen, die Nase. „Helen hat auch ein Gesicht. G-E-S-I-C-H-T." Sie legt Helens Hände an ihre eigenen Wangen. „Ich habe ein Gesicht." Wieder tippt sie das Wort. „Selbst deine Puppe hat ein Gesicht." Sie lässt Helen Nancys Gesicht fühlen, denn natürlich ist Nancy mit dabei im Stall. „Die Kuh. Ich. Du. Deine Puppe. Alle haben Gesichter. Es ist das gleiche Wort für all die unterschiedlichen Dinge, die du fühlst." Helens Hände tippen das Wort zurück. G-E-S-I-C-H-T. Nur mein Gesicht fehlt. Sie haben mich übersehen.

„Und jetzt gehen wir in den Garten!", bestimmt Miss Annie. „Es ist einfach zu herrlich draußen, wo gerade alles sprosst und grünt!"

Im Garten kniet Mrs Keller zwischen ihren Beeten und gräbt die Erde um. Mrs Kellers Rosengarten ist ein Paradies, und das kommt nicht von ungefähr. Bei so viel Pflege, die sie ihren Blumen angedeihen lässt, verwandelt sich selbst der mickrigste Grashalm noch in eine Orchidee. Zwischen den Rosen duftet es betörend, mir wird ganz schwindelig davon.

Helen tappt zu ihrer Mutter. Ihre Mutter gräbt ein Loch in die weiche Erde und legt einen winzigen Samen hinein.

„Das wird einmal eine Camelia Japonica werden, eine Winterrose", sagt sie und schiebt Erde darüber.

Helen kniet sich neben ihre Mutter und schaufelt ebenfalls ein Loch. Das Loch wird gerade groß und tief genug, dass Nancy hineinpasst. Helen legt Nancy in das Loch und deckt sie mit Erde zu.

„Um Himmels willen!" Mrs Keller springt erschrocken auf die Beine. „Was macht Helen denn da? Sie beerdigt ihre Puppe!"

Helen zupft an Mrs Kellers Rock. Sie streckt sich, ihre Arme greifen in den Himmel.

Miss Annie schmunzelt. „Aber nein, Helen macht es wie Sie, Mrs Keller. Sie versteht, dass aus dem Samen, den Sie pflanzten, einmal eine große, schöne Blume wird. Helen gräbt ihre Puppe ein, damit sie wächst. Sie soll so groß werden wie sie!"

„Meinen Sie wirklich?" Mrs Keller schaut noch etwas misstrauisch, dann nimmt sie Helen in den Arm.

Ich sehe, wie Miss Annie zusammenzuckt. Wahrscheinlich würde sie Helen gerne selbst umarmen.

„Jawohl, das meine ich", sagt Miss Annie. „Bloß weil Helen nicht spricht, bedeutet das doch nicht, dass sie nichts denkt. Ihre Tochter ist sehr schlau. Sie begreift viel. Aber das Entscheidende hat sie bislang nicht begriffen: dass alles einen Namen hat." Sie gibt sich einen Ruck, sie langt nach Helens Hand und löst sie aus der Umarmung. „Deshalb sollten wir jetzt weiterlernen, Mrs Keller. Wenn Sie uns bitte entschuldigen würden?"

„Sie hat doch schon so viel gelernt", murmelt Mrs Keller, aber auch sie lässt Helen los. „Wenn ich bedenke, wie wild Helen war! Wir konnten sie kaum bändigen. Nun ist sie solch ein braves Mädchen."

„Helen benimmt sich anständig, aber darum geht es nicht in erster Linie. Wenn Helen begreift, was Sprache ist, werden Sie mit ihr reden können, verstehen Sie? Sie könnten sich mit ihr über alles verständigen, was Sie nur wollen. Das wünschen Sie sich doch auch, nicht wahr?"

Die beiden Frauen richten sich auf. Jetzt stehen sie einander in voller Größe gegenüber und keine ist größer als die andere. Es ist klar, dass sich auch Mrs Keller bisher mit Helen verständigt hat. Sechzig Zeichen für die Dinge des Alltags wie trinken, laufen, Vater, Mutter. Aber für ihre Träume, ihre Gedanken, das, was morgen kommt und gestern war, genügt es nicht.

„Sie haben recht, Miss Sullivan", sagt Mrs Keller, „darum fahren Sie bitte mit dem Unterricht fort. Es ist gut, wenn Helen alles lernt, was sie nur lernen kann."

Einen Augenblick stehen sie still. Sie blicken auf das Beet. Aus der Erde ragt ein Arm. Nancys Hand greift in die Luft, als bäte sie darum, dass jemand sie aus ihrem Loch befreit.

Ich weiß schon, was Miss Annie sagen wird. Da spricht sie es schon aus: „Martha, Helen und ich gehen aufs Zimmer und lernen weiter, und du holst Nancy da raus und bringst sie uns. Aber klopf sie vorher ab, wasch sie, mach sie sauber. Wir wollen schließlich keinen Dreck in der Stube haben."

WASSER

Ich bringe Nancy zurück. Ich habe ihr Kleid sauber geklopft, so gut es eben ging. Weil die Erde trocken war, fiel sie mir wie Staub entgegen. Ich habe ihr das Haar gebürstet und den Dreck, den sie nicht haben wollen, von den rosa Wangen gewischt. Man sieht ihr kaum mehr an, dass sie gerade erst unter der Erde gelegen hat.

Die Tür knarzt, als ich sie aufdrücke.

Sie sitzen am Tisch, vor ihnen steht das Übliche, bei dem es nie gelingt: ein Becher und der Krug, den ich mit Wasser gefüllt habe. Becher. Wasser. Trinken. Das sind die drei Dinge, die Helen nach wie vor ineinanderschiebt, als wäre alles eins.

Miss Annie gibt nicht auf, aber die Unruhe steht ihr ins Gesicht geschrieben. Das Gesicht, das als Wort zwar viele haben, die Kuh, die Puppe, Helen, Miss Annie und auch ich, auch wenn sie mich vergessen haben, das aber jetzt unverkennbar nur Miss Annies ist, wird durchpflügt von Sorgenfalten.

„Also gut, versuchen wir es eben noch einmal", sagt sie. „Du hast Durst, Helen? Du möchtest etwas trinken? Fein, aber der Becher ist nicht das Wasser, und das Wasser ist nicht der Becher.

Trinken ist Trinken. Wasser ist Wasser, einerlei, wo es herkommt, ob aus diesem Krug oder von der Pumpe."

Helen schreibt etwas in ihre Hand. Miss Annie seufzt. Helen hat das falsche Wort zurückgetippt. Der Becher ist für sie das Wasser, das Wasser im Becher ist der Becher.

„Wie stelle ich es bloß an, dass es in ihren Schädel kommt?" Miss Annie rauft sich die Haare. Da erst merkt sie, dass ich in der Tür stehe mit Nancy im Arm.

„Martha, gut, dass du kommst und die Puppe mitbringst. Vielleicht sollte ich es mit etwas versuchen, das Helen mehr bedeutet als Wasser und Becher und trinken." Sie stellt den Becher und den Krug beiseite und nimmt mir Nancy ab. „Bring mir mal die Perkins-Puppe!", befiehlt sie. „Helen liebt doch Puppen. Schon möglich, dass sie mit ihrem liebsten Spielzeug begreift, was Puppe meint."

Die Perkins-Puppe sitzt im Schaukelstuhl. Das feine Spitzenkleid, der Kopf aus Porzellan. Nancy ist so anders. Obwohl ich Nancy geputzt habe, kann sie der edlen Perkins-Puppe nicht das Wasser reichen. Nancy ist zerlumpt, zerdrückt und ringsum schmuddelig. Wie soll Helen da begreifen, dass beides Puppen sind? Dass Puppe immer Puppe meint, egal für wen?

Außerdem täuscht sich Miss Annie. Helen liebt die Perkins-Puppe nicht. Allenfalls liebt sie Nancy. Doch das sage ich ihr nicht.

Miss Annie lässt Helen die Perkins-Puppe fühlen. Sie buchstabiert Puppe in ihre Hand. Fünf Bewegungen, drei davon sind gleich, weil es dreimal derselbe Buchstabe ist. P-U-P-P-E. Mühelos, fehlerfrei buchstabiert Helen es zurück.

„Gut, das hätten wir schon mal", sagt Miss Annie. „Und jetzt Nancy." Sie nimmt Helen die Perkins-Puppe weg und drückt ihr Nancy in den Arm. Wieder buchstabiert sie Puppe in Helens Hand. Helens Hand bewegt sich nicht.

„Nun komm schon, mach es nach!" Miss Annie klapst auf Helens Handrücken. „Nancy ist auch eine Puppe. Wie die Perkins-Puppe. Buchstabier es! P-U-P-P-E. Beides Puppen. PUPPEN. Donner und Doria, das kann doch nicht so schwer sein!"

Helen rührt sich nicht.

Sie weigert sich.

Nancy ist keine Puppe.

Nicht für Helen.

Nancy ist Nancy.

Niemand sonst.

„Noch mal von vorn", sagt Miss Annie. Sie zerrt Nancy aus Helens Arm und drückt ihr die Perkins-Puppe in die Hand.

Das hätte sie nicht tun sollen.

Ich habe es schon damals kommen sehen, ehe der Becher durch die Luft flog und ihren Zahn traf. Jetzt schäumt sie wieder in ihr hoch, die alte wilde Wut, die in ihr eingesperrt lag wie ein ungezähmtes Tier.

Helen springt auf. Der Stuhl kippt um. Mit der Perkins-Puppe im Arm macht sie drei Schritte Richtung Wand, sie läuft, als nähme sie Anlauf. Ihr Arm schwingt nach hinten. Dann lässt sie los. Die Perkins-Puppe knallt gegen die Wand. Ungebremst. Der Kopf zerplatzt. Peng. Ein Sprühregen aus Porzellan ergießt sich über Helen. Ihre Arme glitzern, übersät von Scherben. Die Splitter liegen überall.

Wir stehen wie gelähmt. Bis sich Miss Annie als Erste wieder fasst. „Martha, lies die Scherben auf!", befiehlt sie.

Ich habe es schon oft gehört, und immer habe ich gemacht, was man mir sagte. Jetzt aber platzt etwas in mir, wie der Puppenkopf zerplatzt ist, und ein Wort wird laut und lauter, bis es mich ganz ausfüllt. Ich habe es schon lang sagen wollen. Jetzt sage ich es laut. „Nein!"

Miss Annie schaut mich an, als hätte sie mich noch nie reden gehört. Ich muss es wiederholen, langsam, damit sie es begreift. „Wir müssen erst zur Pumpe und die Splitter abwaschen, Miss Annie. Helen braucht Wasser."

Miss Annie schweigt noch immer. Dann fällt ein Glitzern in ihre Augen wie die Splitter auf Helens Haut. Sie nickt.

„Du sagst es, Martha Washington, wir brauchen Wasser, keine Ordnung. Worauf warten wir noch? Gehen wir!"

Und dann zeigt sie, dass auch sie klug ist und noch ihren Verstand besitzt, obwohl sie stets behauptet, dass ihn über kurz oder lange jeder und jede in diesem Haus einbüßen werde: Sie setzt Helen den Hut auf, und Helen, die liebend gerne rausgeht und für die der Hut Rausgehen bedeutet, stürzt sofort los. Sie ist schon auf dem Weg ins Freie. Ans Licht. Wir müssen sie nur zur Pumpe lenken.

Ich stelle mich davor.

Miss Annie nickt mir zu, und ich werfe den Schwengel auf und ab.

Aus der Schnauze kommen ein Gurgeln und ein Schnauben.

Dann spritzt Wasser im hohen Bogen über Helens ausgestreckte Arme.

„Wa-wa", sagt sie.

Und während ich pumpe und das Wasser die Splitter abwäscht und wie glitzernde Tränen in den Ausguss spült, tippt Miss Annie ein Wort in Helens Hand. Ich weiß genau, was sie schreibt: Wasser.

Es ist dasselbe Wort wie im Becher, der noch auf dem Tisch in der Stube steht. Es fließt im Tennessee. Es fällt vom Himmel, wenn es regnet. Es strömt aus der Pumpe. Es wäscht die Scherben ab. Wasser.

Hundert Mal und mehr hat Miss Annie das Wort in Helens Hand geschrieben. Hundert Mal gefühlt und nie verstanden, was es meint. Jetzt ist es anders.

Helen versteinert, es ist, als würde sie einfrieren, die Hand, in die Miss Annie schreibt, hält sie starr, als wollte sie keins von Miss Annies Zeichen versäumen, weil sie sich bewegt, während Miss Annie schreibt. Helen lauscht. Mit jeder Faser ihres Körpers lauscht sie, wie sie noch nie gelauscht hat. Helen hört zu.

Und da macht es ‚klick‘. Mit einem Mal passen Schlüssel und Schloss zueinander und eine Tür in ihrem Kopf springt auf: Helen versteht. Sie versteht, was Wasser meint. Und mehr als das. Sie versteht, was Sprache ist und was Sprache alles kann. Sie erschließt ihr die ganze Welt.

Helen strahlt. Ich habe sie noch nie so leuchten gesehen.

Ihre Hand greift nach Miss Annies Hand. Sie zieht sie unter den Wasserstrahl. Wasser, buchstabiert Helen. Helens Hand auf ihrer Wange, nickt Miss Annie: Wasser, ja, Helen, das ist Wasser. Helen führt Miss Annies Hand an ihre Wange und nickt auch.

Sie reden miteinander. Ich stehe daneben und es kommt mir vor, als könnte ich die Gedanken zwischen ihnen hin- und herfliegen sehen.

Helen fällt auf die Knie und klopft auf die feuchte Erde.

Sie fasst nach Miss Annies Hand.

Erde, buchstabiert Miss Annie.

Helen greift nach der Pumpe.

Pumpe, tippt Miss Annie.

Helen klopft auf Miss Annie.

Einen Augenblick lang hält Miss Annie still.

Lehrerin, buchstabiert sie. Dann legt sie ihre Hand auf Helen: Und Helen.

Ich habe aufgehört zu pumpen.

Miss Annie sieht mich an. In ihren Augen schimmert es. Sie winkt mich heran. Ich stolpere um die Pumpe. Miss Annie fasst Helens Hände und legt sie auf mich. Ich fühle Helens Hände auf meinem Tuch über meinem Haar. Helens Hände tasten über mein Gesicht.

Martha, buchstabiert Miss Annie.

Martha, buchstabiert Helen zurück.

Helen und Martha.

Und Miss Annie.

NEUGEBOREN

Wasser.
Erde.
Mutter.
Vater.
Lehrerin.
Hund.
Sonne.
Blatt.
Tau.
Mund.

Plötzlich hat alles einen Namen. Die Welt ist nicht mehr nur eine Form, die Helen mit den Fingerspitzen fühlt. Sie hat Bedeutung. Es ist, als würden sämtliche Dinge zum Leben erwachen, lebendig sein. Bestimmt war es so, als Adam das erste Mal im Garten Eden spazieren ging.

„Was ist das?", fragte Gott, „wie soll es heißen?"

Und Adam gab allem, was er sah und was er roch und fühlte und schmeckte und hörte, allem, was um ihn war und in ihm drin, einen Namen. Das hat mir Mama erzählt. So steht es in der Bibel.

Vorher wusste Helen nicht einmal, wer sie war. Jetzt weiß sie es.

Helen ist Helen.

Die Lehrerin ist die Lehrerin.

Ich bin Martha.

Wir gehen zum Haus. Das dauert. Helen bleibt bei jedem Grashalm stehen, sie beklopft Steine und Sträucher. Sie will von allem, das sie anfasst, wissen, wie es heißt.

Als wir ins Haus kommen, tastet sich Helen gleich die Treppe hoch. Wir folgen ihr, wie gebannt von ihrer Zielstrebigkeit. Im Flur kniet Helen vor dem großen Wäscheschrank. Mein Herz klopft, ich ahne, was sie sucht. Helen schiebt die Hand in den Spalt zwischen Schrank und Boden. Sie zieht die Hand zurück. In ihrer Hand schimmert neben ein paar Staubmäusen der Schlüssel, mit dem sie Miss Annie einsperrte. Sie hat es nicht vergessen.

„Sieh mal einer an!", sagt Miss Annie.

Helen gibt den Schlüssel Miss Annie. Niemand soll mehr eingesperrt sein auf Ivy Green, nun, da sie es selbst nicht länger ist.

Ich bin mir sicher, Helen spürt das Lachen, das uns schüttelt. Wir lachen, weil wir uns so für sie freuen, aber auch, weil wir so erleichtert sind. Meine kluge wilde Freundin hält jetzt den Schlüssel in der Hand.

„Was ist geschehen?" Lachen hört man nicht allzu oft auf Ivy Green. Die Kellers hasten die Treppe hoch, unser Lachen hat sie angelockt. Ich verstumme prompt. Ich weiß nicht, wie ich es ihnen erklären soll. Aber es macht nichts, dass ich keine Worte finde, das übernimmt Helen.

Sie stürzt in die Arme ihrer Eltern. Sie fasst nach ihren Händen. Sie schreibt: Mutter. Vater. Helen. Lehrerin. Und Martha.

Es ist, als würde sie uns einander vorstellen, und vielleicht hat sie recht: Wir haben einander noch gar nicht richtig gekannt.

„Ich habe es doch gewusst!" Helens Tante Ev hat es endlich auch die Treppe hoch geschafft. Das Häkelgarn bleibt auf dem Sofa liegen. Sie fasst Miss Annies Hand und tätschelt sie. „Schon als Sie die Tür zum Salon aufschlossen, meine Liebe, nachdem Sie Helen beigebracht hatten, wozu ein Löffel da ist, war mir klar, dass Sie Licht in die Dunkelheit bringen würden."

Der Captain räuspert sich. „Miss Sullivan, wir sind Ihnen zu Dank verpflichtet!"

Mrs Keller sagt nichts, aber ihr Gesicht strahlt, als ginge die Sonne darin auf.

Alle freuen sich. Es ist wie an den Tagen, an denen wir Helens Geburtstag feiern, nur sind sie heute noch viel ausgelassener. Sogar James gibt sein Augenrollen auf und lächelt, wenn auch noch ein wenig schmal. So aus dem Häuschen müssen sie gewesen sein, als Helen auf die Welt kam, ihr erster Geburtstag, und wirklich könnte man meinen, sie wäre eben wieder von Neuem geboren worden, ein zweites Mal, ich erkenne sie kaum wieder. Ihr Gesicht funkelt. Es ist so lebendig, dass ich alles daraus ablesen kann, dazu brauche ich keine Buchstaben, und es ist vor allen Dingen die Freude, die ich darin sehe, das Glück, frei zu sein.

Ich bin mir sicher, später wird sie sagen: Der Tag, an dem die Lehrerin nach Ivy Green kam, war der Geburtstag meiner Seele.

Aber das gilt auch für die anderen.

Nicht nur die Rosen blühen auf Ivy Green.

Ganz Ivy Green ist aufgeblüht.

DIE BUCHSTABEN

Helen hat ihren Namen geschrieben. Groß, mit steifen, ungelenken Buchstaben, aber doch deutlich und klar und auf alle Fälle so, dass es jedermann erkennen kann, steht es auf einem Blatt Papier: Helen Keller.

Miss Annie strahlt mit der Mittagssonne um die Wette. „Siehst du", sagt sie, als ich zur Tür reinkomme mit dem Krug in der Hand, „die Tafel für die Schreibarbeit ist eine wunderbare Hilfe für Blinde. Damit kann Helen die Länge der Buchstaben ertasten und schreiben wie jeder andere auch. Es nennt sich Quadratschrift."

Ich schaue zu, wie sie es machen.

Miss Annie hat aus Boston Buchstaben mitgebracht. Helen kann diese Buchstaben abtasten, weil sie aus der Pappe, in die sie eingefügt sind, leicht herausragen. Vom A bis Z sind alle da. In nur einem Tag hat Helen gelernt, wie die Buchstaben aussehen. Dazu ist Miss Annie mit ihr in den Mimosenbaum geklettert. Sie ließ Helen die Buchstaben mit der einen Hand abtasten, während sie ihr in die andere Hand den jeweiligen Buchstaben tippte. Helen lernt schnell. Der Buchstabe, den sie in der einen

Hand fühlt, entspricht dem Buchstaben, den sie mit der anderen abtastet. Nun lernt sie auch noch schreiben.

„Diese ertastbaren Buchstaben hat Dr. Samuel Howe erfunden", erklärt Miss Annie. „Er nannte sie Boston Line Type. Damit können blinde Menschen die Buchstaben fühlen, und mit dieser Tafel können sie die Buchstaben auch schreiben. Man fügt die Linien der Buchstaben einfach in die Quadrate ein."

Samuel Gridley Howe war der Gründer der Perkins School for the Blind, der ersten Blindenschule in den Vereinigten Staaten, und der Lehrer von Laura Bridgman, von der Helen die Puppe geschenkt bekam. Die Puppe gibt es jetzt nicht mehr.

Später bin ich doch noch in das Zimmer gegangen und habe die Scherben aufgelesen. Niemand verlangte es von mir, ich habe es trotzdem getan.

Das Zimmer war leer, sie saßen alle im Salon, Tante Ev, der Captain, Mrs Keller, James, Miss Annie und natürlich Helen. Helen, das Geburtstagskind. Sie stand im Mittelpunkt. Ich war alleine oben.

Ich hörte die Stimmen die Treppe hochfluten. Ich bückte mich nach den Scherben. Ich habe mich oft danach gebückt, ich weiß, wie das geht. Es waren viele Bruchstücke, aber ich wusste auch, es war einmal der Kopf einer Puppe, wie ich niemals eine besitzen werde.

Ich legte die Scherben in meine Hand wie in eine Schale. Ich trug sie hinaus. Vor dem Stall traf ich Percy. Wenn jemand Geburtstag hat, gibt es ein Geburtstagsfest, meinte er, zumindest für die weißen Kinder, das sei klar.

„Wenn aber etwas wiedergeboren wurde, wie du sagst, Nosy, muss es zuvor gestorben sein. Dann gibt es eine Beerdigung."

Deshalb begruben wir die Scherben.

Der Platz unter dem Mimosenbaum erschien uns günstig, nicht zu sehr in der heißen Sonne, ein wenig im Schatten und ein bisschen abseits, und die Zeit passte auch, weil niemand da war, der uns hätte beobachten können, sie waren zu beschäftigt mit Helen. Die Erde war von der Hitze hart und trocken gebrannt, dabei war es erst Anfang April. Darum dauerte das Graben länger, als wir gedacht hatten, und wir hatten nur unsere Hände. Mit den Fingern kratzte ich ein Loch. Ich legte die Scherben hinein. Sie glitzerten noch immer, besonders in dem dunklen Loch. Percy schob Erde darüber. Er faltete die Hände. Er ist ein Schelm. Er sagte, als wäre er ein Pfarrer: „So ruhe nun in Frieden, arme ungeliebte Puppe aus Perkins mit deinem Kopf aus Porzellan, der einmal war. Nicht der, der viel besitzt, wird viel geliebt. Meistens ist es umgekehrt. Für Liebe braucht es kein Geld. Liebe ist etwas anderes." Dabei sah er mich an.

Als wir wieder aufstanden und er sich den Staub von den Hosenbeinen und ich mir den Staub vom Kleid klopfte, sagte ich ihm, worüber ich die letzten Tage nachgedacht hatte: „Percy, manchmal glaube ich, ich bin auch so eine Puppe. Nicht wie die Perkins-Puppe, aber doch wie eine Puppe, mit der jeder macht, was er will. Ich hoffe, ich werde eines Tages etwas anderes sein."

Und er sagte: „Das wirst du, Nosy, das weiß ich genau und das bist du schon. Denn du hast viele Gedanken in dir."

Gedanken, die man schreiben kann – wenn man denn schreiben könnte. So wie Helen es jetzt lernt und auch bald kann. Wieder sehe ich zu und bemühe mich, zu lernen, was mir niemand beibringt.

In die Schreibtafel eingeritzt gibt es Linien, in die Helen die Buchstaben mit dem Bleistift einfügt.

Jetzt verstehe ich auch, warum meine eigenen Buchstaben so krumm geraten sind, als ich sie heimlich aufs Papier tuschte. Die Buchstaben auf dem Papier brauchen einen Rahmen. Sie schmiegen sich in ihn hinein, als wohnten sie in einem Haus. Das große H von Helen füllt die Wände an den Seiten aus. In der Mitte hat es einen Balken, das ist der Boden vom ersten Stock. Das E ist eine Wand, die Striche an den Seiten rechts davon sind die Böden vom Erdgeschoss, vom ersten Stock und Dachboden. Es gibt große Buchstaben. Es gibt kleine. Das ist anders, als wenn man die Buchstaben mit den Fingern in die Hand legt. In der Hand sind alle Buchstaben gleich. Hier beginnen die Namen, die Menschen haben, gewichtig und groß, als wären sie etwas Besonderes. Helen beginnt groß.

„Martha auch", sagt Miss Annie. Sie lacht. Ich lache mit.

Martha beginnt groß.

Vielleicht habe ich mich getäuscht, als ich die Zukunft für eine Sackgasse hielt.

BÜCHER FÜR DIE FINGER

Die Tage werden immer heißer. Wir schleppen uns wie ausgewrungene Waschlappen vom Zimmer unter dem Dach durch den Garten und wieder zurück, wo Miss Annie ihren Unterricht fortsetzt. Sie braucht mich selten, es sei denn, sie hat Durst. Miss Annie hat mich gebeten, ihr Wasser zu bringen, während Helen mit Mrs Keller im Garten die Rosen gießt.

Als ich eintrete, kehrt mir Miss Annie den Rücken zu. Ich sehe, wie sie Sachen in den Koffer räumt, ihre Kleider, die Bürste, eine Bluse. Miss Annie packt. Geht sie etwa fort von hier?

Ihr Rücken hat Augen. Er liest meine Gedanken. Sie dreht sich um.

„Wir verlassen Ivy Green", sagt sie. „Helen lernt hier nichts mehr. Ich brauche Bücher für sie, Bücher, die sie mit den Fingern lesen kann."

Ich weiß, dass Helen die Buchstaben mit der Hand fühlt. Aber wie kann es Bücher für die Finger geben? „Was ist das?", frage ich.

„Es gibt eine Schrift, die Blinde lesen können", erklärt sie mir. „Louis Braille hat sie erfunden, als er erst sechzehn Jahre alt war. Die Schrift ist nach ihm benannt. Louis Braille war blind.

Er wollte gerne lesen wie andere Kinder auch, aber das ging natürlich nicht. Ein Blinder kann die flachen Striche auf einem Blatt nicht erkennen, da kann er sich noch so mühen. Da kam ihm eine Idee. Es sind nur sechs Punkte, drei in die Höhe, zwei in die Breite, aber es lässt sich alles damit ausdrücken, was man schreiben möchte. Je nachdem, wie die Punkte angeordnet sind, ergeben sie einen anderen Buchstaben. Oder auch ein Zeichen wie ein Komma. Weil man diese Punkte in ein Papier sticht, dass sie leicht hervorstehen, lassen sie sich mit den Fingerspitzen ertasten. Du weißt schon: In den Fingerspitzen liegt die Antwort!"

Oh ja, ich erinnere mich.

„Aber die Bücher in Brailleschrift sind aufwändig in ihrer Herstellung, das macht sie auch sehr teuer. Außerdem sind sie dick und schwer, man braucht ja viel mehr Platz für jeden einzelnen Buchstaben. Auf Ivy Green gibt es diese Bücher jedenfalls nicht. Aber am Perkins Institute for the Blind stehen sie reihenweise in den Regalen. Helen wird glücklich sein!"

Das glaube ich sofort. Helen hat einen Lerneifer entwickelt, der ihren Appetit, den sie früher auf Kuchen verspürte, bei Weitem übertrifft. Seit sie begriffen hat, dass alles einen Namen hat, jedes Ding unter der Sonne und auch alles, was dazwischen ist wie Gefühle oder Farben, lernt sie jeden Tag zwanzig oder dreißig neue Wörter, vielleicht sind es sogar mehr. Sie will auch fremde Sprachen lernen. Es wäre ihr zuzutrauen. Sie versucht sich in Französisch und Deutsch. Sogar Griechisch ist dabei. Ich komme gar nicht hinterher. Außerdem spricht sie jetzt in Sätzen. Zwar sind sie manchmal etwas lückenhaft, aber so ist es eben, wenn man sprechen lernt; das geht den Zweijährigen, die es zum ersten Mal versuchen, auch nicht anders.

„Du hattest recht, Martha", sagt Miss Annie. „Es ist wirklich
so, wie wir es damals auf unserem Spaziergang beobachtet haben,
als Mrs Keller mit Mildred im Garten spielte: Helen lernt sprechen, indem sie zuhört, auch wenn sie mit den Händen hört und
mit den Fingern spricht."

Außerdem schreibt sie jetzt selbst.

Erst letztens schickte sie den blinden Mädchen am Per-
kins-Institut einen Brief. Sie schrieb den Brief zwar in der Quadratschrift, die sie nicht so mag, weil sie dann nicht fühlen kann,
was sie geschrieben hat, und auch den blinden Mädchen muss
der Brief vorgelesen werden. Der Brief ging so:

„Helen will den kleinen blinden Mädchen einen Brief schreiben. Helen und die Lehrerin werden die kleinen blinden Mädchen besuchen. Helen und die Lehrerin werden mit der Eisenbahn nach Boston fahren."

Deshalb weiß ich eigentlich schon, dass sie weggehen.

Helen hat längst davon geschrieben.

Und wie ich darüber nachdenke, fällt mir auf, dass ich es sogar noch länger weiß.

So wie es Tante Ev zu Miss Annie sagte, als sie meinte, sie
hätte es damals schon gewusst. Nur wusste ich es nicht in dem
Augenblick, als Miss Annie die Tür zum Salon aufschloss, nach-
dem sie Helen Benimm beigebracht hatte. Ich wusste es in dem
Augenblick, als wir an der Pumpe standen und Helen nicht mehr
Wa-wa sagte, sondern Wasser schrieb.

Schon damals war klar, dass es weiter gehen wird, fort von Ivy
Green. Weil das Fingeralphabet, das Helen begriffen hat, ihre Tür
in die Zukunft ist, und die Zukunft für Helen liegt in Boston.

Miss Annie holt mich aus meinen Gedanken.

„Du könntest mir beim Packen helfen. Reichst du mir das Wörterbuch?"

Das Wörterbuch wiegt noch genauso schwer wie an dem Nachmittag, als ich es ins Gartenhaus wuchtete. Ich kann es immer noch kaum halten. Aber wenn ich es jetzt aufblättere, an jeder beliebigen Stelle, springen mir nicht mehr unverständliche schwarze Linien auf weißem Papier entgegen, die ich nicht entziffern kann. Ich erkenne Buchstaben, ich weiß sogar ihre Namen, das E, das I, das U, und ich lese Wörter, Sätze. Ich lese nicht schnell, aber ehe ich das Buch Miss Annie reiche, lese ich ein Wort hier und ein Wort da, weil ich sichergehen will, dass es kein Zufall war, dass ich sie lesen kann. Es war kein Zufall. Ich blättere zum O. O wie Ordnung oder Orient. Bis zu dem Wort, das ich gesucht habe. „Orientierung", lese ich laut vor. Nach dem Wort folgt eine Erklärung. Die lese ich auch. „Wenn man sich zurechtfindet im Raum. Beispiele: Im Dunkeln verlor sie die Orientierung. Selbst im Nebel verfügt er über eine ausgezeichnete Orientierung, das bedeutet: Auch im Nebel findet er ans Ziel. Orientierung kommt von Orient, weil im Osten die Sonne aufgeht und man früher die Himmelsrichtungen nach dem Aufgang der Sonne bestimmte."

Miss Annie schaut auf. Sie nimmt die Brille ab. Ihre Augen sind rot, vielleicht sogar röter als sonst. Sie hat in den letzten Tagen noch länger gearbeitet, weil Helen so viel lernen will. Auch nachts schläft sie kaum mehr, weil sie noch mehr Briefe schreibt.

„Ich nehme an, die Orientierung haben wir jetzt gefunden", sagt sie. „Selbst wenn es ringsum immer noch dunkel ist und still. Aber inwendig ist es hell geworden und wir können endlich miteinander reden."

Ich schlage das Wörterbuch zu. Ich gebe es ihr.

Sie legt es in den Koffer. Ganz obenauf über ihre Kleider. Wenn sie den Koffer dort öffnet, wo sie mit Helen hinfährt, wird es das Erste sein, das sie sieht.

Sie macht den Koffer zu. Ich höre das Schloss einrasten, ein feines leises Klicken, das mich zusammenzucken lässt.

Miss Annie merkt es. „Keine Sorge", sagt sie und lächelt. „Ich besitze den Schlüssel zu diesem Schloss und kann es jederzeit aufsperren."

Das beruhigt mich. Ich nicke. Und dann drehe ich mich um und gehe. Miss Annie braucht mich nicht mehr. Helen auch nicht. Auf dem Weg nach unten schließe ich die Augen. Ich lege meine Hand auf das Geländer. Meine Finger spüren die Maserung des Holzes. Sie ertasten den Weg für mich, Stufe um Stufe. Ich stelle mir vor, wie Helen die Buchstaben mit den Fingerspitzen fühlen wird, wenn sie im Perkins Institut mit den Fingern über die Bücher in der Brailleschrift gleitet. Die Bücher werden ihr den Weg weisen.

Ich brauche die Bücher mit den erhobenen Punkten nicht. Ich kann die Bücher mit meinen Augen lesen. Allerdings besitze ich auch keine Bücher.

Langsam gehe ich die Treppe hinunter. Bis ich unten angekommen bin.

DAS GESCHENK

Ein letztes Mal bringe ich Wasser aufs Zimmer. Alles ist gepackt. Nur Nancy sitzt noch auf dem Koffer. Selbstverständlich wird Helen ihre Puppe nach Boston mitnehmen. Ohne Nancy geht es nicht.

Helen spürt, dass ich gekommen bin. Immer wieder verblüfft es mich, wie sie denjenigen, der kommt, am Schwung seiner Schritte erkennt. Dabei bin ich mir sicher, dass meine Schritte heute anders klingen als gewöhnlich. Ich gehe, als hafteten mir Gewichte an und ich weiß nicht, warum. Helen dagegen springt mir leichtfüßig entgegen.

Seit sie weiß, dass alle Dinge einen Namen haben, auch ich, hat sie mich nie wieder getreten oder an den Haaren gezogen. Meine Haare sind gewachsen, doch mein Tuch trage ich immer noch. Helen nimmt meine Hand. Sie spricht mit mir.

Ihre Finger schreiben so schnell in meine Handfläche, dass ich nicht hinterherkomme.

Ich sehe Miss Annie an.

Miss Annie hilft. „Sie sagt, sie möchte dir etwas schenken."

Helen hat mir noch nie etwas geschenkt. Was sollte das sein?

Helen tastet sich zum Koffer. Sie hebt Nancy hoch. Sie bringt Nancy zu mir. Sie drückt mir die Puppe in den Arm. Sie schenkt sie mir.

Helen schenkt mir Nancy.

„Das … das kann ich nicht annehmen!" Ich wehre ihr Geschenk ab, gleichzeitig möchte ich nichts lieber haben als das. Und weil Helen darauf besteht, dass ich Nancy nehme, kann ich es auch nicht verhindern. Auch das andere kann ich nicht verhindern: Helen geht fort. Aber ihre Puppe bleibt bei mir.

„Ich werde immer gut auf sie aufpassen", verspreche ich. Das ist das zweite Versprechen, das ich in meinem Leben gebe. Und dann nehme ich Helens Hand und versuche es selbst: D-A-N-K-E, buchstabieren meine Finger. „Danke, Helen", flüstere ich. „Du bist meine Freundin."

Bis eben habe ich nicht gewusst, wie sehr ich mich ihr verbunden fühle. Jetzt kommt es mir so vor, als würde mir etwas Wichtiges genommen werden, wenn sie geht, und meinem Körper fehlte etwas, das zu ihm gehört. Einmal habe ich meinen Fuß am Küchentisch gestoßen. Zuvor hatte ich nie an meine Zehen gedacht. Sie waren einfach da und nicht der Rede wert. Jetzt wusste ich wieder, dass ich welche hatte. Ein andermal hab ich mir kochendes Wasser über meine Hand gekippt statt in die Kanne. Ich war unachtsam und verbrühte mir den Daumen. Bisher hatte ich meinen Daumen für selbstverständlich gehalten. Jetzt erinnerte mich jeder Griff daran, wie kostbar er für mich war.

So geht es mir mit Helen.

Ich war einmal ihr Schatten. Ich war da, um für sie da zu sein, und ich war da, weil sie da war. Jetzt geht sie fort. Ich bleibe hier. Was wird aus mir werden?

„Siehst du, du kannst auch mit ihr reden", sagt Miss Annie. „Du könntest ihr auch schreiben, wenn wir weggegangen sind."

Ihr schreiben.

Ich besitze nicht einmal einen Stift. Aber da ist es wieder: Schreiben bringt Gedanken auf ein Blatt Papier und teilt sie mit jemandem, der nicht da ist. Wird Helen meine Briefe lesen, obwohl sie blind und taub ist? Werde ich ihr schreiben, obwohl ich keinen Stift habe? Bleiben wir einander verbunden?

Miss Annie unterbricht meine Grübelei. „Ich freue mich schon auf heute Abend", sagt sie. „Deine Mutter meint, sie wird uns ein fürstliches Abendessen zum Abschied kochen. Ich bin gespannt, was deine Mama wieder Leckeres für uns auftischt."

Aus dem Küchenhaus weht mir ein feiner Duft entgegen. Mama ist schon dabei, das leckere Abendessen vorzubereiten. In der Tür bleibe ich stehen, ich sehe mich in der Küche um. Die vielen Dinge mit den vielen Handgriffen, die sie mit sich bringen, das Butterfass in der Ecke, die Töpfe auf dem Herd, die Teller in den Regalen, die Gewürze an den Haken. Nie wieder werde ich mit Helen am Tisch stehen, die Köpfe über den Teig gebeugt, die Hände in die Schüssel vergraben. Kein Gezänk mehr um die Keksdose. Nie wieder drehen wir die Eismaschine oder füttern die Hühner, die im Staub nach Körnern picken oder Helen eine Tomate aus der Hand stibitzen, und nie wieder stibitzen wir Mamas Alabama Lane Cake vom Küchenbrett. Wird Mama überhaupt noch Kuchen backen?

Ich blinzele. Womöglich fange ich zu heulen an.

Mama sieht mich.

Sie muss ahnen, was ich fühle. Sie lässt das Messer los, mit dem sie gerade den Lauch hackt. Sie nimmt mich in den Arm.

„Kopf hoch, Nosy, morgen ist auch wieder ein Tag!", tröstet sie, und die Puppe, die mir Helen schenkte, quetscht sich zwischen uns und zwickt mich in den Bauch. Da merke ich, dass ich nicht nur wegen Helen traurig bin. Um sie muss ich mir keine Sorgen machen. Ihr geht es gut. Das Tor zur Welt steht ihr weit offen. Ich bedaure mich selbst. Ich war tatsächlich wie eine Puppe, geliebt, vielleicht, aber doch nur so, wie man ein Spielzeug liebt. Umarmt, geküsst, herumgeschubst. Und weggelegt. Aber dann wische ich meine Tränen weg. Ich löse mich aus Mamas Arm.

Falls ich eine Puppe war, bin ich von nun an keine mehr. Ich entscheide selbst. Ich weiß jetzt, was ich will.

„Was soll ich machen, Mama?", frage ich. „Du brauchst bestimmt Hilfe. Soll ich Kloßteig kneten? Kartoffeln schälen?"

Aber Mama schüttelt den Kopf. „Nein, Nosy, ich brauche dich nicht, heute komme ich allein zurecht." Widerspruch ist zwecklos, Mama besteht darauf, dass ich die Küche verlasse.

MARTHA WASHINGTON

Da sitze ich. Auf den Stufen vor dem Küchenhaus mit Nancy im Schoß, während Mama drinnen von einem Topf zum anderen springt, Butter in der Pfanne schmelzt und Pfifferlinge darin schwenkt. Ich darf ihr nicht zur Hand gehen. Sie hat es betont. Ihren Wunsch kann ich genauso wenig ausschlagen wie Helens Geschenk.

Die Blätter des Geißblattstrauchs rascheln im Wind. Der Duft der Rosen vermischt sich mit dem Duft des Abendessens.

Ich schiebe die Füße durch den Staub wie schon ungezählte Male zuvor. Hier saß ich mit Helen und wir haben die Hühner gefüttert. Auch jetzt kommen sie angegackert. Ich zeige ihnen meine Hände, indem ich die Handflächen nach außen wende. Meine Hände sind leer. Ich halte nur eine zerlumpte Puppe auf meinem Schoß, aber die gebe ich nicht her, auf die passe ich auf.

Meine Zehen ziehen Kreise. Sie fangen an zu schreiben. Das machen sie ganz von alleine.

Helen hat ihren Namen geschrieben. Jetzt schreibe ich meinen.

Ich heiße Martha Washington.

Und dann noch einmal, groß, viel größer als Helens steife Buchstaben, die sich in die schmalen Kästchen auf dem Papier zwängten:

MARTHA WASHINGTON.

Ich werde keine Scherben mehr auflesen, weil Helen einen Teller zertrümmert.

Ich kehre nicht mehr ihren Dreck weg.

Ich bin keine Puppe.

Ich bin Martha Washington.

Aber, bitte schön, wenn du magst, nenn mich Nosy.

EIN ENDE MIT AUSBLICK

Wieder stehen wir aufgereiht wie an dem Tag, an dem Miss Annie mit hochrotem Kopf verschwitzt im Einspänner in die Auffahrt von Ivy Green einbog. Mama, Owen, Viney, der Captain, Tante Ev, Mrs Keller mit Mildred auf dem Arm und all die vielen anderen, die in Ivy Green nach dem Rechten sehen. Wir sind alle da bis auf Percy. Percy fehlt. Er hat die Stute eingespannt und den Einspänner vors Haus geführt. Dann hat er sich aus dem Staub gemacht. Er muss noch nach den Kühen sehen, sagt er. Das sagt er aber nur, weil er keine Abschiede mag.

Viney schnäuzt sich in die blaue Kattunschürze, als wäre sie mit einem Mal sehr traurig, dabei habe ich sie früher häufig über Helen schimpfen hören.

James klettert auf den Kutschbock. Er fährt Miss Annie und Helen zum Bahnhof. Von dort geht es mit der Eisenbahn nach Boston. Helen besucht das Perkins Institute for the Blind, bis sie alles, was sie dort lernen kann, gelernt hat. Dann wird sie weiterlernen, andere Schulen werden folgen, vielleicht geht sie eines Tages sogar auf eine Universität. Ich traue es ihr zu, weil ich ihr alles zutraue. Helen ist schlau; ihr Kopf ist immer noch der alte Dickschädel. Wenn sie sich etwas vornimmt, schafft sie es. Ich sehe ihre kleine zarte Gestalt in einem weißen Kleid ohne jeden Fleck. Mit ihrem dichten kastanienbraunen Haar, das mit einer roten Schleife zu einem tadellosen Zopf zusammengebunden ist, gleich sie einem kleinen Engel. Sie steigen in den Einspänner. Sie sitzen eng beieinander, Hand in Hand. So hab ich sie die letzten Tage oft sitzen sehen.

Ich fühle einen Kloß in meinem Hals. Mir fällt ein, wie Helen und ich die Perlhuhneier im Gras suchten und ich sie niemals in die Küche tragen durfte. Wie wir den Alabama Lane Cake verspeisten, bis ihr davon übel wurde. Am seichten Tennesseeufer Kanäle bauten. Beim Melken unter die Euter der Kühe krochen. Ihre Schwänze schlugen uns ins Gesicht, Helen hat es nie gestört. Wie Helen den Geißblattstrauch kahl schnitt.

Ich würde gerne rufen: Helen, hier bin ich!

Sie würde mich nicht hören.

Ich möchte ihr zuwinken.

Sie würde mich nicht sehen.

Ein leichter Wind weht. Er zupft an meinem Tuch und lässt es flattern. Ich denke an die Zöpfe, die mir Helen abgeschnitten hat. Die Haare sind wieder gewachsen. Etwas an dem Gedanken tröstet mich. Und mit dem Gedanken kommt ein neuer, ein anderer tröstlicher Gedanke: Die beiden sitzen Hand in Hand in der Kutsche, aber es ist der Gedanke, der uns einander nahebringt. Eines Tages, wenn Helen am Perkins Institute alles gelernt hat, was sie lernen konnte, wird sie es so ausdrücken, da bin ich mir sicher.

Helen ist noch so jung und geht schon fort, aber sie wird mich nicht vergessen. Die Welt steht ihr offen. Mit einer Hand voller Buchstaben trägt sie den Schlüssel in sich selbst und sperrt alle Schlösser auf. Nachdem sie durch die Welt gereist ist und die

Menschen, die sie trifft, ermutigt hat, dass Blindheit und Taubheit kein Grund sind, aufzugeben, wenn sie denen, denen man nicht zuhört, eine Stimme gegeben hat, obwohl sie selbst nicht sprechen kann oder nur sehr schwer, weil sie auch das mit Sicherheit noch eines Tages lernen will und eines Tages lernen wird, wenn sie den Blinden gesagt hat: Du kannst mit deiner Seele sehen, und den Gehörlosen, du hörst mit dem Herzen, wenn sie überall war auf jedem Kontinent dieser Erde, von der es nur eine einzige gibt für dich und für mich und für jeden, egal, welche Hautfarbe einer hat, ob wir sehen können oder nicht, hören oder nicht, behindert sind, reich oder arm, wird sie an mich denken. Sie wird ihre Geschichte schreiben, und ich werde lesen, was sie schreibt: Als ich ein Kind war, hatte ich eine Freundin, meine einzige Spielgefährtin neben meiner Hündin Belle. Sie verstand alle meine Zeichen. Ihr Name war Martha Washington.

James schnalzt mit der Zunge, die Stute trabt an. Ich sehe, wie der Einspänner die Allee hinunterzuckelt, bis er hinter der letzten Eiche um die Ecke biegt. Alle winken. Ich winke nicht. Meine Finger haben anderes zu tun. Sie schreiben den Anfang einer Geschichte, meiner Geschichte: Ich heiße Martha Washington, aber nennt mich Nosy, und das ist die Geschichte, die ich erzählen will.

Als sich das letzte Staubwölkchen am Horizont senkt, als wäre Miss Annie nie auf Ivy Green gewesen und hätte niemals alles aufgewühlt, drehe ich mich um. Ich suche Percy. Ich werde ihm die Buchstaben beibringen, nicht nur das N, das ihm noch fehlt, sondern alle, die großen wie die kleinen. Denn wenn ich eines Tages selbst weggehe von Ivy Green, weil ich woanders leben will, werde ich ihm schreiben. Dann wird er sie lesen: die Geschichte von Martha, Helen und dem Weg aus der Dunkelheit.

WAS GESCHAH WANN

9.4.1865: Der amerikanische Bürgerkrieg ist vorbei. Die Sklaverei, die bereits drei Jahre zuvor 1862 mit Lincolns Emanzipationserklärung abgeschafft wurde, gehört endgültig der Vergangenheit an. Marthas Mutter kommt frei.

4. April 1866: Anne Mansfield Sullivan wird in Feeding Hill, Massachusetts geboren. Sie ist acht Jahre alt, als ihre Mutter stirbt. Mit zehn Jahren gibt der Vater Annie zusammen mit ihrem drei Jahre jüngeren Bruder Jimmy zu Verwandten, die sie wenig später in das berüchtigte Armenhaus in Tewksbury abschieben. Die Zustände dort sind verheerend. Anne leidet an Trachoma und ist fast blind. Vier Monate später stirbt Jimmy.

27. Juni 1880: Helen Keller wird im Gartenhaus auf Ivy Green in Tuscumbia/Alabama geboren. Sie ist das erste gemeinsame Kind von Arthur Henry (Captain) Keller und seiner um zwanzig Jahre jüngeren zweiten Frau Catherine (Kate) Keller, eine geborene Adams. Mrs Kellers Großmutter ist eine Cousine zweiten Grades von Robert E. Lee, einem militärisch hoch angesehenen General, der im Bürgerkrieg genau wie Helens Vater gegen die Unierten kämpfte.

1880: Eine Untersuchungskommission deckt die Missstände im Armenhaus auf. Anne Sullivan kommt ans Perkins Institute for the Blind in Boston. Sie ist 14 Jahre alt, als sie lesen und schreiben lernt. Bald wird sie zur Lieblingsschülerin der taubblinden Laura Bridgman, von der Helens Mutter durch die Lektüre von Charles Dickens *Aufzeichnungen aus Amerika* erfährt. Anne beendet die Schule als Jahrgangsbeste.

1882: Helen erkrankt lebensgefährlich. Sie wird gesund, verliert aber ihr Hör- und Sehvermögen. Auf der Suche nach Hilfe reisen die Kellers unter anderem zu Dr. Alexander Graham Bell. Bell verweist sie an das Perkins Institute. Mister Keller fragt nach einer Lehrerin für Helen.

3. März 1887: Anne Sullivan trifft auf Ivy Green ein. Sie soll Helen unterrichten. Helen wird diesen Tag später als den Geburtstag ihrer Seele bezeichnen.

5. April 1887: Beim Wasserpumpen versteht Helen, dass alles einen Namen hat. Von da an lernt sie rasend schnell.

Mai 1888: Helen und Miss Annie reisen zum ersten Mal ans Perkins Institute, wo es umfangreiches Lehr- und Lernmaterial u.a. in Braille-Schrift gibt.

1891: Helen wird des Plagiats beschuldigt. Ein Plagiat ist, wenn man etwas, das ein anderer gemacht hat, als etwas Selbstausgedachtes ausgibt. Helen schenkte dem Leiter der Blindenanstalt Michael Anagnos eine Geschichte zu seinem Geburtstag. *The Frost King* begeistert ihn so sehr, sodass er sie prompt veröffentlicht. Doch die Geschichte gibt es bereits: Margaret T. Canby hat Jahre zuvor fast gleichlautend *The Frost Faires* geschrieben. Helen musste die Geschichte schon einmal von jemanden gehört haben. Wie sich später herausstellt, hatte sie ihr Anne Sullivans ehemalige Hausmutter Sophia Hopkins vorgelesen. Helen wird vor einen Ausschuss gestellt. Zwei Stunden lang befragen neun Männer das verängstigte taubblinde elfjährige Mädchen, ob sie dies absichtlich gemacht habe. Niemand steht ihr bei. Es ist ein verstörendes Erlebnis für Helen und wird sie zeit ihres Lebens tief erschüttern. Die Autorin der Geschichte empörte sich am meisten über den Vorfall; ihrer Meinung nach war Helens Geschichte viel besser als die eigene.

1894: ziehen Anne und Helen nach New York. Helen besucht die Wright-Humason School for the Deaf. Helen nimmt Sprechunterricht bei Sarah Fuller. Dazu legt sie den Daumen auf den Mund der Sprechenden und fühlt mit den restlichen Fingern die Schwingung im Hals.

1896: Besuch der Cambridge School for Young Ladies.

Herbst 1900 Helen wird ans Radcliffe College aufgenommen. Der Schriftsteller Mark Twain, 1835 geboren, macht sie mit dem Ölmagnaten Henry Huttleston Rogers und seiner Frau Emelie bekannt; sie bezahlen Helens Ausbildung. Durch Twain ermutigt, beginnt Helen die Arbeit an ihrer Biografie.

1903: erscheint Helens Autobiographie *The Story of My Life*, die Geschichte meines Lebens mit den Zeilen über Martha Washington. Helen widmet ihr Buch Dr. Alexander Graham Bell: „To Alexander Graham Bell, who has taught the deaf to speak and enabled the listening ear to hear speech from the Atlantic to the Rockies."

1904: beendet Helen ihr Studium mit Auszeichnung cum laude. Während der Studienzeit hat Anne Sullivan sämtliche Lehrbücher und Vorträge in Helens Hand übersetzt. Eine unvorstellbare Leistung.

3. Mai 1905: heiratet Anne Sullivan den Literaturkritiker und Universitätsprofessor John Macy, der bei der Veröffentlichung von Helens Autobiografie geholfen hatte.

1905: tritt Helen u.a. durch Macys Einfluss der sozialistischen Partei bei, woraufhin ihr Ansehen, das sie durch ihr Buch zwischenzeitlichen in den Vereinigten Staaten genießt, schlagartig wegbricht. Plötzlich behaupten einige, sie sei aufgrund ihrer Behinderung nicht in der Lage, politisch zu denken. Wegen ihrer sozialistischen Ansichten legt das FBI eine Akte über Helen an. Das Federal Bureau of Investigation ist die zentrale Sicherheitsbehörde der USA.

1908: erscheint Helens Buch *The World I Live in*. Insgesamt schreibt sie zehn Bücher und mehr als 470 Reden und Essays. Es stimmt wirklich, was sie über sich selbst sagt: Ich bin nicht mehr stumm!

1914: Annes Sullivans Gesundheitszustand verschlechtert sich. Polly Thomson wird eingestellt. Anne Sullivan und John Macy trennen sich, werden sich jedoch nie scheiden lassen.

1915: Helen erfährt zum ersten Mal von Anne Sullivans Vergangenheit im Armenhaus; Anne hatte ihr aus Scham darüber nie etwas davon erzählt. Gemeinsam mit dem Stadtplaner George Kessler gründet Helen die Organisation Helen Keller international, um Blindheit aufgrund von Armut und Mangelernährung zu bekämpfen.

1916: Während die gesundheitlich angeschlagene Annie in Puerto Rico zusammen mit Polly Thomson Erholung sucht, kehrt Helen für kurze Zeit in ihre Heimatstadt Tuscumbia zurück. Über die Südstaatler sagt sie: „Ich habe immer das Gefühl, dass ein Meer liegt zwischen mir und den Menschen hier, ein brackiges Meer von Unwissenheit, Vorurteilen, Kastengeist und Selbstzufriedenheit."

1920: Helen hilft mit bei der Gründung der American Civil Liberties Union, was sich in etwa mit amerikanischer Bürgerrechtsunion übersetzen lässt.

1921: Gründung der American Federation for the Blind. Helen tritt ihr 1924 bei. In der Organisation findet sie das passende Sprachrohr für ihre Bemühungen um die Rechte der Blinden.

1930 erscheint ihr Buch *Midstream: My later Life*. Erste Europareise. Helen verliebt sich in den Journalisten Peter Fagan, doch ihre Familie stellt sich unnachgiebig gegen die Verbindung. Die beiden wollten heiraten, stattdessen trennen sie sich für immer.

1932: John Macy stirbt.

10. Mai 1933: In Deutschland werden Helen Kellers Bücher verbrannt. Dabei hatte sie die Einnahmen aus der deutschen Ausgabe ihrer Autobiographie den im Ersten Weltkrieg erblindeten deutschen Soldaten gestiftet. Helen spricht sich gegen den Faschismus aus. Sie warnt vor der Atomkraft.

20. Oktober 1936: Anne Sullivan stirbt, Helen hält ihre Hand. Schon ein Jahr zuvor war Annie vollständig erblindet. Annies Asche wird in der Washington National Cathedral beigesetzt. Sie ist die erste Frau in den USA, deren Verdienste auf diese Weise gewürdigt werden.

1946: Helen wird zur Beraterin der internationalen Beziehungen der American Foundation of Overseas Blind ernannt. Man nennt sie den „Engel der Blinden". Zwischen 1946 and 1957 bereist sie 35 Länder in 5 Kontinenten. Helen fliegt als America's First Good Will Ambassador nach Japan. Dort schenkt man ihr einen Akita. Helen führt die Hunderasse in die USA ein. Helen liebt Hunde. Von klein auf sind sie ihre ständigen Begleiter.

1954 erscheint der Dokumentarfilm *The Unconquered* über Helen Kellers Leben. Der Film erhält 1956 einen Oscar. Der Oscar ist die bekannteste Auszeichnung der Filmindustrie in den USA für besonders gelungene Filme.

1955: Helen schreibt *Teacher: Anne Sullivan Macy.* Mit diesem Buch würdigt sie die Verdienste ihrer Lehrerin.

1960: Polly Thomson stirbt. Winifred Corbally, die zuvor schon im Haushalt half, übernimmt ihre Aufgaben.

1961: Helen erleidet eine Reihe von Schlaganfällen. Sie zieht sich aus der Öffentlichkeit zurück.

1962: Arthur Penn dreht den Spielfilm *Licht im Dunkeln (The Miracle Worker)* mit Anne Bancroft als Annie Sullivan und Patty Duke als Helen Keller. Beide gewinnen für ihre Darstellungen einen Oscar. Weitere Verfilmungen folgen, auch im Fernsehen. Mit 75 Jahren erhält Helen Keller als erste Frau die Ehrendoktorwürde der Harvard-Universität.

6. August 1965: Nach dem von Martin Luther King organisierten Protestmarsch nach Selma/Alabama erhöht sich der Druck auf die Politik, Schwarzen dieselben Rechte wie den Weißen einzuräumen. Präsident Johnson unterzeichnet den Verfassungszusatz zum 15. Artikel der US-amerikanischen Verfassung, der allen Afroamerikanerinnen und Afroamerikanern das bedingungslose Wahlrecht zugesteht. Zuvor hatten sie einen Lese- und Rechtschreibtest ablegen müssen, ehe sie zur Wahl zugelassen wurden, was für viele nicht zu leisten war.

1. Juni 1968: Helen Keller stirbt im Schlaf in ihrem Haus Arcan Ridge in Connecticut. Sie ist fast 88 Jahre alt. Sie wird neben ihrer Lehrerin Anne Sullivan in der Washington National Cathedral beigesetzt. Bei ihrem Tod zählt sie zu den berühmtesten Frauen weltweit.

NACH DEN WORTEN

In einer Zeit, in der die meisten taubblinde Menschen oft für dumm gehalten wurden, weil sie nicht sprachen und man ihnen deshalb häufig nur handwerkliche Tätigkeiten zugestand wie Körbeflechten oder Nähen, war Helens Werdegang zur gefeierten Schriftstellerin und Aktivistin, die sogar Reden hielt und sich äußerte in dem, was sie dachte, gelinde gesagt bemerkenswert. Die Art, wie es Anne Sullivan gelang, zu Helen durchzudringen, revolutionierte obendrein die Sonderpädagogik, die noch in den sprichwörtlichen Kinderschuhen steckte, nicht einmal die Brailleschrift, mit der Blinde eigenständig lesen und schreiben können und die heute allgemein gebräuchlich ist, hatte sich damals schon durchgesetzt. Stattdessen schrieben die meisten in Blockschriften wie jener Quadratschrift, die Helen zunächst lernte, die für Blinde aber unlesbar bleibt, weil sie sie nicht ertasten können; da macht Schreiben und Lesen wenig Spaß. Behinderte Kinder, insbesondere, wenn sie mehrfach behindert waren wie Helen Keller, wurden früh in Einrichtungen gegeben. Dieses Los schwebte bedrohlich auch über Helen, weil sie aufgrund ihrer heftigen Wutausbrüche, häufig mehrere an einem Tag, zunehmend als unbeherrschbar galt – unsozialisierbar, sagte man dazu.

Manch einer munkelte bald nicht mehr nur hinter vorgehaltener Hand, Helen habe mit ihrem Seh- und Hörvermögen auch ihren Verstand eingebüßt und gehöre weggesperrt. Vielleicht wäre es auch so geschehen, wäre nicht Anne Sullivan nach Ivy Green gekommen.

Stur. Tapfer. Zäh. Und überaus klug. Diese Eigenschaften kennzeichnen die erst Zwanzigjährige, die durch ihre Heirat mit dem Literaturkritiker John Macy später Anne Mansfield Sullivan Macy hieß (den Mittelnamen Mansfield hatte sie sich selbst zugelegt, sie fand, es klänge gebildeter). Ohne Annies unermüdlichen Einsatz für Helen, mit dem sie sich ihrer aufbrausenden taubblinden Schülerin mit viel Geduld, Disziplin und Liebe zuwandte, ohne ihre schriftstellerische Gabe, mit der sie alles, was sie wahrnahm, in Helens Hand schrieb, ohne ihren Mut, gängige Lehrkonzepte außerachtzulassen und ihrem eigenen Gespür zu folgen, indem sie Helen nach ihren Neigungen unterrichtete, mit ihr spazieren ging statt stundenlang in einem Klassenzimmer zu unterrichten beispielsweise, wären von Helen heute womöglich nur ein paar Topflappen überliefert. Niemand würde sich an Helens tiefgründige Gedanken erinnern, die den Nationalsozialisten in Deutschland schon 1933 so gefährlich erschienen, dass sie Helen Kellers Bücher verbrannten.

Wie es Martha mutmaßte, schrieb Helen Keller tatsächlich ihre Geschichte. Schon 1903 erschien Helens Autobiographie *Geschichte meines Lebens;* sie war erst 23 Jahre alt. Acht weitere Bücher folgten sowie etliche Essays und Aufsätze. Eines ihrer Bücher widmete sie ihrer geliebten Lehrerin, Anne Sullivan; sie nannte es *Teacher* (Lehrerin).

Helen lernte fremde Sprachen, darunter Deutsch. Ihre Kenntnisse halfen ihr, sich überall zu verständigen, während sie

um die Welt reiste. Wo immer sie auftrat, ermutigte sie die Menschen, nicht die Hoffnung zu verlieren. Sie zeigte ihnen, dass Taubheit und Blindheit keineswegs bedeuten, dass man nichts denkt und fühlt und sich nicht entwickeln und nichts lernen kann: Sie selbst war der lebende Beweis dafür. Helen hatte ihre Stimme gefunden und gebrauchte sie bis zum letzten Atemzug, um sich für die Rechte Benachteiligter einzusetzen, die Rechte der Afro-Amerikaner, der Behinderten, der Frauen. Sie verschaffte anderen Gehör und wurde selbst gehört.

Von Martha Washington wissen wir nicht viel, nur die wenigen Zeilen, mit denen Helen Keller gleich auf den ersten Seiten ihrer Biographie der Freundin ihrer Kindheit gedenkt. Sie schreibt: „Zu jener Zeit waren ein kleines, schwarzes Mädchen, Martha Washington, die Tochter unserer Köchin, und ein alter Jagdhund meine Spielgefährten. Martha verstand alle meine Zeichen, und ich hatte selten Schwierigkeiten, ihr begreiflich zu machen, was ich wünschte. Es war mir ein Vergnügen, sie zu beherrschen, und sie unterwarf sich in der Regel lieber meiner Tyrannei, als dass sie es auf einen Faustkampf hätte ankommen lassen." (Helen Keller, *Geschichte meines Lebens*, S. 22)

Ich sehe darin das Bekenntnis einer tiefen Zuneigung, aber auch das Eingeständnis, die Freundin, die sie verstand wie kaum eine andere, aus Unwissenheit oder Ohnmacht zu oft herumgeschubst und übel behandelt zu haben.

Nachdem Helen Keller das Geheimnis der Wörter entdeckt hatte, wurde sie in der ganzen Welt berühmt. Marthas Spuren verlieren sich dagegen im sprichwörtlichen Dunkeln. Ich hoffe, mit dieser Geschichte bleibt sie nicht mehr nur eine Randnotiz in der größeren Weltgeschichte. Zwar habe ich mir manches ausgedacht – wie es hätte gewesen sein können – in den Abläufen folgte ich jedoch dem, was mir durch Helen Kellers Briefe, ihre Biographie und Anne Sullivans Briefe und Notizen an historischen Belegen vorlag.

Drei Freiheiten habe ich mir dennoch gestattet, im Sinne einer schlüssigen Erzählung hielt ich sie für zulässig: Nicht Martha begleitete Miss Annie und Helen ins Gartenhaus, um ihnen zur Hand zugehen, sondern Percy. Auch reisten Annie und Helen erst im Mai des darauffolgenden Jahres 1888 nach Boston ans Perkins Institute, und zu guter Letzt hatte Helen noch einen Halbbruder aus der ersten Ehe ihres Vaters, William Simpson Keller, der ein bisschen jünger war als James. Ich habe ihn unterschlagen, er möge mir das verzeihen.

Martha Washington habe ich nie kennengelernt, natürlich nicht. Zeit und Raum trennen uns, doch es sind die Gedanken, die uns verbinden, und so ist sie mir beim Schreiben trotzdem nahe gerückt, als hörte ich eben doch ihre Stimme. Ich hätte gerne mehr von ihr erfahren, was sie fühlte, dachte, machte, nachdem Helen weggegangen ist – aus ihrer Hand und ihrer Feder. So kann ich mir nur vorstellen, wie sie ihren Weg weiterging, selbstbestimmt und eigenständig. Nach allem, was ich von Helen Keller über Martha Washington weiß, bin ich zuversichtlich, dass es ihr gelungen ist.

EIN ALPHABET FÜR DIE FINGER

Man kann auf vielerlei Arten miteinander reden; nicht immer braucht es Worte, die man hören kann. Blauwale verständigen sich mit Tönen, die so hoch sind, dass Menschen sie nicht wahrnehmen. Bienen tanzen ihre Botschaften. Das Rotkehlchen orientiert sich am Magnetfeld der Erde, um wieder nach Hause zu finden. Fledermäuse nutzen dazu Ultraschall. Es gibt blinde Menschen, die es ähnlich machen. Mit Schnalzlauten, die ein Echo zurückwerfen, umkreisen sie jedes Hindernis. Gehörlose Menschen verständigen sich in Gebärdensprache; sie schreiben die Wörter in den Raum. Fallen Sehen und Hören weg, bleibt noch die Berührung. Das ist gar nicht mal so wenig.

Die Zeichen, die Anne Sullivan Helen beibrachte, entsprachen dem amerikanischen Fingeralphabet. Beim Fingeralphabet formen die Finger weitestgehend die geschriebene Gestalt der Buchstaben nach und legen sie in die Hand eines anderen.

Auch Menschen, die nichts hören, nutzen das Fingeralphabet gelegentlich, wenn sie ein neues unbekanntes Wort buchstabieren oder etwas besonders betonen wollen, etwa einen Namen, für den es noch keine Gebärde gibt.

Das Fingeralphabet

A B C D E
F G H I J
K L M N O
P Q R S T
U V W X Y
Z Ä Ö Ü Sch

Verliert ein Mensch sein Hör- und Sehvermögen, wenn er schon lesen kann, eignet sich auch das Lormen, weil dazu nicht eine vollkommen neue Sprache erlernt werden muss, wie es bei Helen der Fall war. Dabei werden unterschiedliche Stellen an der Handfläche berührt, sie stehen stellvertretend für die Buchstaben, entweder indem man sie antippt oder darüber streicht.

Helen lernte auch, zu sprechen. Mit zehn Jahren erhielt sie Unterricht. Sie legte den Daumen oder Zeigefinger auf die Lippen der Redenden, die restlichen Finger berührten Wange und Hals bzw. den Kehlkopf. Helen versuchte dann, die Lippenbewegungen und Schwingungen, die sie fühlte, nachzuahmen. Diese Methode nennt sich Tadoma.

Das Fingeralphabet ist schon sehr alt. Mönche sollen es erfunden haben, damit sie sich trotz ihres Schweigegelöbnisses miteinander verständigen konnten. Oben siehst du die Hand- und Fingerstellungen des deutschen Fingeralphabets abgebildet.

 Und auf dieser Seite kannst du dir Wörter mithilfe des Fingeralphabets buchstabieren lassen: https://hoerbehindert.ch/fingeralphabet

DANKSAGUNG

Ich danke dem Ministerium für Wissenschaft, Forschung und Kunst Baden-Württemberg für die Förderung. Es war ein Glück, schreiben zu dürfen, während es sogar noch für die unentbehrliche Tasse Kaffee reichte.

Danke an Anja Lerz, nicht nur, weil sie mich an Yoda erinnerte, als ich es besonders nötig hatte – do or do not, there is no try, man schreibt wohl einfach, indem man schreibt –, sondern auch für jeden Gedanken zum Buch. Gedanken sind kostbar, ihre waren es besonders für mich.

Geschichte zum Miterleben

Südafrika 1982: Der Vater des elfjährigen Hendrik wird nach Kapstadt versetzt, um im Pollsmoor-Gefängnis einen berühmten Gefangenen zu bewachen: Nelson Mandela. An der neuen Schule trifft Hendrik Rhoda, deren Eltern sich gegen die Apartheid einsetzen. Nach und nach freunden sie sich an. Durch Rhodas Blick auf die Welt verändert sich auch Hendriks Sichtweise. Doch er merkt schnell, dass es nicht ungefährlich ist, sich gegen die Meinung der Erwachsenen zu stellen. Wird er den Mut haben, für seine Überzeugungen einzustehen?

Ein spannender zeitgeschichtlicher Roman für junge Leserinnen und Leser ab 10 Jahren mit den Themen Rassismus, Apartheid und Gleichberechtigung.

Dagmar Petrick
Hendrik und der berühmteste Häftling der Welt

gebunden, 176 Seiten
ISBN 978-3-7615-6712-8
(Neukirchener Verlag)
ISBN 978-3-96157-156-7
(Camino)

 **neukirchener**   camıno.